Children
应用型学前教育专业系列教材
丛书主编 蔡迎旗

本书是国家卓越幼儿园教师培养计划改革项目“中澳合作办学——国际性卓越幼儿园教师培养模式探索”的研究成果

幼儿园教育活动设计与实施

邓霁岚 编著

WUHAN UNIVERSITY PRESS
武汉大学出版社

图书在版编目(CIP)数据

幼儿园教育活动设计与实施/邓霁岚编著.—武汉:武汉大学出版社,2018.9
应用型学前教育专业系列教材/蔡迎旗主编
ISBN 978-7-307-20540-6

Ⅰ.幼… Ⅱ.邓… Ⅲ.学前教育—教学活动—教学设计—高等职业教育—教材 Ⅳ.G612

中国版本图书馆 CIP 数据核字(2018)第 210382 号

责任编辑:郭　静　　责任校对:汪欣怡　　版式设计:汪冰滢

出版发行:**武汉大学出版社**　(430072　武昌　珞珈山)
(电子邮件:cbs22@ whu. edu. cn 网址:www. wdp. com. cn)
印刷:武汉中远印务有限公司
开本:787×1092　1/16　印张:19.25　字数:433 千字　插页:1
版次:2018 年 9 月第 1 版　2018 年 9 月第 1 次印刷
ISBN 978-7-307-20540-6　定价:46.00 元

编写委员会名单

（按姓名音序排列）

总　序

幼儿教师是幼儿学习与发展的支持者、促进者与引导者。幼儿教师的素质直接决定着我国幼教机构的办学水平，也是保障我国适龄儿童接受基本而有质量的学前教育的关键性因素。而高质量的幼教师资来源于高水平的学前教师教育。为顺应我国学前教育事业发展的迫切需求，2011 年至 2012 年，我国先后颁布了《教师教育课程标准（试行）》和《幼儿园教师专业标准（试行）》，幼儿园教师资格制度和聘任制度也随之进行了系列急剧变革与转型。

我国教师职前教育倡导育人为本，要求准教师们树立正确的儿童观、学生观、教师观与教育观；奉行实践取向，引导未来教师主动建构教育知识，掌握必备的专业知识与技能，发展实践能力，学会发现和解决实际问题，形成个人的教学风格和实践智慧；要求他们终身学习，树立正确的专业理想，养成独立思考和自主学习的习惯，加深专业理解，形成终身学习和应对挑战的能力。

我国学前教师教育课程改革既具有一般教师教育所具有的共性，也具有鲜明的学前教育特色，这彰显了学前儿童的年龄特征和我国独树一帜的学前教师教育的传统与积淀。当前，我国学前教师教育课程已呈现如下五种趋势。

第一，生动多样的师德与理念教育。除必要的公共政治课程以外，国家要求各级各类幼师院校突出师德修养教育，采取多种生动活泼的教育教学方式，提升准幼儿教师的师德修养。如开设幼儿园教师专业特点与道德规范、中国名师风采录、幼儿教师生涯讲座、学前教育政策法规、现代幼儿园教师职业风范与专长成长等课程。

第二，保教相融的课程体系。依据幼儿园教师专业标准，遵循教师培养和发展规律，以加强专业理想、专业基础、实践能力、反思与研究能力为核心，构建保育与教育相融合、幼儿园与家庭和社区教育相结合、幼儿生活与游戏和学习于一体的课程体系，用以培养准幼儿教师的保教一体化的能力。

第三，全面平衡的课程结构。我国正通过幼儿园教师资格制度、聘任制度、评优评先制度等的改革，倒逼各级各类幼师院校与专业，促使其纠正以往过分偏重艺术技能而相对忽视人文科学类课程、教育素养类课程的倾向，注意课程结构中的师德理念、人文素养、科学素养、信息素养、教育素养、艺体素养、科研素养等的协调与平衡。

第四，实践取向的课程内容。为培养准幼儿教师的教育教学能力，许多幼师院校与专业开设了大量务实的实践取向课程。如幼儿园五大领域的活动设计和案例分析类课程、幼儿园环境布置与玩教具制作、动漫画设计技术、音乐、美术、戏剧等方面的课程。

第五，模块式的课程设计。我国各类幼师院校与专业正竭力打破学前教育学、学前心理学、幼儿园各科教学法“老三门”的课程结构体系，开设模块化的、开放的、专题性的学前教育课程。基于学前教育专业各类人才培养目标，合理配置各课程模块，如音乐教育模块、美术教育模块、健康教育模块、特殊教育模块等。通过设先行课，将学生导入不同模块课程，引导学生多样化、有个性地发展。

以上学前教师教育课程改革已对我国原有的传统意义上的大中专学校的教材和教辅资料提出了严峻挑战，要求学前教育同仁务必更新教学资源观、教师教育观和学前教师观，依据我国幼儿园教师专业标准和教师教育课程标准，遴选课程并合理设计教材。

本套基于《教师教育课程标准（试行）》的应用型学前教育专业系列教材，正是应我国学前教师教育改革的时势而生，充分体现了以上提及的学前教师教育课程改革的五种发展趋势。适用于大中专学校的课程与教学，也可作为学前教育爱好者、相关工作人员的专业拓展学习。本丛书涵盖了学前教育大中专学校绝大多数专业课程；内容具有一定的理论性，更具有实践应用的特征；编写规范与设计务实活泼，知识点和案例穿插其中；丛书的编委遍及全国；作者主要来自华中和华南地区的本、专科院校，他们均具有丰富的教学经验和较好的研究基础。

在丛书的编写过程中，我们参阅、借鉴和引用了国内外许多同行的观点与成果。各位同仁的研究奠定了本丛书的学术基础，在此一并感谢。另外，受水平和时间所限，书中难免有疏漏和不当之处，敬请读者批评指正。

最后，我谨代表丛书的所有编委和作者，衷心感谢本丛书的策划者谢群英编辑和武汉大学出版社有关领导。他们对学前教育满腔热情，对丛书的未来充满信心，极度地敬业与审慎。出版丛书虽是一项浩大而艰苦的工作，但有谢群英编辑和武汉大学出版社相伴而行，相信梦想终会成真。

蔡迎旗

2015 年 5 月

武汉桂子山·华中师范大学教育学院

前　　言

《幼儿园教育活动设计与实施》是“应用型学前教育专业系列教材”之一。适用于学前教育专业专科、本科层次。

《幼儿园教育活动设计与实施》的前导课程是《学前儿童心理学》、《学前儿童卫生保健》、《学前教育学》，其后续课程为《幼儿园游戏活动及其指导》、《幼儿园健康领域活动设计与指导》、《幼儿园语言领域活动设计与指导》、《幼儿园科学领域活动设计与指导》、《幼儿园社会领域活动设计与指导》、《幼儿园艺术领域活动设计与指导》。

《幼儿园教育活动设计与实施》主要是从教育的观点出发，探讨幼儿园活动的一般概念、规律和对儿童发展的功能、价值，研究幼儿园教育活动的常用模式，揭示幼儿园活动设计与指导的一般规律和特点，学习并掌握幼儿教师教育教学的基本原则、方法和技能，探索幼儿活动环境创设艺术，学会正确评价幼儿园教育活动。通过本课程的教学可以提高学生对幼儿教育课程和教育活动的理论认识，帮助学生形成和掌握从事幼儿教育工作所必需的态度、正确的儿童观与教育观、幼儿园教育活动基本的知识技能，为开展幼儿园各类教育活动及学前教育科研打下良好的基础。

《幼儿园教育活动设计与实施》涉及的幼教理论和设计指导策略更直接服务于幼儿教育领域的实际工作需要，因而《幼儿园教育活动设计与实施》在学前教育各领域得到更广泛应用，已成为学前教育科学中发展最快、影响最大的专业学科之一，在学前教育领域具有重要地位和不可替代性。

本教材本着“育人为本、实践取向、终身学习”的基本理念，从幼儿园教师专业成长的角度出发，参照《幼儿园教育指导纲要（试行）》、《3—6岁儿童学习与发展指南》和《幼儿园教师专业标准》，按照幼儿教师专业成长规律，针对幼儿园教师岗位所需的基本知识和专业能力组织教材内容，基于幼儿园教师工作过程构建教材体系，从案例分析入手，对幼儿园教育活动设计与实施指导的基本知识与专业核心能力进行系统学习和训练，坚持“以知识为支撑，以实践为保障，以能力为本位”，突出了实用性、操作性、开放性。

全书共十一章。内容涵盖了幼儿园教育活动概述、幼儿园教育活动的基本类型、幼儿园集体教学活动、幼儿园生活活动、幼儿园区域活动、幼儿园游戏活动、幼儿园教育活动设计的一般分析、幼儿园教育活动设计的一般策略、幼儿园教育活动实施的组织与指导、幼儿园教育活动指导技能、幼儿园教育活动评价等十一个方面。每章节设计了典型案例与资料链接，方便学习者分析思考、发现问题、解决问题，学练结合，学以致用。

在编写过程中，借鉴了国内外专家的研究成果，虽然严格翔实地作了注释，但仍恐挂一漏万，特此表达谢意与歉意。

感谢华中师范大学蔡迎旗教授的精心策划和细致指导，感谢武汉大学出版社编辑们给予的支持与帮助。

由于本人水平与能力有限，研究不够深入，思维不够严谨，书中疏忽之处在所难免，敬请各位专家和广大读者不吝赐正。

邓霁岚

2018 年 7 月

目　录

第一章　幼儿园教育活动概述

本章学习目标

- 明确幼儿园课程、幼儿园教育活动的含义；
- 厘清幼儿园课程与幼儿园教育活动的关系；
- 理解并掌握幼儿园课程、幼儿园教育活动的类型与特点。

本章内容引言

幼儿园教育是为幼儿一生的发展打基础的教育。应针对3—6岁幼儿生理、心理特点，通过幼儿园课程对幼儿实施全面和谐发展的启蒙教育。学习本章，你将会端正对幼儿园课程与幼儿园教育活动含义的准确认识，理解并掌握幼儿园课程与幼儿园教育活动的类型、特点及其相互关系。

第一节　幼儿园课程

案　例

一桩奇特的诉讼案

1968年，美国内华达州一位叫伊迪丝的3岁小女孩告诉妈妈，她认识礼品盒上“OPEN”的第一个字母“O’。这位妈妈非常吃惊，问她怎么认识的。伊迪丝说：“是薇拉小姐教的。”

这位母亲表扬了女儿之后，一纸诉状把薇拉小姐所在的劳拉三世幼儿园告上了法庭，理由是该幼儿园剥夺了伊迪丝的想象力，因为她的女儿在认识“O”之前，能把“O”说成苹果、太阳、足球、鸟蛋之类的圆形东西，然而自从劳拉三世幼儿园教她识读了26个字母，伊迪丝便失去了这种能力。她要求该幼儿园对这种后果负责，赔偿伊迪丝精神伤残费m万美元。

诉状递上之后，在内华达立刻掀起轩然大波。劳拉三世幼儿园认为这位母亲疯了，一些家长也认为她有点小题大做，她的律师也不赞同她的做法，认为这场官司是浪费精力。然而，这位母亲坚持要把这场官司打下去，哪怕倾家荡产。

3个月后，此案在内华达州立法院开庭。最后的结果出人意料：劳拉三世幼儿园败诉。因为陪审团的23名成员都被这位母亲在辩护时讲的一个故事感动了。

她说：我曾到东方某个国家旅行。在一个公园里见过两只天鹅，一只被剪去了左边的翅膀，一只翅膀完好无损。剪去翅膀的那只被放养在较大的一片水塘里，翅膀完好的那只被放养在一片较小的水塘里。当时我非常不解，就请教那里的管理人员。他们说，这样能防止它们逃跑。我问为什么？剪去一边翅膀的无法保持身体平衡，飞起后就会掉下来；在小水塘里的，虽然没被剪去翅膀，但起飞时会因没有必要的滑翔路程，只好老实地待在水里……当时我非常震惊，震惊于东方人的聪明。可是我也感到非常悲哀，为两只天鹅感到悲哀。今天，我为我女儿的事来打这场官司，是因为我感到伊迪丝变成了劳拉三世幼儿园的一只天鹅。他们剪掉了伊迪丝的一只翅膀，一只幻想的翅膀，人们早早地就把她投进了那片小水塘，那片只有ABC的小水塘。

这段辩护词后来成了内华达州修改《公民教育保护法》的依据。现在美国《公民权法》规定，幼儿在学校拥有两项权利：1. 玩的权利；2. 问为什么的权利。这两项权利的列入是否起因于那位母亲的官司，不得而知。不过，有一点美国人非常清楚，这一规定，使美国在科技创新方面始终走在了世界的前列，也使美国出现了比其他国家多得多的年轻的百万富翁。

上述案例给了你怎样的启示？
幼儿园课程是什么？
如何实施幼儿园课程？

一、幼儿园课程的含义

1. 课程的含义。

学校教育都是通过课程的方式去实现教育目标，并把教育内容转达到每个学生的。

那么，究竟该如何定义课程呢？

对课程的理解是受一定教育思想影响的，不同的教育思想就会有不同形态的课程。

同时，课程又是一个发展着的概念，它随着教育思想的发展和教育实践的深化而变化。例如，现代教育科学基础理论的发展与应用，使人们认识到，学校和幼儿园不再仅仅是传授知识技能的地方，而应当为人的终身学习和发展奠定基础，实施全面和谐的素质教育，其中更重要的是健康人格的塑造，因而课程概念就随着对学校教育的认识发展而发生变化。现在，人们对课程的认识已经从狭义的理解转变到广义的理解，注重校园文化环境，重视教师的素质对学生可能产生的潜在影响等。

大多数课程研究学者基本认同“课程系指在学校的教师指导之下出现的学习者学习活动的总体”。① 这里的教师指导包括直接指导和间接指导。

从这一课程意义上来说，课程不仅包括课表上所指定的教师有计划组织的各学科的教学活动，还包括学生自动自发的和有计划组织的所有课外活动，甚至包括课间活动。

广义的课程是指学校为实现培养目标而选择的教育内容及其进程的总和，它包括学校老师所教授的各门学科和有目的、有计划的教育活动。狭义的课程是指某一门学科。

课程的作用体现在：

(1)教育教学活动的基本依据。

(2)实现学校教育目标的基本保证。

(3)学校一切教学活动的中介。

(4)对学校进行管理与评价提供标准。

2. 幼儿园课程。

如何界定幼儿园课程呢？我国幼教先驱们对幼儿园课程的阐释如下：

陈鹤琴：“幼儿园应该给儿童一种充分的经验，这种经验的来源有二：一是与实物的接触，二是与人的接触。应该把儿童能够学而且应该学的东西有选择地组织成系统，应该以儿童的两个环境——自然环境和社会环境为中心组织幼儿园课程。”

张宗麟：“幼稚园课程者，由广义的说之，乃幼稚生在幼稚园一切活动也。”

张雪门：“课程是什么？课程是经验，是人类的经验用最经济的手段，按有组织的调制，用各种的方法，以引起孩子的反应和活动。幼儿园的课程是什么？就是给三足岁到六足岁的孩子所能够做而且喜欢做的经验的预备。”

发展到今天，中国幼教界一致界定幼儿园课程为：“幼儿园课程是实现幼儿园教育目的的手段，是帮助幼儿获得有益的学习经验，以促进其身心全面和谐发展的各种活动的总和”。②

我们可以从以下三个层面来理解：

第一，幼儿园课程是“活动”。

活动是一种存在方式，包含着必须同时关注的两个方面：

---

① 钟启泉．现代课程论[M]．上海：上海教育出版社，1989.

② 冯晓霞．幼儿园课程[M]．北京：北京师范大学出版社，2001.

学习主体(幼儿)和学习对象(教学内容)。

幼儿学习的本质具有直接经验性，而活动又具有双重转换性特点——外在的客观对象和活动方式会通过活动内化为幼儿的主观经验，幼儿的主观经验也可以通过活动“外化”为态度、动作方式和技能等。

第二，幼儿园课程是实现幼儿园教育目的的手段。

幼儿园课程帮助幼儿获得有益的学习经验，促进其身心全面和谐发展。它进一步明确了活动的指向性、目的性，使过程与结果、形式和实质更加密切地融合为一体。

第三，幼儿园课程是各种活动的总和。

幼儿园课程表现形式是多样化的，多途径的。凡是作为实现幼儿园教育目的的手段而运用的、能够帮助幼儿获得有益的学习经验的活动，无论是集体教学活动、游戏活动、还是生活活动……，都是幼儿园课程的组成部分。

综上所述，幼儿园课程是学前教育思想、理念转化为教育实践的中介和桥梁，是关于幼儿园课程目标、内容、方法和评价的一个完整的系统。

资料卡片

一日生活皆课程①

“一日生活皆课程”，幼儿园里无小事，一日生活每个环节都有教育契机。

进餐是孩子一日生活中重要的环节，培养孩子良好的进餐习惯也是幼儿园重要的课程。观察中我们发现有些孩子特别挑食，任由老师怎么讲道理，还是这样不吃、那样不吃。如何帮助幼儿养成良好的进餐习惯呢？孩子都非常喜欢《乐智小天地》中巧虎这一形象，这让我想到我们可以自制布书，用巧虎的形象吸引大家，里面的内容有主食、蔬菜、肉、河(海)鲜、水果、点心六大类食物的卡通图片，这些食物都能随意取放。每天用餐前，请孩子根据菜谱找出相应的食物图片，“喂”给巧虎吃。以此给予幼儿积极的心理暗示，鼓励幼儿不偏食、不挑食，样样都爱吃。

作为幼儿教师，不能狭义地只把“上课”当作幼儿园课程，而应当从广义的角度去理解幼儿园课程，明白幼儿在幼儿园所进行的一切活动，不论是专门组织的集体教学活动，还是幼儿自选或自发的各种游戏活动，以及幼儿的日常生活活动，包括幼儿园的作息制度、工作制度、环境、园风、师幼关系等隐性的教育因素等都是幼儿园课程的组成部分。因为所有这些活动都会对幼儿的全面和谐发展起重要作用，它们相互结合又互相渗透，帮助幼儿达到幼儿期的学习与发展的目标。

① http://www.51yey.com/home/article.aspx?id=12377395&artid=219095

二、幼儿园课程的形式

幼儿园课程的形式有显性课程、隐性课程两种。这两种课程形式相互转换、互补互融和协调统一，共同影响幼儿身心发展，实现幼儿教育目标。

（一）显性课程

显性课程又叫正式课程，是指为实现一定的教育目标而正式列入学校教学计划的各门学科，以及有目的有组织的课外活动。幼儿园显性课程是指幼儿园为帮助幼儿达到预期的学习和发展目标而采取的一切有计划、有组织的活动。

如幼儿园作息表上的一日生活各环节：包括游戏活动、集体教学活动、生活活动等。

资料卡片

荆州市商业幼儿园大二班春夏季半日活动作息表

活动环节	时间	组织要求
入园接待 晨检 晨间活动	7:45—8:05	1. 互动问好，开展晨检、晨间活动； 2. 关注幼儿情绪情感。
餐前准备 早餐 区域活动 生活活动	8:05—9:00	1. 餐前洗手； 2. 教师介绍餐点，营造进餐氛围； 3. 餐后擦嘴、漱口、开展区域活动； 4. 饮水、如厕、盥洗；培养习惯、建立规则；个别指导。
教学活动	9:00—9:30	1. 课程设置合理、面向全体； 2. 以游戏为主，积极评价、回应幼儿。
生活活动	9:30—9:40	饮水、如厕、盥洗；培养习惯、建立规则，个别指导。
室内活动 生活活动	9:40—10:20	1. 内容设置合理、面向全体，以游戏为主，准备充分； 2. 同生活活动要求； 3. 下连班教师配合活动。
户外游戏	10:20—11:00	活动中关注幼儿、护理幼儿，保证活动时间，达到运动量。

续表

活动环节	时间	组织要求
生活活动 室内活动	11:00—11:10	1. 饮水、如厕，盥洗； 2. 手指游戏、音乐游戏、安全知识、谈话等； 3. 分餐。
午　餐	11:10—11:35	介绍餐点，营造进餐氛围，关注幼儿进餐习惯。
餐后活动	11:35—11:45	餐后擦嘴、漱口、散步、安静地活动等。
睡前准备	11:45—12:00	帮助幼儿整理衣物，营造午睡环境。

（二）隐性课程

幼儿园隐性课程是指以间接、内隐的方式作用于幼儿并对幼儿的发展产生影响的课程。也成为潜在课程。

其涵盖范围很广，几乎涉及幼儿园的各个层面、各个角落以及各种行为。

在物质层面上，包括幼儿园的建筑、教室的布置、桌椅的排列、园所环境等。

在行为层面上，包括幼儿间的交往、教师间的交往、师幼间的交往、教师与家长的交往、社区与学校的交往等。

在制度层面上，包括幼儿园管理体制、幼儿园组织机构、班级管理方式、班级运行方式等。

在观念层面上，主要有园风、办园方针、教学风格、教学观念、教学指导思想等。

资料卡片

微笑，给孩子一束灿烂阳光①

刚开学，班上来了一位插班生玲玲。几天来玲玲表现得非常乖巧，活动中总是安静地坐在椅子上，但是表情总是很拘谨，看人的眼神也很防备，好像从来也没有笑过。和她妈妈交谈后得知孩子性格内向，怕生，晚上睡觉时也常哭。面对如此拘谨、紧张的孩子，我想首先应帮助她消除焦虑感、不安全感，建立和老师、同伴间的信赖感。老师的微笑就是最好的融化剂，是一束冬日里的阳光，它是解除交往障碍最好的方法。

① http://blog.hfyhjy.com/luosh/2014/06/12/

孩子早上入园时是玲玲心情最复杂的时候，因为这时她离开了熟悉的人和环境来到了陌生的地方，内心会格外孤独和焦虑、恐惧，我站在教室门口热情地迎接她，微笑着和她问好，告诉她座位在什么地方，提醒她所需要插的卫生检查牌。牵起她的小手带领她来到想玩的晨间活动区角……

吃点心时，玲玲可能不习惯或不喜欢，看着点心微微皱着眉头，我轻轻走到她面前冲她微微一笑，告诉她我们这里的点心很香，可以试一试哦。她看看周围吃得正香的同伴们，迟疑地尝了一口，然后慢慢小口就吃了起来……

活动中玲玲总是安静、面无表情地坐着，刚开始我只是对她看看、微微一笑，待她紧张的警惕的表情慢慢变得轻松，我会带领她参与到活动中来，并及时地给予肯定、表扬，慢慢地她开始主动活动起来，我便给予肯定的微笑或悄悄对她做一个赞许的手势……

一个月下来，玲玲变了。变得活泼、主动了。我想，每个孩子都是一株幼苗，而爱的微笑，是我们老师给孩子的一束灿烂阳光！

从上例可以看出，隐性课程具有非计划性、非系统性，它有机地渗入显性课程中，也内在地附着于幼儿园全部课程之中。有意无意地在自然情景中对幼儿产生个别的、零散的影响，是影响幼儿非智力因素形成的主要因素。如教师的语言、表情、动作、手势等给幼儿积极或消极的暗示，并随时随地为幼儿所模仿。

三、幼儿园课程的特点①

(一) 幼儿园课程目标的全面性、启蒙性

学前教育是全面发展的教育，幼儿园课程是实现学前儿童全面发展目标的中介。因此，幼儿园课程必须以实现学前儿童在身体、认知、情感、个性、社会性等方面的全面、和谐发展为目标。学前儿童的全面发展与其他年龄段的学习者相比有特殊之处。在学前儿童发展的诸方面中，身体的发展是首要的目标，因此，幼儿园课程应充分遵循学前教育和保育相结合的原则，做到教育目标和保育目标的融合。

学前阶段是人生发展的重要阶段，也是人生启蒙的阶段，学前教育的目标应使幼儿在原有发展水平的基础上得到初步的身心锻炼和启迪，使幼儿在享有快乐童年的同时，身心得到与其发展水平相适应的发展和提高。所以，幼儿园课程的目标应是启蒙性的，

① 朱家雄. 幼儿园课程［M］. 上海：华东师范大学出版社，2004.

不宜追求过高的目标，尤其不应追求过高的认知目标。

(二) 幼儿园课程内容的生活性、浅显性

幼儿园课程是为学前儿童设计和组织实施的，学前儿童处在身心发展的特殊时期，他们的思维是感性的、直观的。对学前儿童来说，最有效的学习就是他们感兴趣的学习，最有效的学习内容就是他们可以感知的、具体形象的内容。这种学习内容主要源自儿童周围的现实生活。因此，幼儿园课程的内容与现实生活的距离越近，越能引发幼儿的学习兴趣，幼儿的学习也就越有效。当然，现实生活是多层次的，复杂的，生活中有有益的经验，也有无益的或有害的经验。因此，必须对生活进行过滤，才能使之成为课程内容，且这些内容不应是以知识的逻辑组织起来的严格的学科，而应是以生活的逻辑组织起来的多样化的、感性化的、趣味化的活动。幼儿园课程的生活性还意味着幼儿园课程的内容并不是严格的学科知识的再现，课程内容是随着生活情境的变化而发生变化的，幼儿的兴趣是确定课程内容的重要依据。

(三) 幼儿园课程结构的整体性、综合性

既然幼儿园课程是以生活的逻辑加以组织的，是以幼儿的兴趣为引导的，那么，幼儿园课程就不应以至少不应只以成人确定的系统的学科加以组织。生活是整体的，不可能只反映人类知识体系中的某一部分。生活中往往蕴藏了多方面的发展机遇和可能。所以，幼儿园课程不应追求将现实生活割裂的或与现实生活不一致的知识系统；从幼儿的方面看，多个发展领域之间是相互联系、相互促进的，它们构成了一个有机的发展整体，所谓发展领域只是一种人为的划分，在现实的课程实施中，儿童是以“完整人”的形象出现的。因此，幼儿园课程的内容应是综合的，应尽可能使不同的课程内容产生联系，以促进学习迁移。我们主张，让幼儿以完整的人的面貌面对完整的生活、有机的经验，不要把学科、领域这种人类划分知识的方式用以划分幼儿的经验，并以单一的经验作为学前儿童活动的起点。

(四) 幼儿园课程实施的活动性、经验性

幼儿园课程实施的特点是由学前儿童生理、心理发展特点、学习的特点和幼儿园课程生活化的特点所决定的。学前儿童心理发展的特点尤其是学前儿童学习的特点决定了学前儿童学习的内容应是直观的、形象的，因此，学前儿童的学习一定要借助具体的情境、具体的事物，在参与、探索和交往的过程中学习。教师的语言传递不是学前儿童学习的主要方式，书本化的系统知识也不是学前儿童学习的主要内容，端坐静听是有悖学前儿童发展规律和学习特点的。因此幼儿园课程的实施，关键在于创设丰富的活动情境，创设有利于幼儿自发主动活动的氛围，为幼儿提供各种互动的机会，为幼儿提供与其发展相应的帮助。幼儿的心理特点和学习特点还决定了幼儿园课程的实施经常需要利

用游戏的手段，游戏是幼儿园课程实施的重要途径。由于幼儿园课程是与学前儿童的生活联系在一起的，所以，幼儿园课程的实施必然是情境性的、参与性的，与现实的一日生活紧密地联系在一起的。幼儿在现实情境中，通过操作、探究，通过教师的引导和帮助获得知识、体验。教师与幼儿之间的真诚对话、有效沟通是幼儿园课程实施所不可缺少的。

第二节　幼儿园教育活动

一、幼儿园教育活动的含义

资料卡片

大班健康领域教育活动《你敢踩到椅凳上吗》(活动片段与评析)①

活动目标：

1. 通过引导幼儿体验站立在椅凳的不同位置，培养幼儿出色的自我保护能力。

2. 通过引导幼儿分析椅凳作用，培养幼儿敢于探索的精神，并尝试自己解决问题。

体验活动一：小朋友踩椅凳哪里才是最稳的？

教师设计情境：请所有的幼儿脱鞋尝试分别从椅凳不同位置站到椅凳上，谈谈踩椅凳哪里站得最稳，时间最长？

幼儿体验获得结论：踩椅凳中间站得最稳。

体验活动二：怎样摆放椅凳踩上去取放东西比较安全？

教师设计情境：将椅凳分别朝四个方向靠墙放好，请一幼儿在老师保护下从四个方向“掉”下来，并逐一问感受。

座靠墙，背靠外——掉下时，椅背绊住了腿，容易伤到腿。

背靠墙，座靠外——掉下时，脚可以支住身体，可以保护自己。

① 北京海淀区教师进修学校．幼儿园优秀教育活动案例与评析[M]．北京：北京师范大学出版社，2010.

背、座分别左右靠墙——也有可能被椅背绊倒。

幼儿体验获得结论：采用第二种摆放的方法取放东西比较安全。

评析：该活动中教师没有简单地说教，而是根据大班幼儿喜欢探索的心理特点，在保证安全的前提下，引导幼儿亲自体验站立在椅凳的不同位置、正确使用椅凳等，引导幼儿分析椅凳作用。活动既培养幼儿敢于探索的精神，又使幼儿在自主的体验和学习中获得自己解决问题的快乐。教师真正关注幼儿的活动过程，关注每个幼儿。

幼儿园的教育是为所有在园幼儿的健康成长服务的，要为每一个儿童，包括有特殊需要的儿童提供积极的支持和帮助。

幼儿园教育活动，是教师以多种形式有目的、有计划地引导幼儿生动活泼、主动活动的教育过程。①

其含义有以下几方面：

第一，幼儿园教育活动是有组织的活动，而不是幼儿自发的活动，强调了幼儿活动的重要性，而且是以幼儿的主动活动为前提，以教师组织的多种活动形式为辅助，以达到教育活动的目的。是以幼儿为主体、教师为主导的活动。

第二，幼儿园教育活动是一个过程，而且是一个不断变化的、动态的过程。

第三，幼儿园教育活动是“多种多样”的教育活动。因此，幼儿园教育活动既是实现幼儿园教育目标、落实幼儿园教育任务的手段，也是教师创造性地开展工作的过程。

第四，寓教育于游戏当中。

第五，幼儿园教育活动是一个整体性概念。

任何教育活动总是有一定的思想指导的，无论这种教育思想是明确的还是教育者本人没有意识到的，都会在具体的教育活动中反映出来。有什么样的教育思想，就会有什么样的教育行为，必然会对幼儿造成不同的影响。

幼儿园的教育活动多种多样，活动形式丰富多彩，作为在教育活动中起主导作用的教育者来说，必须要有整体性的观念，认真学习和贯彻《幼儿园工作规程》(后文简称《规程》)、《幼儿园教育指导纲要》(后文简称《纲要》)和《3—6岁儿童学习与发展指南》(后文简称《指南》)，在正确的教育思想指导下，组织符合幼儿身心发展规律的教育活动，立足于让幼儿获得终身学习和发展的动力，为幼儿的终身健康和幸福奠定基础。

---

① 国家教育部《幼儿园教育指导纲要(试行)》，2001年2月。

二、幼儿园教育活动的特点

资料卡片

中班艺术领域活动：大家一起去旅行（吴佳瑛）

一、活动目标：

1. 用肢体语言感受活泼欢快的音乐。

2. 了解集体游戏方法，体验合作游戏的乐趣。

二、活动重、难点：

感受音乐的节奏、结构；在音乐游戏的过程中学习轮流的合作方法。

三、活动准备：

1. 旅行舞音乐：《库乞乞》MP3、导游旗三面（分别写上数字“3”、“4”、“5”）；大纸一张、记号笔一支；海边游玩和登山的照片。

2. 小椅子若干围成半圆形。

四、活动过程：

1. 说说快乐的旅行。

“老师最喜欢出去旅游了！你们喜欢旅游吗？你到过哪里旅游？那里有些什么好玩的地方？”

2. 初步感受音乐，大家一起快乐地“库乞乞”。

今天老师邀请你们参加我的音乐旅行团，旅行的时候有首动听的曲子，仔细听——播放音乐《库乞乞》。

“你觉得什么地方特别好玩呀？曲子里有一种很特别的声音，谁来学一学？”

请幼儿再次欣赏音乐，引导幼儿注意里面的“| 库 0| 库 0| 库 乞 | 乞 - |”，并带着孩子一起念音乐里的这个部分。

“猜猜看，什么是库乞乞？”

“旅行中玩得最开心的时候就会说 | 库 0| 库 0| 库 乞 | 乞 -| 。”

“你觉得旅游的时候什么事情让你感到最开心？”

引导幼儿交流、分享或者想象自己旅行时候的快乐时刻，重点引导幼儿交流在海边游玩和爬山登上山顶时的快乐。

“海边游玩真开心，就让我们一起到海边做三件快乐的事，最开心的时候我们就一起 说 | 库 0| 库 0| 库 乞 | 乞 -| 。”

（具体的事情从孩子们的交流中来，如“玩水”、“堆沙”、“游泳”等，引导幼儿用肢体动作大胆、快乐地表现。）

“登山时，登得越高，看得越远！登上山顶望一望，你看到了什么？”

（教师可以播放一些图片引导幼儿想象投入到登高望远的情境中。）

“登上山顶，看到美丽的景色是我们最快乐的时刻，让我们大声地说 | 库 0 | 库 0 | 库 乞 | 乞 - | 。”

3. 通过图谱和律动进一步感受音乐。

“现在就让我们跟着音乐去旅行吧！先去海边走一走，爬上高高的山，登上山顶啦！”

（播放音乐，教师随着音乐绘图谱。）

“发现了吗？音乐到哪里我们开始上山？”

（播放音乐，教师指图谱引导幼儿感受音乐的结构）。

“一共要爬几次才到山顶？”

引导幼儿坐着，用自己的两只手指当两条腿，平放的膝盖想象成海边的平地，身体想象成高山，并找找山脚、山腰、山顶等位置。

层次 1：教师和幼儿一起听着音乐律动——A 段“海边走走”、B 段“登山”、C 段“库乞乞”。

层次 2：教师指图谱，幼儿律动。

层次 3：个别幼儿指图谱，教师和幼儿律动。

层次 4：请幼儿站起身大胆创编 A、B 两段的动作，教师帮助幼儿配合音乐优化动作。

4. 合作游戏“快乐的旅行团”。

教师出示“导游旗”。

“各位游客大家好，欢迎来到音乐旅行团，我是你们的导游，今天我们游览的地点是海边和高山，我们一起手拉手出发吧——”

层次 1：教师当导游领着孩子们一齐手拉手游戏。

层次 2：把导游旗递给个别幼儿教师，引导幼儿根据旗子上的数字找到相应的游客人数组团；出示另外两面导游旗引导幼儿分别组团，在音乐声中三个旅游团一同出发。

层次 3：教师提出问题——大家都想做导游怎么办？引导幼儿用轮流的方法合作游戏，并且明确在音乐进行到“库乞乞”的时候进行轮换。三个旅游团在音乐声中游戏并轮换导游的角色。

5. 提出新的旅行点，延伸活动内容，幼儿听音乐往外走。

“除了海边和高山，你们还想到哪里玩呀？”

四、活动评点：

这是一个中班的活动，在内容的选择和活动的设计上都非常适合当下的中班孩子——作为活动载体的音乐《库乞乞》结构鲜明、节奏感强，长短适宜很适合中班的孩子来感受；以旅行、旅游中的海边游玩、登山等从孩子们生活经验中来能引起孩子共鸣的事物为情节、情境，把音乐具体化；渐渐学会合作也是中班孩子的“必修课”，活动中的难点便是“轮流”这一合作的方式、方法。所有的教育价值都蕴藏在了生动、有趣的活动中。老师的整个活动体现着《纲要》、《指南》等新的学前教育理念，她的一言一行都顺应了孩子的兴趣，尊重了孩子独有的经验。她善于倾听、理解孩子，因此她总能发现孩子言行中的亮点，并结合孩子自身的经验引导他们自主地去发现和理解。

如果把一个集体活动比喻成一段“寻宝的旅程”，那老师就是和孩子一起寻找宝藏的朋友。具体来说，活动最大的亮点有以下三点：

1. 活动环节设计巧妙，在游戏中层层深入。

整个活动让幼儿欣赏《大家一起去旅行》，感受《大家一起去旅行》音乐各段落的不同旋律，并用动作表现出来。活动由谈话开始，你们喜欢旅行吗？到哪里旅行过？在谈话中教师就有意识地渗透了活动中的部分内容(爬山)，引发幼儿对爬山的遐想和兴趣。接着让幼儿一同欣赏《大家一起去旅行》的音乐，结合音乐提问，了解幼儿对音乐的感受情况，再运用图示将音乐表现出来，让幼儿进一步从了解到熟悉音乐，结合身体动作(从用手指表现到运用整个身体运动)将音乐的不同旋律、节奏表现出来。活动的整个过程自始至终都围绕这个目标开展活动，各环节之间不是简单的重复，而是层层深入，由浅入深，环环相扣，始终给人以新鲜感，幼儿的积极性被充分调动起来，不知不觉中，达到目标要求。她这种紧紧围绕目标，运用多种方法层层深入，不断激趣的教学方法很是值得我们学习。

2. 教师各领域之间的渗透意识强。

教师各领域之间相互渗透的意识强，这是一节音乐活动，而其中渗透了数学教育内容。当老师出示导游旗时，让幼儿根据导游旗上的数字邀请相应数量的游客，这运用的就是中班数学教育中重要的内容之一：数量与数字之间的匹配。当老师加入其中一个旅游团队时，数量就发生了相应的变化，数字也发生相应的改变，这种数与量的对应及数量之间的转换得到充分的展现。

3. 教育活动中教师面向全体又不忘关注个体。

整个活动中，全部环节展现时都能面向全体，让每个幼儿都得到锻炼。同时十分关注个体，当发现不爱举手的小女孩举手后，她立刻把机会留给了这个女孩，并表扬了她。当一个小男孩，不愿意参与到活动中时，她尊重孩子的愿望，让孩子再“休息”了一会儿。当这个男孩终于被感染而参与游戏时，她同样给了他机会，并有意识地而又不经意地给与了指导，帮助该幼儿顺利地完成了任务，感受到游戏的快乐。

从上例分析可以看出幼儿园教育活动的特点概括起来有以下五点：

1. 广泛性和启蒙性。

幼儿的年龄特点和身心发展需要，决定了幼儿园教育目标和内容的广泛性，也决定了保教合一的教育教学原则。对于幼儿来讲，除了认识周围世界、启迪其心智的学习内容以外，一些基本的生活技能和“做人”所需要的基本态度，如卫生习惯、生活自理能力、交往能力等，都需要学习。但是这样广泛的学习内容不可能仅仅依靠教师设计、组织的教育教学活动来完成，也不可能通过口耳相传的方式来实现，儿童只能在生活中学习生活，在交往中学习交往。即使是认知方面的学习，也要紧密结合幼儿的生活经验，才能被幼儿理解和接受。因此幼儿园课程具有浓厚的生活化的特征——课程的内容来自幼儿的生活，课程实施贯穿于幼儿的每日生活。幼儿园教育活动应立足于儿童的现有生活，丰富儿童的生活经验，并充分利用儿童的生活环境，让儿童在实际的生活情景中学习。

2. 趣味性和游戏化。

学前儿童好动、好奇、好模仿，情绪作用大、自制力差，只有活动充满趣味才能激发他们活动的兴趣和欲望，提高他们的学习效率。

新奇、有趣，是幼儿加入活动和探究的最直接而朴素的缘由。

幼儿园教育活动的趣味性首先体现在活动内容和活动形式上。只有选择符合并贴近幼儿生活的活动内容，采用生动有趣的活动形式，才能迎合幼儿的天性，唤起幼儿的热情，引发幼儿的探究，促进幼儿的发展。

幼儿园教育活动的趣味性还体现在活动环境和活动材料的丰富多样上。活动中，教师为幼儿提供和创设的新奇、多变的活动环境和活动材料，满足幼儿的好奇心和好动天性，激发幼儿的探究欲，启发幼儿的思维，支持和引发幼儿与环境、材料的互动，促进幼儿的大胆体验和积极创造。

游戏符合幼儿的年龄特征，能够满足幼儿的各种身心需要，是幼儿园的基本活动，也是幼儿园教育活动必须采用的活动形式。

3. 活动性和直接经验性。

幼儿主要通过各种感官来认识世界。只有在获得丰富的感性经验的基础上，幼儿才能理解事物，才能对事物形成相对比较抽象概括的认识。幼儿的这种具有行动性和形象性的认知方式和认知特点，使得幼儿园课程必须以幼儿主动参与的教育性活动为其基本的存在形式和构成成分。对幼儿来讲，只有在活动中的学习才是有意义的学习，只有在直接经验基础上的学习才是理解性的学习。

4. 随机性和潜在性。

从本质上讲，幼儿园教育是有目的、有计划的教育过程，幼儿园课程也有明确的课程目标和基本的学习领域，但是由于幼儿身心发展和学习的特点，使得幼儿园课程不是体现在课表、教材、课堂中，而是体现在生活、游戏和其他幼儿喜闻乐见的活动形式中。虽然怎样创设环境，怎样支持幼儿的探索学习，都是教师根据幼儿园课程的目的、内容要求精心设计的，但这些内容、目的和要求仅仅存在于教师的意识和行动中，幼儿并不能清楚地认识到。幼儿感受到的更多的是环境、活动、材料和教师的行为，而不是教育者的教育目的和期望。也就是说，幼儿园课程蕴含在环境、材料、活动和教师的行为中，潜移默化地对幼儿起作用。并且幼儿园教育活动中教师要“善于发现幼儿感兴趣的事物、游戏和偶发事件中所隐含的教育价值，把握时机，积极引导”。

5. 综合性和整合性。

幼儿园教育活动内容选择的是幼儿感兴趣的事物和问题，并且各领域的内容有机联系，相互渗透，注重了综合性、趣味性、活动性，从不同角度促进幼儿情感、态度、能力、知识、技能等方面的发展。

幼儿园教育活动，是在充分协调多种教育资源、利用多种教育途径与形式、结合多种领域内容、发挥多种因素影响的基础上而构成教育活动系统的。

活动目标与内容等，随时随地根据儿童的“最近发展区”进行调整活动形式，体现人与人、人与环境之间的积极互动；活动环境表现为能不断调整、修改、构成与再构成。

第三节　幼儿园课程与幼儿园教育活动的关系

幼儿园课程和幼儿园教育活动是两个在理论层面的探究和实践层面的操作中都密切相关的概念。

一、从理论层面的探究角度看

幼儿园课程是关于幼儿园课程目标、内容、方法和评价的一个系统，是教育思想、教育理论转化为教育实践的中介和桥梁，教育实践通常以课程为轴心展开，教育改革也常以课程改革为突破口进行。

幼儿园课程最为核心的要素是课程所依据的教育哲学以及所反映的教育目的，这是幼儿园课程的价值取向之所在。幼儿园课程的目标、内容、方法和评价等要素都是在特定的课程理念统合之下形成的一个整体的系统。

各种幼儿园课程都能在反映教育理念和教育价值取向的连续体中找到适合的位置，并以此作为决定幼儿园课程的其他成分——课程目标、内容、方法、组织形式和评价等的依据。

幼儿园教育活动作为幼儿园教育的基本形式以及幼儿园课程的实施载体，它是以幼儿为主体，在教师创设的以适合幼儿身心发展需要和特点的多种形式的活动和与环境材料的互动过程中，引发幼儿积极参与、主动探索并大胆表现的教育活动系列，旨在促进幼儿全面、健康、和谐、整体发展。

在不同的课程观和课程模式支持下会产生不同的教育活动设计与实施状态，而幼儿园各种不同风貌的教育活动背后也一定有着与之对应的幼儿园课程理念的支撑。

资料卡片

幼儿园课程各组成要素间的关系①

儿童的自然发展	让儿童完成教师预定的教学任务
让儿童获得一般能力	让儿童获得学业知识和技能

← 对儿童自然发展和获得一般能力的强调

→ 对儿童完成教师预定教学任务和获得学业知识、技能的强调

课程目标：	过程取向	←→	结果取向
课程内容：	儿童经验	←→	知识逻辑
教育方法：	启发、诱导	←→	传递、传输
教育形式：	个别、小组	←→	小组、集体
课程评价：	过程评价	←→	目标评价

二、从实践层面的操作角度看

幼儿园课程作为将幼儿教育理念转化为幼儿教育实践的中介，这种转化是通过具体的、各种类型的教育活动的设计与实施来实现的。幼儿园各种类型的教育活动组成了幼儿园课程。

由此可以说，幼儿园课程是宏观的类概念，幼儿园教育活动是中观的子概念，二者是包容与被包容的关系。

幼儿园课程既然“是实现幼儿园教育目的的手段，是帮助幼儿获得有益的学习经验，以促进其身心全面和谐发展的各种活动的总和”，那么，从实践层面理解，幼儿园课程和幼儿园教育活动几乎是两个同等的概念。

对于幼儿园课程的理论探究和设计，可以由课程专家、学科专家、研究或管理机构成员以及幼儿园教师共同担当，而幼儿园教育活动的设计与实施，则是每一位幼儿教师所要承担的基本工作。

① 朱家雄. 幼儿园教育活动设计与实施[M]. 北京：高等教育出版社，2008.

总之，幼儿园课程与幼儿园教育活动二者既是同等的又是互为关联的。幼儿园课程是幼儿园教育活动设计及实施的依据和基础，幼儿园教育活动则是幼儿园课程得以实现的中介和途径。

本章小结

幼儿园课程是学前教育思想、理念转化为教育实践的中介和桥梁，是关于幼儿园课程目标、内容、方法和评价的一个完整的系统。“是实现幼儿园教育目的的手段，是帮助幼儿获得有益的学习经验，以促进其身心全面和谐发展的各种活动的总和”。

幼儿园课程的形式有显性课程、隐性课程两种。这两种课程形式相互转换、互补互融和协调统一，共同影响幼儿身心发展，实现幼儿教育目标。

幼儿园课程的特点主要体现在：课程目标的全面性、启蒙性，课程内容的生活性、浅显性，课程结构的整体性、综合性，课程实施的活动性、经验性。

幼儿园教育活动，是教师以多种形式有目的、有计划地引导幼儿生动、活泼、主动活动的教育过程。具有广泛性和启蒙性、趣味性和游戏化、活动性和直接经验性、随机性和潜在性、综合性和整合性的特点。

幼儿园课程和幼儿园教育活动是两个在理论层面的探究和实践层面的操作中都密切相关的概念。幼儿园各类教育活动组成幼儿园课程，而幼儿园课程通过各种具体的不同类型的教育活动的设计与实施实现幼儿教育理念的转化。

思考与练习

1. 如何理解幼儿园课程？它有哪些主要形式？
2. 幼儿园课程的特点有哪些？试举例说明。
3. 如何界定幼儿园教育活动？联系实例谈谈它的特点。
4. 幼儿园课程与幼儿园教育活动的关系如何？

第二章　幼儿园教育活动的基本类型

本章学习目标

- 了解幼儿园教育活动的基本类型划分；
- 理解幼儿园教育活动各类型的特点。

本章内容引言

幼儿园课程是实现幼儿园教育目的的手段，是帮助幼儿获得有益的学习经验，促进幼儿身心全面和谐发展的各种活动的总和。幼儿园教育活动是幼儿园课程的重要组成部分。幼儿园教育活动是教师以多种形式有目的、有计划地引导幼儿生动、活泼、主动活动的教育过程。

学习本章，你将会全面了解幼儿园教育活动的基本类型，理解并把握各类幼儿园教育活动的基本特点。

幼儿园教育活动，是幼儿教师以多种形式有目的、有计划地引导幼儿生动、活泼、主动活动的教育过程。

幼儿园教育活动的主体是幼儿。因为活动对象的不同，构成因素的多样，从而形成了不同类型的教育活动。

第一节　从幼儿园教育活动的性质出发分类

从幼儿园教育活动的性质出发，通常可以将幼儿园教育活动分为两类：教师预先设置的教育活动和幼儿自主生成的教育活动。

1. 教师预先设置的教育活动。

教师预先设置的教育活动是在教师设定教育活动目标、提供相应的活动环境和材料并有计划的实施指导下进行的教育活动。

案　例

中班语言领域活动:《猜猜我有多爱你》①

【设计意图】

绘本故事《猜猜我有多爱你》用兔妈妈和兔宝宝对话的方式呈现了母子间浓浓的亲情和彼此情感的表达与表白，完全契合了中班幼儿的关注兴趣和需求，设计本次语言活动，旨在借助本绘本故事，引导幼儿关注生活细节，感受与妈妈间的亲情，进而用完整的语言大胆表达自己的真情实感。

【活动目标】

1. 倾听故事，感知可爱的小兔和妈妈之间真挚深切的母子深情。

2. 通过妈妈和小朋友面对面的表演和对话交流，体验母子和母女之情。

3. 在集体面前大胆地讲述自己对妈妈的爱，表达自己的情感。

【活动准备】

1. 绘本 PPT

2. 图片：星星、太阳、房子、围巾、西湖

【活动过程】

一、导入

认识书名。这本书叫什么名字？这本书里的爱字在哪里？其他的字可以不认识，可是这个爱字你一定要认识。

二、故事阅读(PPT 演示)

1. 这个故事讲的是谁和谁的爱的故事?

2. 我们一起听一听这个爱的故事。

晚上，天黑了，小兔子该上床睡觉了，可是他拉着妈妈的耳朵不放，要她听自己说话，他对妈妈说，妈妈，猜猜我有多爱你。妈妈说：这我可猜不出来。小兔子把手张开，张到无法再张开说：妈妈，我爱你有这么多。妈妈一看，也把手张开，张到无法再张开说，我爱你有这么多，小兔子一看，哦，真多啊!

【提问】：小兔子用了一个什么动作说明对妈妈的爱呀?

【明确】用了一个张开的动作，嘴里说：我爱你有这么多！谁来和妈妈比比谁的爱多？小兔子为什么要把手张开？(因为她爱妈妈)

小兔子说：我爱你一直到我的手指头，妈妈说，我爱你一直到我的手指头，小兔子一看啊，真高啊！小兔又在原地拼命地跳说：我跳得有多高，我就有多爱你，妈妈说：我跳得有多高，我就有多爱你!

① 潜江市幼儿园优质课竞赛获奖教案。

【提问】：小兔子又用了什么方法来说明自己对妈妈的爱？

【明确】

①举手指头的方法：说：我爱你一直到我的手指头。

②跳的方法：边跳边说：我跳得有多高，我就有多爱你。

小兔子说着说着来到了哪里？他们看到了什么？花、山、树、小河、竹子……

小兔子看到那么多的东西又说出了对妈妈的爱：妈妈，竹子有多高，我就有多爱你！

你能把看到的东西比成对妈妈的爱吗？小草有多少，我就有多爱你！天有多高，我就有多爱你！花有多漂亮，我就有多爱你！

三、谈话活动

教师出示图片：星星、太阳、房子、围巾、西湖

你能用什么来说说看对妈妈的爱？

围巾有多长，我就有多爱你！妈妈说：房子有多高，我就有多爱你。等等。

说着说着：小兔子累了，看着月亮说，妈妈，我爱你从这里到月亮那里，说着，睡着了，妈妈说：傻孩子，妈妈爱你从这里到月亮那里，又从月亮那里回到这里。

这里的爱多吗？请把你的爱告诉你爱的人，你最爱谁呢？

【活动反思】

本次活动的主要目的是理解故事内容，感受被爱的幸福，并通过身体动作和语言来表现对妈妈的爱有那么多。

幼儿的思维特点是以形象思维为主。

活动中我运用多媒体课件先让幼儿从视觉上吸引了幼儿的注意，感知小兔和兔妈妈之间的爱，激发了幼儿学习的积极性。

接着我运用提问的方法引出故事的题目，激发幼儿的兴趣，请幼儿找出题目中的“爱”字，同时引起幼儿的关注，说出故事中讲的是谁和谁的故事？让幼儿对故事中的主要人物有初步的印象。

然后采用分段讲述故事的方法，让幼儿观察小兔子和兔妈妈相互表示“爱”的动作。并让幼儿学小兔子把手张开，张到无法再张开、把手举高、学小兔跳的动作表示对妈妈的爱，还学说小兔子对妈妈说爱的话，活跃了活动的气氛，打破了以往只让幼儿安安静静坐着听讲，而忽视幼儿好动的特点，提高了幼儿参与活动的积极性。此外，我没有忽视对幼儿的鼓励，当幼儿说到精彩之处，我都及时地加以鼓励、表扬。

在拓展幼儿知识的部分我以启发性的语言引导幼儿思考，利用 PPT 图片星星、大海、房子、围巾等鼓励幼儿选择图片中的一幅，像小兔子那样说出对妈妈的爱。如，星星有多亮我就有多爱你、围巾有多长我就有多爱你……

在这个部分我还穿插了幼儿和妈妈的互动，帮助幼儿在活动中学到的“××有多×我就有多爱你”这句话得到巩固，让幼儿在小兔子对妈妈爱的感染下产生的爱得以表现出来，使整个活动达到了高潮。在活动结束部分我鼓励幼儿回家后把自己心中的爱传达给其他自己爱着的人。

这次活动的教学效果自我感觉比较好，活动后我经过反思，发现自己疏忽了一个问题，就是小兔子为什么要把手张开，张到无法再张开？加深幼儿对小兔子对妈妈的爱的理解。当我在逐层深入地引领孩子们大胆地讲述与表现时，我没有用“爱要说出来，表示出来，这样别人也会爱上你的。”这样的方式鼓励与支持幼儿的情感表现，所以，对故事主题的深刻提炼就显得不足。

从案例“中班语言领域活动：《猜猜我有多爱你》”可以看出，由教师预先设置的教育活动强调教师的计划、组织和直接指导。

2. 幼儿自主生成的教育活动。

这类教育活动是在幼儿偶发性的探究和兴趣的支配下产生内部动机的需要，进而引导和帮助幼儿生成某个主题的教育活动。

案　例

中班生成活动：掉落的物体①

【主题的产生】

一天户外活动，小朋友们在兴高采烈地玩着沙包，时而向上抛，时而向下抛，时而向前抛，时而向后抛，每个幼儿都玩得不亦乐乎，这时只听见几个小朋友在议论纷纷：

我的沙包这样落下来，他一边说一边做了一个开汽车的动作；

我的沙包跟他落下来的不一样！

我的沙包也是这样落下来的！

① 中国教育文摘 http://www.eduzhai.net/youer

由于结果不一样，孩子们都好奇地再次向上抛起了沙包，有说有笑地议论着沙包落下来的样子……

看到孩子们对物体落下的现象那么感兴趣，我们便决定以“掉落的物体”为主题进行研究。

【主题的价值】

1. 兴趣来源于幼儿的生活，在生活中有无数种物体可供幼儿进行研究，研究资源相当丰富。

2. 通过对“掉落的物体”的研究，试图让幼儿通过不断的尝试操作、探索感知、形象表征、体验分享来发现物体下落的现象，并进一步发现里面的科学道理，充分体现以幼儿为主体的原则及尝试教育的理念，并让幼儿从中体验到了科学探索的兴趣，培养幼儿从小爱科学的兴趣。

【主题活动总目标】

1. 通过活动，培养幼儿乐于尝试的精神，激发幼儿主动探索的欲望。

2. 引导幼儿在尝试探索活动中，发现物体下落的不同现象及落在地上的不同现象，并知道物体下落时的速度与物体本身的重量有关。

3. 发展幼儿的观察力，肢体语言的表现力和初步形象表征的合作能力。

【活动过程实录】

【活动一　物体掉落时的现象】

活动目标：

1. 通过活动培养幼儿乐于尝试的精神，激发幼儿主动探索的欲望。

2. 引导幼儿在尝试探索活动中发现物体下落时的不同现象。

3. 发展幼儿的观察力及肢体语言的表现力。

活动准备：

毽子、海洋球、手工制作“降落伞”、羽毛、树叶、手绢、皮球、棉球、气球、手工制作“迷迷转”、沙包、纸片、网球、手工制作“小花盘”、皱纹纸等。

活动过程：

1. 自由探索、大胆尝试。

当孩子们见到老师为他们带来的各种各样的玩具后都兴奋极了，每个人都表现出跃跃欲试的样子，于是我便将玩具一一展示给幼儿看，这更增加了幼儿参与活动的兴趣。这时我们与幼儿一起进行了三次不同的尝试：

第一次尝试：请幼儿自由选择一种玩具，并将其抛向空中，观察其落下来的现象。有的孩子说：老师，它掉下来了！有的孩子说：老师，它落下来了。还有的孩子说：老师它飘下来了……孩子们都发现了原来抛上去的物体都会掉下来的。

第二次尝试：请幼儿换一种玩具，再次向空中抛去，看看有没有新的发现。这时幼儿发现了，玩具还会落下来，但落下来的样子不一样了。

第三次尝试：鼓励幼儿拿两种玩具比较，发现物体落下来的现象是不一样的。

2. 尝试讲述、发现秘密。

请小朋友说说刚才玩的是什么？它是怎样落下来的？鼓励幼儿用肢体语言来表示，并给大家演示一遍。

王一扭着身体说：我玩的是气球，它是飘下来的。

张兆凯作了一个跳起来蹲下的动作说：沙包是直着落下来的。

李金生一边转一边说：迷迷转是转着落下来的。

杜新容说得更详细：鸡毛先飘了几下，又转着落下来。

孩子们都争先恐后地说着物体下落的不同现象：有直直地落下来的，有慢慢地飘下来的，有转着落下来的……

【活动二　物体掉落时的速度】

活动目标：

1. 通过活动，培养幼儿主动探索尝试的兴趣。

2. 在尝试探索活动中发现物体下落时的速度与物体的重量、抛起的高度等有关。

活动过程：

1. 小朋友，当我们同时将两种玩具抛起来时，发现他们落下来的样子不一样，你再试一试，看看还能发现什么？在教师的启发下幼儿纷纷再次进行了实验，这次他们发现物体落下来的速度是不同的。

2. 为什么有的物体落得快，有的物体落得慢？幼儿通过比较发现物体的轻重、形状、大小都是不一样的！引导幼儿寻找一种可以记录物体落下的速度的方法。

3. 怎样让落得慢的物体落得快？让落得快的物体落得慢呢？幼儿自由探索，分小组讨论。最终他们都想出了不同的办法！有的组说：先把落得慢的物体扔下去，这样就会比落得快的物体先落地。有的说：把落得快的物体扔得高一点，落得慢的物体扔得矮一点就行了。还有的说：把原来轻的物体绑上重的东西，让它比原来重的物体还重就可以了……后来我们根据孩子们的提议一一进行了实验，看到自己的想法得到了大家的认可，孩子们别提有多高兴了！

【活动三　物体落在地上的变化】

活动目标：

1. 通过活动，培养幼儿主动探索尝试的兴趣。

2. 幼儿在探索中发现物体落在地上的不同变化，并用适当的语言进行描述。

3. 鼓励幼儿根据自己的生活经验，大胆想象，敢于尝试，想出可以改变物体落在地上的办法。

活动过程：

1. 师引导幼儿发现物体落在地上的现象。鼓励幼儿运用不同的物体进行实验，发现物体落在地上的现象也是不同的。通过实验幼儿发现有的物体落在地上会滚动，有的物体落在地上会弹起来跳几下，还有的物体落在地上是不动的。

2. 形象讲述，发现秘密。鼓励幼儿用一种动作来表示物体落在地上的样子。并用语言进行描述。

3. 改变物体落在地上的现象。与幼儿一同进行实验，并将找到的物体根据物体落在地上的不同现象进行分类。为让幼儿想出改变物体落在地上现象的办法，我们先与幼儿进行了这样的尝试：每人向上跳一下，发现落在地上是不动的，然后带幼儿到蹦蹦床上跳，发现落下之后还会被弹起来的。这时有一名小朋友说：老师我们让物体都落到蹦蹦床上，它是不是也会跳起来？带着这样的疑问幼儿纷纷进行了实验，最后他们发现了：玩具落在滑梯上会滚下去，球落在沙地里、落在水里就不会滚也不会跳、沙包落在被子上就不会响……

【活动四　表征掉落的物体】

活动目标：

1. 通过活动，培养幼儿初步的形象表征的能力和小组合作能力。

2. 鼓励幼儿用合适的符号进行形象表征，并与幼儿共同探讨表征的不同形式。

活动过程：

1. 谈话：掉落的物体。

鼓励幼儿说出物体是怎样落下来的，并用一种符号进行表示。

2. 小组表征：掉落的物体。

每组幼儿推选一名幼儿进行记录，其他幼儿进行讨论用什么样的符号进行记录。经过一段时间后，我们又将幼儿的表征记录展现给大家看。有的用直线表示物体直直地落下，有的用波浪线表示物体在滚动，有的用锯齿纹表示物体在跳动，有的用蜗形、用一连串的圆圈表示物体在转动，有的用断断续续的波浪线表示物体在飘动……幼儿的表征作品出现了百花齐放的局面。在幼儿进行讲述时，每位幼儿都争着将自己的同伴讲述的不完整的地方进行补充。幼儿的兴趣十分高涨。

延伸活动：寻找生活中的其他物体，观察物体掉落的现象并进行表征。随后我们又鼓励幼儿在家长的陪同下到生活中去寻找其他的物体并进行表征。

【活动反思】

《掉落的物体》主题活动在幼儿的表征活动后圆满地画上了一个句号，在整个活动中，我们深深地被幼儿的主动探索精神和大胆尝试精神所感动，也领悟到了孩子们都有无限的发挥潜能，同时我们对在生成活动中，如何把握来自幼儿的信息有了新的认识，它是实现幼儿自主学习、体现教师主导作用的关键。

作为教师，在活动中应充分利用幼儿身边的事物和现象作为科学探索的对象，引发幼儿的观察、思考与探索，善于发现幼儿的兴趣并及时增加、扩展实验操作的内容，在幼儿的主动探索中，给予适宜的帮助与指导。在这次活动中，我们从简单的落物现象中，引发了主题活动。让幼儿在这次活动中不仅研究了物体落下的不同现象，还随时引导幼儿发现其中的奥妙，通过这次活动，幼儿能在玩玩、试试、想想、说说、画画中对物体下落的现象，物体下落的速度和物体落在地上的不同变化有了不同的认识。整个活动在幼儿探索中结束了，这次活动带给了幼儿无限的空间让他们去进行探索，更多的是让幼儿体会到了在探索中获得经验的乐趣。

从案例《中班生成活动：掉落的物体》可以看出，由儿童自主生成的教育活动更关注幼儿的兴趣和学习需要。

第二节　从幼儿园教育活动的内容出发分类

根据幼儿园教育活动的不同内容，可以相对划分为健康领域教育活动、语言领域教育活动、科学领域教育活动、社会领域教育活动、艺术领域教育活动等五类。这五类领域教育活动在整合化要求下相互渗透和彼此融合。

例如：小班语言领域活动：《小兔找太阳》。

案　例

一、小班语言领域活动：《小兔找太阳》

【设计意图】

语言是人类最重要的交际工具。特别是在信息技术、科学技术飞速发展的今天，人们交往日益频繁，它要求社会成员有较高的语言表达能力，能用清晰、简洁的语言表达自己的观点和见解，能够适应语言传递技术现代化的要求，以迎接人机对话时代的到来。正如《幼儿园教育指导纲要》中的“鼓励幼儿大胆、清楚地表达自己的想法和感受。尝试说明、描述简单的事物或过程，发展语言表达能力和思维能力”，因此，鼓励幼儿创造性地运用语言显得尤为重要。我们在语言教学活动中，时常会注意培养幼儿的语言想象力和创造力，根据提供的语言领域目标，我设计了小班语言领域活动《小兔找太阳》。

【活动目标】

1. 能用语言描述太阳的特征，加深对红色、圆形的认识。

2. 知道晒太阳也是冬天的一种取暖方式。

【活动准备】

1. 课前开展半日活动《晒太阳》，感知在阳光下温暖的感觉。

2. 故事《小兔找太阳》的视频。

3. 画有红灯笼、萝卜、红气球、太阳的画面故事内容四幅。

4. 小兔和兔妈妈图片和头饰。

5. 设计小兔找太阳的场景(红灯笼、萝卜、红气球的实物，太阳的画面图片)

【活动过程】

1. 出示小兔子图片，引发幼儿兴趣。

小朋友们，今天老师给你们请来一只小客人，你想知道它是谁吗？(想)

小朋友请看，这是谁？(小兔子)

对，他是一只可爱的小兔子，那么你知道今天小兔子想干什么吗？(幼儿自由猜想)

它呀，想去找太阳，可是，它从来没有见过太阳，能找到太阳吗？

小朋友你见过太阳吗？你知道太阳是什么样的吗？(幼儿经验交流)

哦，我们小朋友知道太阳是红红的、圆圆的、亮亮的、照在身上暖暖的。可是小白兔只听说太阳是红红的、圆圆的，并没有见过太阳，下面我们就一起来看一下小兔子能不能找到太阳。

2. 教师边出示图片边讲故事《小兔找太阳》，根据故事情节逐步拉出画面，让幼儿与故事互动，学习语言，理解作品情节和其中的人物形象。

(1) 出示挂图 1

一只可爱的小兔子听说太阳是红红的、圆圆的，就去找太阳。小兔子来到屋子里，小朋友请看他看到了什么？(灯笼)

这时，小兔子指着两盏红红的、圆圆的灯笼说：“妈妈，这是太阳吗？”

小朋友你先来告诉它，这是太阳吗？（不是）

是什么呀？（是两盏灯笼）

那我们快告诉他，引导幼儿说出，（这是两盏红灯笼）。

这时妈妈告诉他，不，这是两盏红灯笼，太阳在屋子外面呢！

(2)出示挂图2

小兔子来到菜园子里，小朋友请看他又看到了什么，引导幼儿说，（红红的、圆圆的萝卜）。这时小兔子看到萝卜又说，妈妈这是太阳吗？来，小朋友，我们替妈妈告诉它，引导幼儿说出，（不，这是3个红萝卜，太阳在天上呢）。

(3)出示挂图3

小兔子抬起头，他看见了什么？（气球）这时小兔子又问妈妈，妈妈这是太阳吗，小朋友，妈妈会怎么说呢？（个别幼儿自由回答）老师说：不，这是红气球，太阳只有一个，还会发光呢。

(4)出示挂图4

小兔子仰起了头，看着妈妈指着的地方，大声喊，妈妈，我找到了，太阳是红红的、圆圆的、亮亮的，太阳照在身上暖洋洋的。

小朋友，今天小兔子找到太阳了吗？（找到了）

那你们来说一说太阳是什么样的呢？（鼓励幼儿用连贯的语言描述太阳的特征）

小兔子今天找到了太阳，他非常高兴，他要请小朋友听故事，你们想听吗？

3. 观看故事视频《小兔子找太阳》。

4. 以提问方式进一步理解故事：

(1)小兔子第一次找到了什么？

（个别回答后，请小部分幼儿上来找找红灯笼，并一起说说故事中的对话“这是两盏红灯笼，太阳在屋子外面呢！”）。

(2)后来又找到了什么呢？（个别回答后，请小部分幼儿上来找找大萝卜、红气球，并一起说说“这是三个大萝卜、红气球”。

(3)兔子为什么会把红灯笼、大萝卜、红气球当成太阳呢？（引导幼儿看看他们都是红红的、圆圆的）

(4)你见过太阳吗？在哪儿能找到它？在太阳下有什么感觉呢？

(5)引导幼儿一起说说“太阳是红红的、圆圆的，亮亮的，照在身上暖洋洋的”。

5. 幼儿根据设计的场景带头饰分角色讲故事。

【活动延伸】添画圆形《圆形变变变》

二、中班艺术领域活动：《小老鼠和泡泡糖》

【设计意图】

自然界中人与动物的关系是非常亲密的，虽然小老鼠在生活中是人人喊打的动物，但动物王国中的小老鼠却机灵好玩常常引人发笑，深得孩子和成人喜爱。在省编教材《奇妙的动物》主题活动中，恰好有一节《小老鼠与泡泡糖》，因此我设计了此活动。通过节奏欢快的音乐，挖掘幼儿对小老鼠已有的认识，大胆夸张的创编动作，使孩子们对音乐的理解更加有血有肉，更具体形象。另外，泡泡糖也是幼儿比较喜欢的糖果之一，对于它的特性——很黏和给人们带来的麻烦有一定的了解，所以本活动设计以生活迁移的方式让活动更贴近幼儿生活，使幼儿的创编表现更自然、丰富，发展幼儿的音乐表现力。

【活动目标】

1. 能根据乐曲旋律合拍地做小老鼠走、左右张望的动作。

2. 尝试夸张地表现小老鼠拽泡泡糖的表情和动作，发展音乐表现力。

【活动准备】

1. 课前玩过泡泡糖，对泡泡糖的黏性有感性的认识。

2. 小老鼠玩偶一个、小老鼠头饰人手一份，小猫头饰一个。

3. 音乐《一只小老鼠》、《小老鼠和泡泡糖》

【活动过程】

(一)音乐导入：

1. 亲爱的小老鼠宝贝们，来和老鼠妈妈出来玩吧，要当心大花猫呀！(一教师扮大花猫)。与小朋友谈话，回忆小老鼠在幼儿心目中的印象。

2. 以故事形式导入活动主题。

出示小老鼠，看，谁来了？(小老鼠)

这只小老鼠可调皮了，一天它趁妈妈睡午觉时悄悄溜出去玩。小老鼠东跑跑西看看，东跑跑西看看。到了草地上，小老鼠不小心踩到了一个黏乎乎的东西。它不知道这是泡泡糖，连忙用手去拉。呀，泡泡糖粘到了手上。它又用另一只手去拉，又粘到了另一只手上。拉来拉去泡泡糖像根绳子一样把小老鼠捆了起来。一只猫冲了出来，小老鼠像个球似的飞快滚回家。

(二)倾听A段音乐并尝试用动作表现小老鼠走路与看的动作。

老师这里有段音乐，就表现了这只小老鼠遇到的好玩的事情，请小朋友完整欣赏音乐《小老鼠和泡泡糖》。与幼儿交谈对这段音乐的感受。

孩子们有的说“感觉很快乐！”有的说“很愉快！”对音乐有了大致的了解。

1. 有一首音乐也讲了小老鼠和泡泡糖的故事，我们一起来听听好吗？

2. 听听什么地方是小老鼠走路，什么地方是小老鼠看？（欣赏A段音乐）

听听什么地方是小老鼠走路，什么地方是小老鼠看，你能听出来吗？

3. 模仿小老鼠走路的样子。

我们自己做做小老鼠走路的样子。（小老鼠嘴巴尖尖的，弓着身子）

4. 结合语言提示与音乐，表现小老鼠走路和看的动作。

回到座位上做做，接下来听着音乐学学小老鼠的样子好吗？（每一个乐句做一个"小老鼠东走走，西看看 0"的节奏，重复四次。）

小老鼠说到哪个字的时候要停下来准备看看了呢？我们跟着小老鼠一起来试一次，注意说到'西'的时候要停下来左边看一下，右边看一下。

刚才你们走得可真不错，小老鼠越走越快，我们快跟上去。（站起来，做两遍）

（三）倾听B段音乐，并探索不同的拉泡泡糖的动作

1. 探索小老鼠拉泡泡糖的动作。

学学小老鼠拉泡泡糖的样子，提醒幼儿用夸张的动作来表现。

"到了草地，小老鼠的脚上粘到了一个大泡泡糖上，甩都甩不掉，怎么办呢？谁用动作来学学小老鼠拉泡泡糖的样子呢？（其他幼儿可以学一学）

小老鼠怎么拉的，是轻轻的，还是怎样？（用力拉呀，使劲拉）为什么要用力啊？

2. 引导幼儿探索泡泡糖粘在其他身体部位的动作。

（1）探索泡泡糖粘到其他身体部位的动作。

拉——弹回来了！想一想，泡泡糖弹回来，还会粘到身体的什么地方呢？（肚子上，脸上，屁股上，手臂上）

（2）幼儿分散练习，自由想象，大胆夸张地表现拽泡泡糖的动作。

让我们把粘在这些地方的泡泡糖拽拽看。拉——弹到脸上，拉——弹到肚子上，拉——弹到腿上……

（3）结合音乐和语言用动作表现拉泡泡糖的动作。

（四）倾听并理解结尾部分音乐。

小老鼠拽呀拽，可是怎么也拽不掉，最后谁来了？小老鼠就怎样了呢？

（来了一只大花猫，小老鼠吓得使劲一拉，连滚带跑地逃回了家。）

（五）倾听整体音乐，用动作表现。（两遍）

（六）总结。

1. "小老鼠为什么会在草地上踩到泡泡糖？"（环保教育）

2. "吃完泡泡糖以后，应该怎么做才对呢？"

活动反思：

我执教的中班艺术领域活动《小老鼠和泡泡糖》是省编教材《奇妙的动物》中的主题活动，孩子们在诙谐幽默的乐曲声中嬉戏、理解、融入音乐情景，玩得不亦乐乎，特别是对泡泡糖的黏性有很丰富的表现力，这是我始料未及的。在活动中我特别注意要关注全体，有针对性地教学，对内向、不爱表现的幼儿给予积极的引导、互动、带动，效果很好。

三、中班科学领域活动：《有趣的影子》

【活动目标】

1. 初步了解影子是怎样形成的，感知光与影子的关系。

2. 体验影子游戏的乐趣。

【活动准备】

1. 图画、手电筒、玩具、幻灯机。

2. 将活动安排在有阳光的时间。

【活动过程】

(一)创设情境，导入活动。

1. 故事导入，激发幼儿活动兴趣，引出主题。

小朋友，今天老师给你们带来一个非常有趣的故事《胆小的咪咪》。请大家仔细听，故事中发生了什么事？

咦，谁在哭呀？教师出示毛绒玩具小猫，佯装小猫在哭。讲述故事《胆小的咪咪》。今天上午，小猫咪咪正在草地上玩，它玩得可高兴了。突然，它发现身旁有一个黑黑的东西。这是什么呀？咪咪很奇怪，它赶紧向东跑跑，可黑黑的东西也向东跑跑。它又向西跑跑，可黑黑的东西也向西跑跑。这下，可把咪咪吓坏了，它急得大哭起来。妈妈，妈妈……

2. 联系生活，请幼儿猜一猜黑黑的东西是什么？(影子)

那么影子是怎么形成的呢？

(二)动画演示，探索影子形成。

1. 观摩影子实验。

(1)打开幻灯机，将光投到墙上。墙上有什么？(光)

(2)教师用玩具狗挡住光线。墙上这黑黑的是什么？(影子)为什么会有影子？(幼儿自由回答)

(3)教师关掉幻灯机，(感知没有光，有物体，也不会产生影子)墙上有影子吗？为什么？

(4)总结：光是沿直线传播的，光在传播的过程中如果遇到了不透明的物体，在物体的后面光照不到的地方就会留下黑影，这个黑影就是影子。

2. 观看动画——深层理解影子的形成原因。

演示课件：小猫咪咪是怎么挡住光线宝宝，在它身后形成影子的？

3. 咪咪还在哭呀，让我们一起来告诉咪咪好不好？

（三）激发创新，敢于想象，一起探索尝试不同造型的影子。

1. 小朋友知道了影子是怎么形成的，那么你们想不想看看自己的影子呀？请几名幼儿在幻灯机前看影子。幼儿自由动作（或伸手、或弯腰、或跳舞、或踢腿……）。（物体挡住了光，就有了影子）

2. 小朋友们闭上眼睛，看老师给你们变一个魔术。一只小鸟飞来了，飞呀飞。一只小羊走来了，咩咩咩。一只大灰狼走来了，啊呜啊呜，我要吃了你们。呼，猎人来了，大灰狼吓跑了，小羊跑了，小鸟也飞走了。（来时边说边做手影）

3. 发给幼儿手电筒，让幼儿自由分组合作做手影，互相猜一猜像什么。看谁做得更像。

（四）户外游戏，乐于探索。

1. 影子多有趣呀，咱们到外面找一找自己的影子好不好？

2. 让幼儿仔细观察阳光下除了自己的影子，谁还能发现其他物体的影子。

3. 怎样才能把自己的影子藏起来让别人找不到？

4. 幼儿自由结组，每两人一组用粉笔在地上互相记录对方的影子，等两小时后看看影子是否发生了变化，探索影子与太阳位置的关系。

【活动反思】

本活动主要通过生动有趣的游戏形式，让幼儿在游戏中探索、感知、创新、体验科学学习的乐趣。

1. 故事引入，激发幼儿主动参与的兴趣。根据幼儿的心理特点，利用故事《胆小的咪咪》，激发幼儿的好奇，通过让幼儿帮助咪咪解决疑难的情境开始了对新知识的探索，同时把这个故事贯穿于活动中，借助起伏跌宕的故事情节，让孩子首先感到科学的趣味性，从而对科学产生兴趣和探索的欲望。

2. 从实验入手，突出重点，突破难点。影子形成的原因是本次活动的重点和难点，在这里运用实验法和动画的演示法，形象直观，引导幼儿理解影子的形成，知道光和影子的关系，化难为易，层层深入，有效地突出了重点，成功地突破了难点。

3. 教学方式丰富多彩，灵活多变。本次活动运用了多种教学方法，创设了多种游戏。如：通过实验法、演示法，直观教学法形象生动地引导探索与学习。巩固知识时通过一系列的影子游戏激发幼儿从不同层面感知影子给我们带来的乐趣。

当然，本次活动还存在着缺点和不足，如教学环节衔接不紧凑等，今后都应注意改进。

四、大班健康领域活动：《我换牙了》

【活动目标】

1. 了解换牙的过程，知道换牙时要注意的问题。

2. 巩固正确的刷牙方法，养成早晚刷牙、饭后漱口的好习惯。

3. 体会换牙给自己带来的特殊感受，并与大家分享换牙期所带来的成长喜悦和烦恼。

【活动准备】

镜子；各种饼干；纸；笔；牙刷；牙膏；杯子。

【活动过程】

（一）了解牙齿的形状

1. 猜谜语引入主题："健康卫士穿白衣，上下两排真整齐。中午饭菜它磨碎，早晚用刷把澡洗。"

2. 用小镜子照口腔，观察自己牙齿的形状，把它画下来。

3. 展示牙齿形状，结合交流，认识门牙、尖牙、磨牙。

4. 请幼儿品尝饼干，提问：你们是用什么牙咬的？用什么牙磨碎的？（感知不同形状和不同位置的牙齿，有不同的作用）

5. 牙齿除了吃东西，还有什么作用？

小结：牙齿的形状是大大小小，有粗有细的，排列得很整齐，不同形状的牙齿有不同的作用，牙齿除了能帮助我们咀嚼食物，还能帮助我们正确地发音，说话清楚。

（二）交流换牙的感受

对比观察：

1. 请换牙的和没换牙的幼儿张嘴，看看他们的牙齿有什么不一样，引出"换牙"的概念。

2. 请换牙或牙齿松动的幼儿说一说换牙的感受。

讨论：为什么要换牙？换牙时该怎么办？

小结：小朋友最初换牙时总感到害怕担心。其实，换牙是我们每个人都要经历的过程。换牙的特殊经历，让你们真的长大了！

（三）认识恒牙和乳牙

幼儿听故事《乳牙和恒牙的话》，通过故事了解乳牙和恒牙，了解换牙时的正确行为。

（四）探究活动：刷牙

1. 小实验：老师先请幼儿品尝饼干，然后请幼儿拿出镜子照照：你发现了什么？

2. 我们只吃了一小块饼干，牙齿上就留下了这么多残渣。如果不及时清理，这些残渣对牙齿有什么影响呢？

3. 请幼儿探讨正确的刷牙方法。教师请一名幼儿示范讲述正确的刷牙过程：用水杯接一杯水，先在牙刷上挤点牙膏，再喝一口清水漱口，然后开始刷牙，将牙膏泡沫吐出来，最后喝水将嘴漱干净。

4. 带领幼儿到盥洗室亲历一次刷牙，教师注意指导方法不正确的幼儿。

小结：换牙时期是非常重要的，希望小朋友记住正确的刷牙方法，还希望你们每次刷牙后都用镜子检查检查，让镜子成为你护牙的小帮手。

【活动延伸】

争做护牙小明星：请幼儿或爸爸妈妈按表记录幼儿每天刷牙的情况，每做到一次就得一颗星。看看谁得的星最多，谁就会拥有一口健康、漂亮的牙齿，成为健牙小明星。

【活动反思】

活动反思：

《我换牙了》是本期健康活动主题之一，借助幼儿换牙期，对幼儿进行换牙护牙的教育，帮助幼儿学习刷牙的正确方法，并逐步形成良好的习惯。本次活动中，幼儿通过观察、绘画、小组讨论等多种学习方式，体验和分享了换牙给自己带来的特殊感受，并与大家分享了由此带来的成长的喜悦和烦恼，初步了解了换牙的常识。

“生活即教育”是陶行知生活教育理论的核心，也是幼儿园健康教育的基本理念，《我换牙了》这一主题活动，就充分地体现了这一点。

首先，注重从生活中生成教学资源。活动主题是教师根据本班孩子的年龄和心理特点，捕捉幼儿生活中有教育意义的内容，及时地把幼儿生活中的新问题、社会中的新信息吸收到教学内容之中。活动过程中，像“照镜子、吃饼干、演示刷牙”等都是在生活中生成、提炼的教学资源。学习是为生活服务的，通过教学使目标得到了真正的落实。其次，教学过程呈开放性。活动中，幼儿充分参与活动，在有趣的实际操作中获得知识，形成技能，得到充分的发展。让幼儿通过观察、集体谈话、日常生活中的练习，再在集体中创设一些生动形象的、便于每个孩子都能参与、老师也能即时了解的情境，使幼儿无论是换牙、还是每天刷牙的情况都处于动态的交互过程中。在这种过程中，老师既是观察者，更是引领者和教育者。所以，生活活动不是单一空洞的说教，而应是多途径、多形式的教育过程。只有这样，才能真正地从知、情、义等方面让孩子们掌握良好生活及卫生习惯的真谛。

但是，在这次教学中，也存在着问题。教学过程中幼儿用了较多的时间认识牙齿的形状、作用，以及龋齿的形成，影响了本次教学核心目标的完成。建议加强幼儿换牙的体验、换牙时的卫生这些环节的实施，使教学重点突出。

五、中班社会领域活动：妈妈包里的秘密[①]

【设计意图】

1. 陶行知先生认为：教学内容应贴近生活。幼儿教育活动就是根据幼儿的生活经验，在他们熟悉的周围生活中选取有关的内容，让他们看一看、玩一玩、想一想，这是一个自主体验，自主发展的过程。妈妈的包是孩子感兴趣并能接触到的事物，但其中也包含了丰富的知识信息。从现场反应来看，来源于生活的素材更能引起幼儿共鸣。

2. 新《纲要》对幼儿“社会”这一领域提出了详尽的要求。领域目标里明确提出要培养幼儿爱父母长辈、老师和同伴。领域内容里又详细地提出了要求。可见，社会态度和社会情感的学习，对孩子的发展是相当重要的。而幼儿对妈妈的情感并不是通过简单的说教，我们依据观察、调查妈妈包里的物品这个载体，想让孩子进一步了解妈妈，体验妈妈对自己的爱，这样的情感更生动。

【活动目标】

1. 通过观察、调查妈妈包里的物品，进一步了解妈妈的生活，感受妈妈对我的爱，激发爱妈妈的情感。

2. 能用较完整的语句表达自己的想法和感受。

【重点】

通过观察妈妈包里的物品，知道妈妈生活中的一些细节，从而加深对妈妈的了解。

【难点】

了解物品与人的生活的关系，体验妈妈对宝宝的爱。

【活动准备】

各种包(不同材质、不同颜色、不同季节使用、不同背法)以及物品(手机、钥匙圈、皮夹、餐巾纸、伞、小背心、药瓶、杂志、零食、化妆包、家园联系本等)。

① 杨赛男，虹口区实验幼儿园。

【活动过程】

(一)观察体验(观察各种包包的外形)

你们都看过妈妈的包？说说你妈妈的包是怎样的？

我还带来了许多包，你们仔细看看这些包上有什么特别的地方？

小结：这些都是你们妈妈用的包，各种各样的，有的妈妈的包是斜背的，有的是双肩背包，也有的挎包，还有的包上有装饰品，妈妈的包都不一样，每天妈妈背着漂亮的包去上班。

(点评：对于中班幼儿描述物体的主要特征，并不是一件简单的事，教师通过猜猜、背背等有趣的形式，注意幼儿形象思维的特点，提供直观的观察对象，调动幼儿活动的兴趣。)

(二)经验交流(说说与妈妈有关的物品)

那妈妈的包里藏了些什么东西呢？

预设：

口红：妈妈什么时候用口红？你妈妈一定很爱漂亮是吗？

钱包：你妈妈包里有钱包吗？你有吗？原来妈妈的包里都有钱包。

鼓鼓的钱包里会有什么呢？想看吗？

妈妈的钱包里有许多卡，这些卡有什么用？

交通卡：这张是什么卡认识吗？她有什么用？怎么用？用了交通卡还要付钱吗？

手机：

(1)妈妈的手机号码你知道吗？是多少？

(2)妈妈平时和谁打电话？为什么事打电话？

(3)妈妈和你打过电话吗？电话里都说些什么？

小结：妈妈包里有各种各样的东西，都是妈妈最需要的。

(点评：教师设置“包里有什么？”这一情景涵盖了大量的社会信息量，教师以简单的追问来引导幼儿积极思考，寻求正确的答案。)

三、感知情感(说说包里与宝宝有关的物品)

妈妈包里有那么多东西，还会有什么？我来摸摸看。

预设：

1. 宝宝的背心。

提问：这是谁的背心？小朋友穿的衣服为什么会在妈妈的包里？

小结：现在天气越来越冷，妈妈担心你们回家的时候着凉，特意在包里放一件背心，可以在冷的时候给你穿。你瞧妈妈多周到，多细心，整天把小宝宝放在心上。

2. 宝宝的药瓶。

提问：谁吃的药？包里怎么会有药？

小结：因为小朋友生病了，妈妈特意把药交给燕燕老师，让她中午给你吃，妈妈希望你的病赶快好，身体越来越健康。

3. 家园联系本。

提问：这是什么本子？谁和谁联系的？写什么事？

4. 你们看妈妈包里的东西多吗？我们数数有几样，有哪些是为你们准备的？

小结：妈妈包里的东西真多，有的是为自己准备的，有的是为我们小朋友准备的。

（点评：教师通过层层递进的提问让孩子充分感受妈妈的关爱与照顾，同时也激发了幼儿对妈妈浓浓的爱意。）

（四）操作了解（翻看自己妈妈的包包）

平时不能随便翻妈妈的包，今天妈妈同意了，想不想看看包里有些什么？

（点评：通过翻看包里的物品，幼儿能更了解妈妈的生活，进一步激发幼儿对妈妈的情感。）

【活动评析】

1. 源于生活。

提取生活中的素材，满足孩子探索的愿望。幼儿学习知识的主要来源是他们能够接触到的生活环境。妈妈的包是孩子感兴趣并能接触到的事物，但其中也包含了丰富的知识信息。从现场反应来看，来源于生活的素材更能引起幼儿共鸣。

2. 重在情感。

幼儿对妈妈的情感并不是通过简单的说教，而是通过让孩子了解妈妈的物品与自己的关系层层递进感受、体验妈妈对自己的爱，这样的情感更生动。

3. 回归生活。

教师很巧妙地利用妈妈包里的秘密，让孩子了解更多的社会信息、时尚信息，在生活中学习，学习是为了更好地生活。

4. 表达表现。

活动中所提供的教具由孩子们亲自准备，在充分具备已有经验的基础上，激发了孩子们在活动中的大胆表达表现。

第三节　从幼儿园教育活动的结构出发分类

根据幼儿园教育活动的不同结构，可以分为两种：

1. 学科领域结构的教育活动。

强调学科领域的内在逻辑结构，注重幼儿的关键经验、学业知识和技能，具有较强的操作性。

案　例

大班科学活动：好玩的魔术

【设计意图】

孩子们对魔术有一种与生俱来的浓厚兴趣，表现出极大的好奇，在平时的自由活动时间总是自发地聚集在一起模仿魔术师玩魔术小游戏。因此，我从幼儿兴趣出发设计了本次《好玩的魔术》科学探究活动。旨在引导幼儿通过观看魔术表演和模拟魔术表演的活动，激发幼儿对魔术中科学原理的探究欲望和动手操作的兴趣，带领孩子们感受神奇的魔术，积极引导幼儿充分运用各种感官，动手动脑，主动探究魔术的秘密，并通过自己表演魔术的方式来表达探索的结果，最后通过设疑结束活动，激发幼儿继续探索的兴趣。

【活动目标】

通过观看魔术表演，感受魔术的神奇，愿意对魔术进行探究。通过模拟魔术表演，体验成功的乐趣。

充分运用各种感官，动手动脑，主动探究魔术的秘密。

积极探索魔术中蕴含的科学原理，初步感知“麦比乌斯圈”的基本特征，了解其在生活中的运用。

【活动重点】探索魔术的秘密，初步感知魔术中蕴含的科学原理。

【活动难点】通过幼儿自己动手和对比观察来初步感知“麦比乌斯圈”的基本特征。

【活动准备】

教具：剪刀、彩纸、两色操作纸环道具；两圆套在一起的纸圈一个。

学具：人手两份红色的纸、人手两份不同颜色的纸圈、剪刀每人一把。

【活动过程】

一、导入：谈话引入活动，表演魔术引起兴趣。

通过谈话引导幼儿回忆已有生活经验：

小朋友们，你们看过魔术表演吗？在哪看的？是谁表演的？

教师表演套圈小魔术，引发幼儿的兴趣。幼儿观看魔术表演。

今天老师就来做魔术师，给我们的小朋友表演一个魔术。小朋友看，老师手上有两个环子，一根绳子，现在老师把环子套到绳子上，拉一下。能不能拉动啊？请小朋友们拉一拉。现在老师拿出魔巾盖好，展现老师的魔法啦。拉开魔巾请小朋友看怎么样啦？

二、老师表演拉线小兔魔术，引导幼儿探索小兔子魔术的秘密。

刚才老师给小朋友表演了一个魔术，小朋友们想不想再看老师表演一个呢？

1. 教师表演拉线小兔子魔术，幼儿观看。

小朋友看老师手里拿了什么？现在老师要把这张红纸变成一只小兔子。先撕出小兔子的一只耳朵，再撕出另外一只耳朵。把中间的部分往后折，然后撕掉。相信吗？老师可以让小兔子的耳朵动起来。拿出老师的魔法针线，从小兔子的耳朵穿过来，轻轻地拉，小兔子的耳朵怎么样了？再拉另外一只耳朵看看怎么样了？

2. 幼儿猜一猜：小兔子的耳朵是怎么动起来的呢？

3. 幼儿第一次操作，教师引导幼儿探索拉线小兔子魔术的秘密。

老师给小朋友准备了许多材料，小朋友自己也去试试吧！

小朋友的兔子耳朵有没有动起来啊？老师请一位小朋友到前边来和老师的小兔子对比一下，小朋友发现了什么秘密呢？老师为什么把大拇指藏在后边？为什么做拉线的假动作？

魔术就是先把秘密藏起来，然后做一个假动作表演给观众看。

4. 幼儿第二次操作，进行拉线小兔子魔术表演。

小朋友都发现了秘密，请小朋友再去试试。

小朋友都学会了，现在表演给身边的伙伴看。

老师要请几个小魔术师来前边给小朋友们表演一下。

三、引导幼儿探索纸圈魔术的秘密。

小朋友们，做魔术师的感觉怎么样啊？小朋友想不想再试一次呢？

1. 出示纸圈引导幼儿猜测：拿剪刀沿线把纸圈剪断，纸圈会变成几个？

老师的手里有一个纸环，中间还有一条线，老师沿着线把纸环剪开，小朋友想想会变成几个圈呢？

2. 教师操作，幼儿观察：用剪刀沿中间剪断，变成一个大圈。

老师来剪一下，看看到底会变成几个圈？小朋友看，变成了一个大圈。

幼儿尝试剪不同颜色的两个圈，通过对比发现其中的秘密。

这到底是怎么回事呢？老师不告诉你们，请小朋友自己动手试试去发现其中的秘密。

四、引导幼儿了解麦比乌斯圈的神奇。

刚才那种神奇的圈就叫做“麦比乌斯圈”。这么神奇的圈都可以做什么呢？现在请小朋友和老师一起看看吧！

1. 请幼儿观看 PPT 视频，感受麦比乌斯圈的神奇。

2. 请幼儿观看麦比乌斯圈在生活中运用的 PPT，激发幼儿创造美好生活的愿望。

刚才我们看完了神奇的麦比乌斯圈的作用，小朋友以后也利用麦比乌斯圈的原理做出更多对人们有意义的东西吧！你们有没有信心？

五、结束：出示两个相连的圈，通过设疑激发幼儿继续探索的兴趣。

小朋友看老师手里有两个连在一起的圈，这又是怎么剪出来的呢？请小朋友下去自己试一试吧！

【活动反思】

《指南》强调：幼儿的科学学习是在探究具体事物和解决实际问题中，尝试发现事物间的异同和联系的过程。幼儿在对自然事物的探究和运用数学解决实际生活问题的过程中，不仅获得丰富的感性经验，充分发展形象思维，而且初步尝试归类、排序、判断、推理，逐步发展逻辑思维能力，为其他领域的深入学习奠定基础。

幼儿科学学习的核心是激发探究兴趣，体验探究过程，发展初步的探究能力。活动中，我们从幼儿的好奇心出发，引导幼儿通过观察、比较、操作、实验等方法，学习发现问题、分析问题和解决问题；幼儿的思维特点是以具体形象思维为主，活动中我们引导幼儿通过直接感知、亲身体验和实际操作进行好玩的魔术活动，在探究活动中完成了认知、情感、能力的三维目标。

2. 单元主题结构的教育活动。

将不同学科领域的教育内容，在不同程度上，以不同方式有机地整合于一个或几个单元的主题教育活动中，体现教育活动的综合性、整体性。更强调的是多种教育因素和幼儿发展领域的全面整合。

单元主题结构的教育活动是幼儿园综合性课程，可由教师确定活动目标和活动内容，也可由幼儿根据与主题有关的学习经验发起活动。

案　例

“城市风景线”主题活动计划①

<table>
<tr><td>主题活动目标</td><td colspan="4">1. 了解居家生活安全，知道一些避免危险和意外伤害的方法。能积极参加体育活动。
2. 乐意与朋友、邻居交谈，讲话有礼貌。能用普通话清楚地表达。喜欢欣赏文学作品。
3. 会运用多种方式收集、了解自己生活的城市风俗民情及风景面貌。萌发爱集体、爱家乡、爱祖国的情感。具有学习和表现不同建筑、歌舞和服饰等的兴趣和能力。
4. 能积极参加调查统计活动，有好奇心和求知欲。能主动运用各种感官发现周围的变化、探究问题、寻求答案。
5. 认识正方体、长方体、球体、货币、多边形等。会简单的推理。
6. 能用律动、音乐游戏等多种方式进行音乐表现和创作活动。
7. 欣赏建筑、节日景色、自然风景的美，并能用多种方式表现。喜欢欣赏反映生活、工作、文化的美术作品。</td></tr>
<tr><td rowspan="3">主题网络图</td><td colspan="4">城市风景线</td></tr>
<tr><td>1. 我长大的地方</td><td>2. 城市的桥</td><td>3. 大街小巷</td><td>4. 城市靓起来</td></tr>
<tr><td>我的小天地
房间和布局
我家在这里
小鬼当家
家里的安全
让爱住我家
我们的幼儿园
小区地图
新房子周围的树
我的邻居朋友</td><td>桥的传说
变化着的桥
看桥
拱形桥
谁的最结实
不倒的秘密
连接
用绳翻座桥
造大桥
过桥
桥梁设计师
城市的立交桥</td><td>有趣的城市街名
街头新面孔
武汉的早点
马路上的汽车
街头的广告
爬钟楼
城市的新鲜事
数高楼
城市的雕塑
黄鹤楼
逛大街
进城又出城</td><td>城市的夜景
我是武汉小导游
文明的城市
我是环保小卫士
无烟的城市
未来的城市
水上小船
大家来看灯
喜洋洋
节日的城市
做灯笼</td></tr>
<tr><td colspan="5">实施途径及内容</td></tr>
<tr><td>生活活动</td><td colspan="4">1. 能自己根据天气情况加减衣服，并能将衣物放在固定位置。
2. 能认真洗手，会自己擦护手霜。
3. 关注自己的身体变化，有不适能及时告诉老师。
4. 能较快速地穿脱衣裤，较快入睡。
5. 有良好的坐立行姿势。
6. 会注意自己和同伴的安全。</td></tr>
</table>

① 中国人民解放军国防信息学院幼儿园优质案例。

续表

游戏活动（含区域、户外活动）	1. 建构区请幼儿利用积木建造城市、城堡、奇特的房子、桥等。 2. 图书角充实各种桥、建筑、城市的风景图片。 3. 科学角充实材料，请幼儿做“谁最结实”、“连接”、“平衡”的相关实验。 4. 户外游戏：体育游戏《练习跳绳》、《接力赛跑》、《夹球侧行》、《过小河》、《小转椅》、《我是小小建筑师》等。 5. 每周四下午开展游戏活动：音乐游戏《问候舞》、《熊和石头人》，语言游戏《打大麦》、《说做动词》、《成语故事联讲》、《说形容词（看谁说得好）》。
教学活动	1. 在每日集体教育活动中完成主题活动中的语言、科学、社会、艺术领域相关内容。 2. 在周一下午的生存训练课程中完成幼儿健康和社会领域的部分目标。内容有：《健健康康过个冬》、《我是生活小能手》、《换牙的知识》等。 3. 每周二下午的早期阅读活动内容有：《逛商店》、《水果味的冰棒》、《复习》、《阅读表演活动》等。 4. 在“我绘我意”的特色美术活动中开展的活动有《画桥》、《奇特的建筑》、《建筑写生：黄鹤楼》、《灯笼》等。 5. 周五的快乐周末活动开展快乐折纸、表演游戏、户外远足活动等。
环境创设	1. 充实图书角：各种绘本，并利用生活活动时间为幼儿讲述绘本；充实科学区：各种连接和平衡实验的材料。 2. 用幼儿美术作品《桥》、《灯笼》布置出有节日气氛的环境（圣诞节、元旦节）。
家园互动	1. 关注班级“家园天地”和“班级博客”；关注班级动态和相关通知。 2. 举行元旦家园互动活动。 3. 关注幼儿作业情况。 4. 提醒幼儿参加“礼仪员”、“值日生”、“个性化表演”等工作。 5. 根据天气情况，及时为幼儿更换床上用品。 6. 加强幼儿观察护理，做好传染病的预防工作。 7. 与教师交流幼儿发展情况。

第四节　从幼儿园教育活动的组织形式出发分类

根据幼儿园教育活动的组织形式不同可分三种：

1. 集体活动。

教师有目的、有计划地组织全班幼儿在同一时间和同一空间进行统一的活动。教师面向全体儿童在短时间里提供大量共同经验，儿童在活动中相互启发、发展自律、合作意识。其特点是：全班幼儿在同一时间内做同样的事情，活动过程以教师的引导和组织为主。集体活动可以更多地让幼儿在教师的质疑与挑战中，激活思维、激励发展、分享经验、体验快乐。幼儿要学会倾听，并要大胆表达自己的看法；要学会遵守活动规则，并会适当地自律；要集中学习某方面的知识技能；这对幼儿社会性的发展和知识的获得有积极的帮助。在中国幼儿园教育活动中此种形式最为普遍，活动效率较高。集体活动一般计划性强，组织较严密，时间较固定，是幼儿园常用的、传统的组织形式。

但是集体教育活动容易导致不能充分考虑每个幼儿的特点、兴趣、需要，幼儿的个体表现机会少，不利于有针对性地培养个性品质和能力。

安排与组织集体活动时，应注意：活动内容和方法要符合大多数幼儿的兴趣和需要；活动场地的选择、幼儿座位的安排要灵活多样，材料的呈现要照顾到全体幼儿；活动中充分调动幼儿参与活动的积极性，尽量给幼儿表达、表现的机会；关注幼儿在活动中的反应（兴趣、情绪和需要），及时调整教学行为和活动时间的长短；活动过程中成人之间默契配合，关注幼儿的个体需要，并做出积极的回应。

2. 小组活动。

小组活动是将全班幼儿分成几个小组进行的活动，是班级活动的一种分解形式。通常由教师创设一定的活动环境，提供相应的材料，并给予一定的间接指导。如：幼儿园多功能活动室、幼儿园区角活动等，幼儿可以在同一时间自由选择不同内容的活动，组织形式宽松，时间支配自由，互动与协作随意。

在小组活动中幼儿自主探索、协作的机会更多，可以充分自我表现，有利于独立、自主、协作等精神的培养。其特点是：容易调动幼儿主动活动的积极性，促进幼儿和小伙伴、教师的谈论、交流、互动和协作。

合作能力的培养是小组活动有效进行的前提条件。其价值在于能让幼儿在合作学习、共同建构中学会理解、学会交往、学会遵守共同的“游戏规则”，并可以按照自己的速度和方式做事。随着幼儿年龄的增长，在中国幼儿园教育活动中此种方式越来越受到幼儿的欢迎。

安排和组织小组活动时要有清晰的目标，提前准备好所有的活动材料；活动中提供运用多种感官进行探索和解决问题的材料和工具；观察和了解幼儿如何解决问题和完成任务的经验和方法，幼儿有困难时可针对其能力调整任务难度；鼓励幼儿与同伴相互学习、交流与合作。如，通过任务设计、材料选择来促进幼儿的合作学习；让幼儿自己把握活动的进程，独立地完成所承担的任务。

3. 个别活动。

根据个别幼儿的个体特殊需要安排和进行的教育活动。它是集体活动和小组活动的有效补充形式。一般是一两个幼儿在教师指导下的活动，也可以是个别幼儿自发的、自由的活动。其特点是：更便于教师增强对幼儿的了解，能更好地实施个性化教育，有效推进因材施教。同时能满足不同个体的学习需求，让每个幼儿按照自己的兴趣特点、自己的发展速度、自己的认知风格去探索周围的世界，有益于幼儿创造性的发展，为幼儿提供了更为自由的活动空间。

集体、小组、个体活动有着不同的教育功能，必须互相配合、合理交替、互相补充。根据不同的年龄、不同的时间、不同的教育内容及目标选择不同的教育组织形式。

此外，根据幼儿园教育活动的特征不同，可以分为集体教学活动、生活活动、区域活动、游戏活动。

本章小结

幼儿园教育活动，是教师以多种形式有目的、有计划地引导幼儿生动、活泼、主动活动的教育过程。活动的主体是幼儿，因为活动对象的不同，构成因素的多样，从而形成了不同类型的教育活动。

思考与练习

1. 理解幼儿园教育活动类型的划分，完成以下表格：

幼儿园教育活动的基本类型						
按活动性质分						
按活动内容分						
按活动结构分						
按组织形式分						
按活动特征分						

2. 观摩活动视频或活动现场，判断活动类型，评价活动的特点。

第三章　幼儿园集体教学活动

本章学习目标

- 了解幼儿园集体教学活动的含义；
- 理解幼儿园集体教学活动的特点；
- 掌握幼儿园集体教学活动的组织原则和一般指导策略。

本章内容引言

幼儿园集体教学活动是与生活活动、区域活动、游戏活动相匹配，共同构成幼儿园一日生活的一类活动。

幼儿园集体教学活动是教师面对全体幼儿开展的教学活动，是教师按照教学目标与教学内容，有计划、有组织地引导幼儿获得有益的学习经验的一种途径，具有目标明确、内容精选、步骤周密、计划性强、教师作用明显的特点。

学习本章，你将会全面了解幼儿园集体教学活动的含义和特点，理解并把握幼儿园集体教学活动的组织原则和一般指导策略。

第一节　幼儿园集体教学活动的含义

幼儿园集体教学活动是与生活活动、区域活动、游戏活动相匹配，共同构成幼儿园一日生活的一类活动；是教师有目的、有计划地组织全班幼儿共同参与的教育活动。

幼儿园集体教学活动是在平等的基础上，幼儿教师对幼儿所有学习活动的有目的、有计划地组织、支持、帮助与引导和幼儿自主建构的辩证统一的教育过程。

理解这一概念应把握以下几个要点：

1. 所有的学习活动包括幼儿在幼儿园一日生活中可能发生和正在发生的学习活动。

2. 教师在教学活动过程中角色的转变，教师与幼儿的关系应该是一种平等、对话的关系。

3. 幼儿园教学的过程不仅仅是认识过程，而应是教师与幼儿创造自己生命意义的生活过程。

4. 系统知识在这里指向的是幼儿的经验。最适合幼儿的学习是在生活中学习，是在与环境和同伴的相互作用中学习。

5. 幼儿园集体教学活动中，教和学不只是传授和接受，“教”更应是一种组织、支持、帮助和引导；“学”则是一种经验的习得和自主建构过程。

6. 幼儿园集体教学活动中，教与学也不仅仅是师幼关系，还包括幼儿与幼儿的关系，幼儿群体和幼儿群体的关系，教师与幼儿群体的关系。

7. 幼儿园集体教学活动中，教与学也不是一一对应的关系。教学活动的基本功能是为幼儿的学习创造良好的条件，支持和引导幼儿的学习活动，强调幼儿学习活动的主动性。

资料卡片

集体教学活动案例及其评析①

活动名称：大班集体教学活动《屋顶上的秘密》

活动背景：

“屋顶上的秘密”这个活动来自于大班主题“我们的城市”中的老房子、新建筑这个点。孩子在参观山阴路上的老房子和同伴的新房子时，引发了屋顶的讨论。

屋顶是我们居住地的重要设施之一，它形状颜色各异，稍稍留意，就会发现屋顶上有许多和我们生活密切相关的宝贝。我想通过此次活动，一方面让孩子初步了解它们的用处，感受屋顶上的一些设施在我们生活中的作用，从而激发他们对周围常见现象的关注。另一方面想让孩子在互动的方式中，积极思考，大胆想象，并对屋顶形成较为准确的认识。

活动目标：

1. 感受屋顶的不同以及对我们生活的关系。

2. 尝试在问题情景中表述自己的想法，提高观察分析问题的能力。

活动过程：

一、回忆交流屋顶上的不同设施

1. 出示字——秘密、屋顶上的，引出话题。激发幼儿从自己经验出发从不同角度表达出对秘密的理解。

① 上海虹口友谊幼儿园，吴佳瑛。

2. 幼儿提问，解决几个问题。

本环节的目的一是让孩子互动，尝试自己解决问题；二是通过这个环节进一步让孩子体验同伴间的智慧，扩大求助范围并形成经验上的互补。

小结：屋顶上一些设施的不同用处。

二、发现、感受一些有趣的屋顶

用照片、录像等引导幼儿观察分析并思考理解其中隐含的意思。

1. 出示一组照片，猜猜我去了哪里，结合经验说出理由。

2. 了解空中百鸟园在何处，猜猜为何屋顶上有百鸟园？

3. 幼儿看录像。

4. 再猜一张照片，这是什么地方？上面会有什么？

5. 直升机救人的故事。

小结：屋顶的设计和这幢房子里的人和事是有关系的。

6. 交流其他的屋顶。

三、讨论设计幼儿园屋顶平台

让孩子参与美化幼儿园环境，通过交流明白屋顶是危险的，需要一定的保护。

1. 猜一猜幼儿园屋顶及栏杆的作用。

小结：屋顶是不可以随便爬的(安全教育)。

2. 观察屋顶的变化，引发对游戏规则的讨论。

案例评析：

一、选材好、选点妙、选角度巧，充分体现了教师设计的智慧和预设的精彩。

首先，选材好。幼儿前期对屋顶的形状、屋顶上的瓦片和老虎窗进行了充分的观察，并展开积极的讨论，从而引出了一个探索的兴趣点——屋顶。教师选中这一切入点，适时地预设了本次集体活动，使这一“教材”，既有效唤起了幼儿的经验储备，又充分激活了幼儿在教学现场的思维。

其次，选点妙。教师独辟蹊径，选择了“空中百鸟园”和“屋顶停机坪”这两个符合大班幼儿“最近发展区”经验水平的教学点，引发了孩子们极大的学习热情和探索愿望，使教学过程不断碰撞出精彩的思维火花。

再者，选角度巧。在呈现“空中百鸟园”和“屋顶停机坪”这两个有趣的屋顶时，教师采用了层层推进，引人入胜的方法，让孩子们在观察、推理、判断中，不断调动已有的认知经验与生活经验来“猜测”：“猜一猜吴老师最近去过的一个有趣的地方(空中百鸟园)”“再猜一猜这是在哪儿(屋顶停机坪)”。在孩子们饶有兴趣的“猜一猜”过程中，整合了所有的认知经验，激活了思维能力，使课堂真正成为幼儿学习的乐园，发展的摇篮。

二、教师具有驾驭教学过程的能力，师幼互动游刃有余，使幼儿的学习更有意义。

在教学过程中，教师充分利用每一次对话、每一个细节，让幼儿在与教师互动中，进行有意义的学习。整个活动中，反映了教师驾驭教学过程的能力，以及游刃有余的师幼互动能力。比如，当幼儿介绍："这是我搜集的资料，是冷却塔……"，教师："那是什么？冷的反义词——"幼儿："是热。"老师："对，是散热器。"又如，当幼儿表示听不懂永乐公司经理介绍"空中百鸟园"的话时，老师有点出乎意料，但立刻机智地回应："哦，我知道了，经理说的普通话没有幼儿园老师标准，所以你们听不太懂。但是，你们注意到没有，经理说的话是很有条理的，第一点……第二点……他一共说了三点理由。这样，我们再仔细听一遍，你能记住、听明白一点也可以。"吴老师有效地回应了来自幼儿的大量不确定的生成问题，充分反映了教师的现场互动能力。由此，让幼儿在活动中获得了更有意义的经验。

三、目标清晰，层次分明，重点突出，整个活动充分体现了对幼儿的发展价值。

真正优质的集体教学活动，评量其价值的一个最核心的要素，是看它对幼儿发展与成长的作用与意义。本活动，目标清晰，价值取向合理；层次分明，重点问题突出，使整个活动充分体现了对幼儿的发展价值。

比如，第一环节"回忆、交流屋顶上的不同设施"，重在交流，在生生之间分享、互动中，发展孩子们的语言，丰富彼此探索发现的经验。

第二环节"发现、感受一些有趣的屋顶"，重在理解屋顶与人们生活的关系，并借此发展幼儿的观察、分析、判断能力以及解决问题的思维能力。

第三环节"讨论、设计幼儿园屋顶平台"，重在设计，在设计中刺激幼儿的想象、创造能力以及激发孩子们的自主意识。整个活动中，幼儿积极自主、思维活跃、表达大胆，充分体现了活动对幼儿发展的意义。

第二节　幼儿园集体教学活动的特点

一、幼儿园集体教学活动的定位

幼儿园集体教学活动是当前乃至以后相当一段时期中国幼儿园教育活动常用的基本

类型之一。因为从理论上看，幼儿园集体教学活动是适用于中国目前学前教育现实需要的一类幼儿园教育活动形式。幼儿园集体教学活动相对于生活活动、区域活动、游戏活动而言，是“高结构化”或“完全结构化”的教育活动形式。活动由教师发起，活动的目的具有外现性、特定性，活动中教师控制活动的进程，决定活动时间、空间和活动材料的运用，幼儿在教师的引导下获得教师预设的知识和技能。

不过，这种理论上的优势只是表明集体教学活动在幼儿学习发展中的可能性而非必然性，实现这些优势需要一定的前提条件。

为了保证集体教学活动的有效性，充分发挥它的优势，我们需要清醒地认识它，了解它，才能准确把握它，灵活运用它。

与日常生活、游戏相比，幼儿园集体教学由于是教师有目的、有计划地组织的教育活动，因此，对幼儿的学习与发展应该具有更加积极的促进和引导作用，集中体现了“教育要走在发展的前面，引领发展”的思想。这是幼儿园集体教学应该有的基本定位。

学前儿童的知识经验可以分为两类：

第一类是比较简单的知识和技能，儿童在与成人的日常交往中，在生活、游戏、参观、劳动中就可以自然而然地获得；

第二类知识技能比较复杂，此类知识虽然在幼儿的知识总量中只占很小一部分，但对其发展具有重大影响，而且只有经过专门组织的教学才可以掌握。

虽然学前知识系统化教学理论更多解释的是认知领域的教学，但对我们思考幼儿园集体教学的定位及其实现问题，处理集体教学与日常生活和游戏的关系问题仍然有一定的启发作用。

(1)区分“两类经验”，明确哪些学习经验可以通过日常生活和游戏自发获得，哪些需要集体教学来获得。

(2)将集体教学置于幼儿园一日生活、游戏等共同组成的经验体系中，充分考虑与幼儿自发经验的关系和联系。

(3)明确集体教学的任务重在帮助整理和扩展儿童自发学习所获得的经验，使其系统化，达到新的认识水平。

(4)精选教学内容，突出核心概念或问题，发挥集体教学“点睛”的作用(如果把日常生活和游戏在幼儿学习与发展中的作用比作画龙的话)。

教师可以先问问自己：这个内容可不可以在日常生活或游戏中学习？如果可以，就没有必要用作集体教学。如果这个内容虽然也可以在日常生活或游戏中学习，但有些独特的价值不能体现出来，那么也可以通过集体教学进行，但教学设计中一定要将这个独特的价值发掘出来。

总之，提高幼儿园集体教学质量的关键首先在于准确定位，而准确定位既是一个认识问题，又是一个实践问题。

只有正确看待和处理集体教学与幼儿园一日生活、游戏的区别与联系，才能避免集体教学走出或者简单重复幼儿的自发学习经验，或者与其经验相脱离而导致因缺乏理解基础而不得不死记硬背的被动学习误区，真正发挥引领、促进幼儿学习与发展的作用。

二、集体教学活动的特点

在《纲要》和《指南》的要求下，当今幼儿园教育强调幼儿活动的主体性，强调游戏是幼儿最基本的活动形式，强调最大限度地支持和满足幼儿通过直接感知、实际操作和亲身体验获取经验的需要。

那么，作为“高结构化”教育活动类型的幼儿园集体教学，理所当然的应该凸显出与之相适应的平等性、引领性、交互性、系统性、高效性等特点。

1. 平等性。

瑞典学者托尔斯顿·胡森认为，教育公平包括起点公平、过程公平和结果公平。过程公平是教育公平的核心内容，它不仅是起点公平的延续，而且是结果公平的必要前提。

在幼儿园集体教学活动中，教师应充分尊重每个幼儿所享有的平等的受教育的权利和发展机会，尊重幼儿的人格，不歧视任何幼儿，平等对待不同个性的幼儿，并根据每个幼儿的特点采取适合其个性发展的教学方式，区别对待幼儿之间的差异，以促进全体幼儿的发展。

因此，幼儿园集体教学活动建立在教师与幼儿平等关系的基础上，在师幼之间、幼幼之间关系平等。全体幼儿拥有同样的教育资源、同样的学习内容、同样的活动任务和发展机会。

2. 引领性。

幼儿园集体教学活动是教师对幼儿学习活动有目的、有计划的组织与指导。

尽管幼儿学习的途径是多样化的，日常生活、游戏中的自发学习也是重要的学习，也能帮助幼儿积累经验，促进发展。但集体教学活动的目的性、计划性更强，因此更容易发挥教学“走在发展前面、引领发展”的功能。

3. 交互性。

幼儿园集体教学活动是教师组织全班幼儿开展的学习活动，能在活动中形成学习共同体，培养集体感。围绕统一内容展开的集体教学，有利于师生和同伴之间的交流互动，分享经验，使同伴之间的差异成为一种资源，大家在相互启发、相互学习的过程中体验团体生活的乐趣、增强集体感。

4. 系统性。

幼儿园集体教学活动中，具体教学的内容和顺序一般是教师根据幼儿学习和发展的规律及教育教学大纲而精心安排的，因此具有较强的系统性，既有利于幼儿循序渐进地学习，也有利于获得相对系统的经验。

5. 高效性。

集体教学活动的高效性体现在集体教学活动能在教师科学预设的前提下，由一位教师同时组织指导20 ~30位幼儿进行学习，可以节省教育成本，提高效益；以适宜的活动主题和内容，满足并调动全体幼儿的兴趣，帮助幼儿利用已有经验，建构新经验，能根据幼儿学习与发展的特点和规律，选择教学形式和方法；了解教学内容的逻辑关系，并有序组织教学，能为幼儿提供更多参与探索、交流、合作、分享的机会，能根据幼儿的反映，作出适当调整。

第三节 幼儿园集体教学活动的组织与指导

一、幼儿学习的特点

学习是指学习者因经验而引起的行为、能力和心理倾向的比较持久的变化的过程。

幼儿的学习活动特点与他们的心理发展水平密切相关。

皮亚杰的理论告诉我们：幼儿处在感知运动阶段和前运算阶段。幼儿的心理发展水平决定他们的学习活动具有以下特点：

1. 活动性。

在活动中学习是幼儿学习的主要方式。幼儿的年龄特点决定了他们对世界的认识是感性、具体和形象的，幼儿是在对客观事物的触摸、摆弄、操作中认识周围的事物，获取感性经验的，是在与教师、同伴进行交往和相互作用中，借助观察、模仿等，掌握语言、习得社会性行为的。

幼儿的活动性学习特点要求对幼儿的教学应该以真实的经验和事件为基础，尽可能地给予幼儿动手操作、直接观察和实验的机会，让他们获得亲身的经历与体会，并能用自己的话说出事情发生的过程。

2. 直观性。

幼儿的思维主要是具体形象思维。幼儿认识的规律是由表及里、从现象到本质、从具体到抽象。他们的思维方式离不开动作和实物。在教学中，教师要为幼儿提供各种各样的感性教材，选择实物，用生动、丰富、直观的语言指导幼儿进行学习。

3. 兴趣性。

幼儿对事物的认识受到兴趣的直接驱使。因此，教师要设法把要教的东西变成幼儿的需要，使幼儿真正感受到学习的乐趣和意义。

4. 主动性。

幼儿是主动的学习者，好奇、探索是他们的天性。幼儿对教师所教的内容表现出倾向性和选择性，来自外部的信息须经过幼儿自身内部结构的过滤。幼儿接受什么，不接受什么，接受到什么程度，主要依赖于幼儿根据自身的兴趣、认知能力、情感、个性特征等所做出的选择。教师应该尊重幼儿，保障幼儿学习过程中的主动性，重视过程、重视活动对幼儿的有意义性，重视幼儿的实际动手操作。

5. 广泛性。

幼儿的学习内容十分广泛，并且幼儿的学习途径十分广泛。

幼儿园教学应当渗透于幼儿园的一日生活的各个环节中，而不应当仅仅通过上课来进行，还应有生活活动和游戏活动。

6. 游戏性。

游戏是幼儿学习的基本形式，幼儿的学习大部分以游戏为主，在玩中学，边玩边学。在游戏中，幼儿获得各方面的知识和信息；通过游戏，幼儿的智力水平不断提高，解决问题的能力不断增强，从而促进幼儿学习水平的不断提高。

7. 模仿性。

幼儿的学习常常是通过观察别人的行为榜样或仿效他人而获得经验的。模仿学习有助于幼儿自身行为和技能的进步，但有时也会束缚幼儿发散性、创造性思维的发展，阻碍幼儿创新能力的培养。

二、当前集体教学活动中普遍存在的问题

1. 集体教学活动的功能定位不准，与幼儿园整体课程关联不明晰。

幼儿园集体教学活动是与生活活动、区域活动、游戏活动相匹配，共同构成幼儿园一日生活的一类活动；是幼儿园课程实施的承载途径和形式之一。

因此，无论从功能、目标、内容、方法还是实施策略，都应从幼儿园课程实施的整体需要出发，将幼儿园课程科学分解到幼儿园集体教学活动、生活活动、区域活动、游戏活动等各类活动中，确保集体教学活动与其他各类活动既是课程实施的分解载体，具有不可替代性；又是课程实施的有机组成部分，相互关联、相互补充、相互融合。

而当前，幼儿园仍存在重集体教学活动，轻生活活动、区域活动、游戏活动等其他活动或对各类活动缺乏辩证认识、相互割裂的弊端，这些都将给幼儿园课程实施带来严重的干扰和不利影响。

2. 集体教育活动的教育目标定位不清，核心价值难以体现。

“幼儿园的教育内容是全面的、启蒙性的，可以相对划分为健康、语言、社会、科学、艺术等五个领域，也可作其他不同的划分。各领域的内容相互渗透，从不同的角度促进幼儿情感、态度、能力、知识、技能等方面的发展。”①

国家教育部先后颁布了《幼儿园教育指导纲要（试行）》和《3—6岁儿童学习与发展指南》（后简称《纲要》、《指南》），明确了幼儿园教育目标、内容要求和教育建议。

《指南》更是“从健康、语言、社会、科学、艺术五个领域描述幼儿的学习与发展。每个领域按照幼儿学习与发展最基本、最重要的内容划分为若干方面。每个方面由学习

① 教育部，《幼儿园教育指导纲要（试行）》，2001年7月。

与发展目标和教育建议两部分组成。

目标部分分别对3~4岁、4~5岁、5~6岁三个年龄段末期幼儿应该知道什么，能做什么，大致可以达到什么发展水平提出了合理期望，指明了幼儿学习与发展的具体方向；教育建议部分列举了一些能够有效帮助和促进幼儿学习与发展的教育途径与方法。”①

尽管从《纲要》和《指南》颁布之日起，全国各地幼儿园便开始了学习、贯彻，但是时至今日，在集体教学活动中，仍存在各领域的教育目标定位不清，核心价值难以体现的弊端。要么活动目标以偏概全，重知识技能轻情感态度和能力，要么蜻蜓点水、胡子眉毛一把抓，缺乏针对性，难以凸显领域核心价值。

3. 集体教学活动内容的选择与利用不当，不能满足幼儿发展需求。

《纲要》指出：“幼儿园教育应尊重幼儿身心发展的规律和学习特点，充分关注幼儿的经验，引导幼儿在生活和活动中生动、活泼、主动地学习。在教育过程中应依据幼儿已有经验和学习的兴趣与特点，灵活、综合地组织和安排各方面的教育内容。使幼儿获得相对完整的经验。”

“教育内容的选择应遵照本《纲要》第二部分的有关条款进行，同时体现以下原则：

(一)既适合幼儿的现有水平，又有一定的挑战性。

(二)既符合幼儿的现实需要，又有利于其长远发展。

(三)既贴近幼儿的生活来选择幼儿感兴趣的事物和问题，又有助于拓展幼儿的经验和视野。”

“教育活动内容的组织应充分考虑幼儿的学习特点和认识规律，各领域的内容要有机联系，相互渗透，注重综合性、趣味性、活动性，寓教育于生活、游戏之中。”

当前幼儿园仍存在集体教学活动内容的选择与利用不当的弊端。或教学内容价值不高，或教学内容难易度不适当，或教学内容关联性不够，或教学内容的价值利用与挖掘不够，等等。

例如：某中班集体教学活动《水》。

教学重点：感知水的基本特性。

环节一：看一看。

教师在一只脸盆里装满了水，另一只脸盆里装豆浆，里面分别放着几颗玻璃球，请小朋友们看一看，这两只脸盆里有什么？此环节的目的是感知“水是无色、透明”的。

环节二：玩一玩。

请小朋友把脸盆里的水舀到另一只脸盆里。此环节的目的是“感知水是流动的”。

---

① 教育部，《3—6岁儿童学习与发展指南》，2012年9月。

环节三：闻一闻。

请小朋友区分白酒就与水。目的：感知水是无味的。……

最后，教师总结：水是无色、无味的、透明的，是流动的。

分析上例，我们可以发现：教师缺乏对幼儿已有学习经验的了解与认识。孩子们在日常生活中、在玩水中、在与同伴、父母的交流中，已经充分感知了水的基本特性，也积累了相关的学习经验，教师却依然选择“感知水的基本特性”这一简单经验为重点内容，展开集体教学，这对于已经积累了“水”的基本学习经验的幼儿来说，他们在教学活动中只是平行地扩大简单的知识经验，而并未得到真正的发展。

集体教学中，幼儿都带着原有的知识、经验、思考、兴趣参与教学。因此在选择集体教学内容时，我们必须关注这些学习经验，从整理、提升经验出发展开教学，使集体教学产生“画龙点睛”的效果。

案例《水》中，尽管幼儿在与他人的交往中，在生活、游戏中已经积累了“水”的相关经验，但这些经验是零散的、不完整的，在这样的背景下，开展“水”的集体教学活动，其教学重点不在于增加多少全新的知识内容，而在于帮助幼儿整理日常生活中获得的经验，提升已有的自然经验。在教学内容确定之前，教师可以通过参与幼儿的玩水游戏，借助“你玩过水吗?”“你有哪些有关于水的问题?”等问题，在观察中，在与幼儿的交流中，了解幼儿的兴趣，并作深入分析，选择“脏水怎样变干净”、“有趣的沉浮”、“水压与水流量”等重点内容，展开集体教学活动，引导幼儿有目的地观察与探究，使原本零散的、基本的学习经验在集体教学活动中得以梳理，并使之清晰化、条理化、系统化、概括化。

4. 集体教学活动中师幼角色定位不当，幼儿主体教师主导体现不够。

《纲要》指出：教师应成为幼儿学习活动的支持者、合作者、引导者。教师理所当然在集体教学活动中对幼儿给予支持、合作和引导，以关怀、接纳、尊重的态度与幼儿交往。耐心倾听，努力理解幼儿的想法与感受，支持、鼓励他们大胆探索与表达。善于发现幼儿感兴趣的事物、游戏和偶发事件中所隐含的教育价值，把握时机，积极引导。关注幼儿在活动中的表现和反应，敏感地察觉他们的需要，及时以适当的方式应答，形成合作探究式的师生互动。尊重幼儿在发展水平、能力、经验、学习方式等方面的个体差异，因人施教，努力使每一个幼儿都能获得满足和成功。

例如：在幼儿园集体教学活动中，教师往往通过提问的方式掌握话语霸权和活动主动权。这种话语霸权和活动主动权一方面表现在时间的分配上，即教师在教学活动中是否是“满堂灌”，给不给幼儿发表见解的机会。有时整个教学活动的大部分时间都被教师的提问占得满满的，幼儿只是充当教师的“应声虫”，只是追随老师前进的脚步，主体性及主动性不能得到很好的发展。另一方面表现在幼儿话语权的假性赋予上，教师在教学活动中会象征性地向幼儿发问，并引导幼儿按照教师自己预先的设计进行回答，对幼儿的不完整回答、模糊回答及错误回答，教师往往会采取忽视、排除甚至批判的态度。比如，当幼儿指着长颈鹿说“长颈鹿身上有漂亮的花纹”时，教师却提醒幼儿“先看看长颈鹿的头上有什么?”当幼儿在激烈地争论“狼与狗谁怕谁”时，教师却不加思考地给予否定的回答“安静！狼不会怕狗的，狼很凶残。”教师的提问让整个教学活动都在“既定”的轨道上展开，不给幼儿一点创生活动的机会。当幼儿的回答没有按照老师的要求或超出了教师的预设范围时，教师便急忙阻止幼儿的回答并把幼儿的思维“拉”到自己预设的“轨道”上。看似师幼在对话交流，但这样的对话与交流不是真正的对话与交流，它只是教师为了顺利进行教学活动或完成教学目标的手段而已。此外，教师对幼儿话语的评价具有专横性。教师对幼儿的行为表现进行评价是教学活动中必要的一个环节，评价要有针对性与启发性。当幼儿的回答错误或对问题有争议时，教师应该给予适当的回应和引导而不是给予武断的否定性评价。

5. 教学策略混乱，教学程序僵化。

教师因其过于强调课程内容的预先规定性和计划性，往往使教学变得机械、沉闷和程式化，因而不能充分调动幼儿主动学习的积极性。那么在以预设为主的集体教学活动中，教师在预设教学内容时，必须关注儿童原有的基本经验，同时关注幼儿即时生成的问题，以幼儿的兴趣、需要为“起点”，展开预设，这样才能使预设的教学活动焕发其应有的生命力。由于对生活化、情境化、自由探索等观念理解的偏差，很多教师在设计集体教学活动时常常会优先考虑什么形式看起来“热闹”，什么形式比较流行，至于这些形式是否是达到某个教学活动目标最合适的方式，能否对幼儿的学习形成挑战，则相对被忽视。有的活动为了实景重现，使用很多“道具”，有时用录像，有时现场表演场景；有的活动提供很多游戏材料，让幼儿在活动中玩日常区角游戏中“玩”的内容，认为这样可以调动幼儿的日常经验；有的活动原本可以用简单形式(如图片)解决的，偏要用电脑动画等高科技手段来进行，等等。所以教师在采用这些活动形式时应充分考虑如何快速引领幼儿进入学习状态，如何避免干扰他们的思维！这些活动形式的使用要使环节之间联系紧密、层次清晰，而不是让幼儿在摆弄中重复平行经验。这些活动形式要能低耗高效地促进教学活动目标的达成，让幼儿在主动参与中获得挑战自我的快乐。

集体教学活动是有目的、有计划的活动，其教学运行必须有一定的程序，因此预设教学是基本要求。教师在进行教学活动设计时，必须充分研究教材，研究幼儿的学习经验、心理发展特点，找准幼儿学习的热点、兴趣点，从儿童学习的需要出发，充分预设，尽可能多地预想在执行教案时，可能出现的情况，把静态的教学设计与动态的教学过程链接，只有这样才能随时接住幼儿“抛来的球”。

例如：中班科学活动《蜗牛》。

集体教学活动前，为了便于每位幼儿观察，教师要求家长利用双休日带孩子去抓蜗牛。周一早晨，孩子们都带来了自己抓的蜗牛，兴奋地交流着，观察着……

集体科学活动开始了。

教师让幼儿观察：

"蜗牛身上有什么"?

"蜗牛有几条触角"?

"蜗牛是怎么爬的?"

未等教师说完，幼儿举起双手，

"老师，蜗牛的嘴巴在哪里?"

"蜗牛爬过的地方为什么是湿湿的?"

"老师，蜗牛长大了壳会换吗?"

教师敲响铃鼓打断幼儿的七嘴八舌，随即果断命令幼儿："你们别讲了，先上课。"

由于教学活动带着"三分之二的不确定性"，教师的任务是根据随机出现的情况，有目的、有根据地调整教学计划和教学策略，弹性地展开，即时生成教学内容，而不必过分拘泥于教案。

案例《蜗牛》中的教师，对幼儿此时抛出的"球"的价值应该迅速作出判断，顺势引导全班孩子用放大镜找蜗牛的嘴巴，观察蜗牛爬的路径，集体活动结束后，教师可以在图书区提供有关蜗牛的图片、音像资料等，进一步激发幼儿的探究兴趣。笔者认为预设与生成，并非水火不相容，而应水乳交融、和谐共生。生成离不开科学的预设，预设是为了更好的生成。

三、幼儿园集体教学活动的组织与指导

1. 幼儿园集体教学活动的组织原则。

(1)与幼儿支持性的联系比管理的、指导的或惩罚的联系更有利于学习；

(2)幼儿在"伙伴"关系中的游戏和交流比管理他们或向他们说教更能有效地促进幼儿的学习；

(3)尊重幼儿的兴趣比忽视、破坏或改变幼儿的兴趣更能鼓励幼儿的主动性、控制力和能力；

(4)接受幼儿非教师的思维和推理方式比希望他们像教师那样思维和推理更能促进幼儿的思维和推理方式；

(5)鼓励幼儿解决他们遇到的问题比为解决问题或企图提供没有问题的环境能产生更多的学习机会；

(6)确保提供的信息和活动适合于幼儿的发展水平对有效地学习经验来说很重要；

(7)经验和问题解决是幼儿发展对概念和联系的理解的主要过程。

2. 幼儿园集体教学活动的指导策略。

(1)教学过程应遵循一般的教学规律，体现活动顺序的层次性。

(2)教学过程应突显重点提高主要目标达成度。

(3)选取合适的方法、途径，讲究教学的实效性。

(4)教学过程应努力为幼儿主体性发展提供机会和条件。

案 例

幼儿园集体教学活动案例与分析①

例1:《自己画脸谱》(大班艺术领域活动)的简要过程:

1. 分享关于京剧脸谱的经验。

(1)介绍自己制作的脸谱。

(2)概括京剧脸谱的特点。师生共同小结:脸谱是我国戏剧独有的艺术，用夸张的色彩、线条和对称的方法表现不同人物的不同性格和特点。

2. 戏剧老师示范画脸谱。(外请人员)

(1)戏剧老师介绍材料、工具。

(2)戏剧老师给自己化妆。边画边介绍化妆过程和注意事项，重点:小笔勾线、大笔涂色，从上往下画，每种颜色用固定的笔。

3. 幼儿自己画戏妆。

(1)幼儿选择自己想化妆的角色。

(2)幼儿自己涂画脸谱(轻放背景戏曲音乐)，教师和戏曲老师共同观察幼儿的操作，鼓励幼儿大胆尝试在自己脸上画油彩，给予个别幼儿一些必要的帮助。

4. 自由表演。幼儿边听戏曲边自主表演。

分析:该教学活动过程简洁而清晰，围绕画脸谱展开，既从儿童已有经验出发，又在向专业人员直接学习的过程中获得相关知识、技巧，还让幼儿大胆自主地实践、练习，并在化妆后进入情景自由表现。这样一次含量较丰富的活动，教师设计的四个环节，步步深化、层层深入、环环相扣保证了教师——幼儿——社会人员三方交流、幼儿自主练习的机会，遵循了幼儿学习规律，调动了幼儿的积极性，保证了幼儿的参与性，这样简洁而清晰的教学活动过程可以成为促进幼儿主动发展的过程。

例2:“数豌豆”(中班科学领域数学活动)简要过程:

1. 感知豌豆夹中豌豆的数量。看看豌豆夹的外形特征，数数豌豆夹中的豌豆粒。

① 中国幼儿教师网 http://www.yejs.com.cn

2. 剥剥、数数、记记。每人两个豌豆夹，剥后数一数并用自己的方法作记录。

3. 分析记录单：重点：怎样记录看得清楚？豌豆夹里的豌豆粒一样多吗？

4. 再次操作：用清楚的方法记录3~5个豌豆夹中的豌豆粒。

5. 交流并小结。讨论：豌豆夹里的豆宝宝一样多吗？最多的几粒？最少的几粒？

分析：豌豆夹中豌豆粒的差异，可以引发幼儿探索周围事物的积极性，过程紧紧围绕剥豌豆、数豌豆展开：一个豌豆夹里有几个豆宝宝？多的有几粒？少的有几粒？“用自己的方式记录”为幼儿展现自己的数概念和自主学习能力提供了表现的机会；又在同伴交流互动的学习情景中，感受记录的不同方法，同时又在分析过程中逐渐把握“怎样才能把几次操作的结果表述清楚”，……这是一种自我学习能力的锻炼。最后一个环节让幼儿比较最多的和最少的几粒，不仅进行了数学能力培养，更埋下了到生活中继续探索研究的积极性：豌豆夹中比较多的是几粒？豌豆夹的多样性可以引发幼儿思维的积极性、探索的丰富性。活动过程应该努力围绕主要目标、重点突出的进行。

例3：彩色的雨滴（小班艺术领域美术活动）简要过程：

1. 进入“下雨情景”玩音乐游戏：“下雨了”和“大雨和小雨”。

2. 教师示范点彩画。

（1）欣赏画有天空、草地的大背景图（三张铅画纸拼成）。

教师选不同颜色用手指点画雨滴，让幼儿感受雨滴是从上往下落下的；

强调：换颜色时要先把手指上的颜色擦干净。

（2）幼儿跟随老师用手指书空练习：一点、一点。

3. 幼儿作画（配“下雨”乐曲）。

提醒幼儿自己选择颜料，找一处合适的位置操作。

观察幼儿如何点画雨滴，给予个别幼儿以必需的提示。

鼓励幼儿可以多画几种不同颜色的雨滴。

4. 欣赏：感受自己和同伴共赏彩色雨滴的美景。

5. 幼儿听着音乐的“雨声”、“撑着小伞”离开活动场地。

分析：这是一个以美术为主的教学活动，从观察范画到自己练习保证了幼儿是活动的主体。开场选用音乐游戏，调动了每个幼儿的已有经验和身临其境的情绪，在“雨声”音乐伴奏下作画，可以使幼儿在“下雨”氛围中尽情地表现对下雨的感受，幼儿作画时选用了大幅背景图拓展了幼儿的想象空间，创造了既源于真实生活又高于现实生活的艺术氛围，当孩子“撑着小伞”（想象情境）

在雨中漫步时该是何等的满足。这样的自然综合在相互关联的情境中，可以使幼儿身临其境，既获得了点画雨滴的新经验，又巩固并丰富了科学、音乐、身体动作、自我保护等多方面的经验与表达技巧。

例 4：接拍球(大班健康领域体育活动)简要过程：

1. 拍球进场，做球操。

2. 探索双人拍一个球的方法：

两人接拍球练习后交流：成功了吗？怎么接拍的？

小结接拍球的技巧：规定每人一次拍几下；要边拍边数；最后一下要稍稍用力一些，另一个小朋友要接着拍……

3. 继续练习接拍球：两人接拍；几个朋友接拍等。

4. 游戏：躲皮球。

5. 听音乐做放松动作。

分析：五个活动环节既体现了体育教学的基本规律又展示了课程改革的风貌。首先由幼儿自主拍球进场、做操活动身体，然后重点练习接拍球，这里提供了让幼儿主动探索接拍球技能的时空，幼儿在多次练习的过程中，逐步通过自身练习、与同伴互学积累经验、习得技巧；又在自主练习中巩固技能、在开放性的过程中保证了幼儿自主学习的探索机会。幼儿和同伴共同经历的探索、练习过程要比教师只授予技能对他的成长更重要；在探索中思考，更能养成凡事动脑筋的积极学习的态度，这种习惯、态度、能力的培养对幼儿是终身受益的。

本章小结

幼儿园集体教学活动是在平等的基础上，幼儿教师对幼儿所有学习活动的有目的、有计划地组织、支持、帮助与引导和幼儿自主建构的辩证统一的教育过程。它的基本功能是为幼儿的学习创造良好的条件，支持和引导幼儿的学习活动。强调幼儿学习活动的主动性。具有平等性、引领性、交互性、系统性、高效性等特点。

纵观当前幼儿园集体教学活动，普遍存在以下弊端：集体教学活动的功能定位不准，与幼儿园整体课程关联不明晰；集体教育活动的教育目标定位不清，核心价值难以体现；教学活动内容的选择与利用不当，不能满足幼儿发展需求；集体教学活动中师幼角色定位不当，幼儿主体教师主导性体现不够；教学策略混乱，教学程序僵化。

只有在《纲要》和《指南》的指导下，正确认识幼儿及其学习特点，重视幼儿学习品质培养，把握五大领域核心价值，遵循幼儿园集体教学活动的组织原则，采取适宜的活动指导策略，才能成就高效的优质化幼儿园集体教学活动。

思考与练习

1. 如何理解幼儿园集体教学活动？举例说明幼儿园集体教学活动的特点。

2. 联系实际，谈谈当前集体教学活动中存在的问题。

3. 现场观摩幼儿园集体教学活动，完成以下任务：

(1)现场观摩幼儿园集体教学活动，做好观摩笔记。

(2)组织现场交流活动，让执教者和观摩者一起讨论、分析教师的指导策略。

(3)根据现场观摩笔记，整理还原集体教学活动教案。

第四章　幼儿园生活活动

本章学习目标

- 了解幼儿园生活活动的含义；
- 理解幼儿园生活活动的特点；
- 掌握幼儿园生活活动的组织原则和一般指导策略。

本章内容引言

幼儿园生活活动是与集体教学活动、区域活动、游戏活动相匹配，共同构成幼儿园一日生活的一类活动。

幼儿园生活活动是幼儿园教育活动的重要组成部分，是满足幼儿基本生活需要的活动，如幼儿园一日生活中的入园、进餐、睡眠、盥洗、间歇活动、自由活动、离园等与幼儿的生活直接相联的活动。

学习本章，你将会全面了解幼儿园生活活动的含义和特点，理解并把握幼儿园生活活动的组织原则和一般指导策略。

第一节　幼儿园生活活动的含义和意义

“幼儿园的任务是：贯彻国家的教育方针，按照保育与教育相结合的原则，遵循幼儿身心发展特点和规律，实施德、智、体、美等方面全面发展的教育，促进幼儿身心和谐发展。”“幼儿园日常生活组织，应当从实际出发，建立必要、合理的常规，坚持一贯性和灵活性相结合，培养幼儿的良好习惯和初步的生活自理能力。”①

《纲要》第三部分第九条明确指出：“科学、合理地安排和组织一日生活。

① 《幼儿园工作规程》，中华人民共和国教育部令第 39 号。

(一)时间安排应有相对的稳定性与灵活性，既有利于形成秩序，又能满足幼儿的合理需要，照顾到个体差异。

(二)教师直接指导的活动和间接指导的活动相结合，保证幼儿每天有适当的自主选择和自由活动时间。教师直接指导的集体活动要能保证幼儿的积极参与，避免时间的隐性浪费。

(三)尽量减少不必要的集体行动和过渡环节，减少和消除消极等待现象。

(四)建立良好的常规，避免不必要的管理行为，逐步引导幼儿学习自我管理。”①

一、幼儿园生活活动的含义

生活活动是指满足幼儿基本生活需要的活动，如幼儿园一日生活中的入园、进餐、睡眠、盥洗、间歇活动、自由活动、离园等与幼儿的生活直接相联的活动，是幼儿教育活动的重要组成部分。

对于幼儿来讲，身体的发展、基本生活习惯和生活能力的形成是最为全面和谐发展的前提和保障，因此生活活动在幼儿课程中占据重要地位。同时因为生活活动中隐含着多领域的丰富的教育内容，生活活动也是幼儿获得经验、体验生活、学习社会技能的重要途径。帮助幼儿在安全、快乐、自然生活状态下养成良好的生活习惯、培养良好的生活能力，是幼儿园与其他教育阶段教育目标的主要区别之一。

案　例

幼儿在园一日生活流程②

活动名称	小班	中、大班
入园、晨检	7:20—7:50	7:20—7:50
幼儿早餐	7:50—8:20	7:50—8:20
区域活动	8:20—9:00	8:20—9:00
教育活动 游戏活动	9:00—9:20 9:20—9:40	9:00—10:00

① 教育部，《幼儿园教育指导纲要(试行)》，2001年7月。

② 潜江市博艺灵幼儿园《班级管理制度汇编》。

续表

活动名称	小班	中、大班
间点及准备	9:40—10:00	10:00—10:20
户外活动	10:00—11:10	10:20—11:10
午餐前准备活动	11:10—11:20	11:10—11:20
幼儿午餐	11:20—11:50	11:20—11:50
午餐后安静活动	11:50—12:00	11:50—12:00
幼儿午睡	12:00—14:30	12:00—14:00
起床、间点	14:30—15:00	14:00—14:30
户外活动 游戏活动	15:00—15:30	14:30—15:00 15:00—15:30
幼儿晚餐准备	15:30—15:40	15:30—15:40
幼儿晚餐	15:40—16:10	15:40—16:10
幼儿离园	16:10—17:00	16:10—17:00
备注： 喝水及大小便时间幼儿可根据需要，随时饮水、如厕。 严寒和酷暑季节，户外活动可根据天气变化情况进行临时性调整。 非三餐两点伙食的幼儿园可适当增加户外、区域、游戏活动时间。		

从案例《幼儿在园一日生活流程》可以看出，幼儿在园一日活动中，时间比值分配如下：户外活动 20%，集体教学活动 10%，游戏活动 12.5%，生活活动和过渡环节 57.5%。因此，我们每个幼教工作者应该“珍视幼儿生活和游戏的独特价值，充分尊重和保护其好奇心和学习兴趣，创设丰富的教育环境，合理安排一日生活”。①

二、幼儿园生活活动的意义

生活活动作为幼儿园教育活动的基本类型之一，它的教育价值也是其他类型的教育活动不能替代的。

1. 促进幼儿的生长发育。

幼儿身体各个器官的生理机能尚未发育成熟，对各种自然环境和社会环境的适应能

① 教育部，《3—6 岁儿童学习与发展指南》，2012 年 9 月。

力差，对疾病的抵抗能力和对压力的承受能力较弱。幼儿园生活活动保证了幼儿有充足的睡眠、合理的营养，满足了幼儿上厕所、饮水等生活的需要，为其生长发育提供了保障。

2. 培养幼儿生活自理能力和劳动观念。

生活自理能力和劳动观念也可以在幼儿园生活活动中初步养成。我国独生子女家庭对孩子在生活方面包办代替太多，以致幼儿生活自理能力水平低下，劳动观念缺乏。而今天的幼儿是未来的建设者、劳动者，他们必须是全面发展的人，有开拓创新和顽强劳动精神的人。从小培养幼儿生活自理能力以及热爱劳动的观念具有重要意义。在幼儿园生活活动中，可通过幼儿独立吃饭、如厕、穿脱衣服、午睡、卫生整理等生活活动，来提高幼儿的生活自理能力，培养自我服务的劳动观念。

3. 培养幼儿良好的生活和卫生习惯。

学前期是形成学前儿童各种习惯的关键时期。学前儿童的可塑性大，培养良好的生活习惯，将使其一生受用无穷。当代中国独生子女多，家长非常重视孩子的智力开发，却往往容易忽略孩子生活习惯的养成，父母、祖父母包办代替多，孩子生活习惯和生活技能差。幼儿园生活活动为孩子提供了反复训练生活习惯和卫生习惯的机会，如饭前便后洗手、定时定量进餐、不挑食、不随地吐痰等，有助于幼儿生活、卫生习惯的养成。

4. 养成幼儿良好的心理素质。

幼儿园合理有序的生活活动不仅能够保证对幼儿身体的照顾，还有利于幼儿健康心理素质的养成。老师精心照顾幼儿的每一个生活环节，能为幼儿创造良好的心理氛围，保持愉快的情绪；幼儿积极地参加各项活动，增加同伴和师幼间的交往和合作，使孩子在安全愉快的环境中健康成长。

第二节　幼儿园生活活动的特点

幼儿园生活活动作为幼儿园一日活动的基本类型之一，也是不同于集体教学活动、区域活动、游戏活动的幼儿园特有的一类活动，其特点可以简单概括为“四化”——

即：生活化、游戏化、学习化、个性化。

1. 生活化。

在真实的生活环境中积累幼儿生活经验、发展幼儿生活能力。例：自己如厕的小马桶；自己刷牙、洗脸的台盆等。孩子在生活的过程中能更好地、更自由地与环境互动，从而积累更多的生活经验，更好地学会生活。

2. 游戏化。

在生活活动中，通过创设的游戏情景，幼儿感知、巩固生活经验。如：中班在实施“在秋天里”这一主题活动后，教师利用家长资源，请幼儿从家里带来了各种各样的榨汁机、削皮机放在区域活动角内，让幼儿进一步感知水果的特点，孩子们发现：圆圆的苹果最好削，削皮机削苹果很快，妈妈是用刀削苹果的，比削皮机慢。

3. 学习化。

幼儿园的生活活动可以置身于主题活动的背景中与学习活动整合起来，并在主题活动中提升幼儿的生活经验。幼儿在学习活动中建构、在生活活动中运用和拓展。如在主题活动“我自己”实施过程中，中班的几个小朋友对贴在橱窗里的菜谱发生了兴趣，私下议论“今天吃什么菜，什么菜有营养”等问题。老师抓住了幼儿这个兴趣点，预设了“我们的菜谱”活动，通过小朋友与爸爸、妈妈一起设计菜谱，使幼儿知道均衡营养的重要性，体验了什么是良好的饮食习惯，积累了健康的生活经验。又如在主题活动“我在马路边”、老师设计了“过马路”的活动，让幼儿感知交通规则、了解安全常识，在一系列的学习活动中建构、提升了生活经验。

4. 个性化。

每个孩子来自不同的家庭，每个家庭都有各自的生活习性，开展“生活教育”应考虑到幼儿不同的生活背景，不同的体质等差异情况。在对待一些比较特殊的幼儿时，教师给予他们更细致入微的呵护和照顾。尊重幼儿生活习惯的个别化，促进每个孩子健康发展。

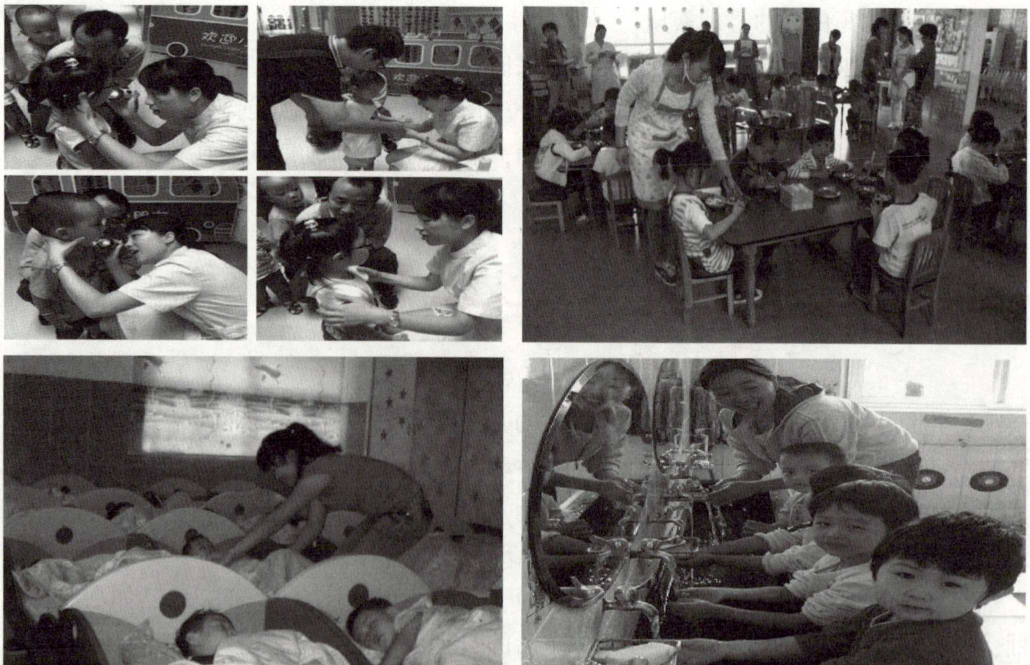

图 4-1　幼儿园生活活动片段图

第三节　幼儿园生活活动的组织与指导

一、生活活动的组织原则

1. 教养结合，积极培养幼儿独立生活的能力。

由于幼儿独立生活的能力尚处于较低水平，为保证幼儿安全、健康和全面的发展，教师要对他们的生活给予全面、细心的照顾。但是，全面、细心的照顾并不等于包办代替，过分全面的照顾会影响幼儿独立能力的养成。因此，凡是幼儿力所能及的应该掌握的事情，教师不要代替幼儿去做，而是要鼓励并指导幼儿自己去完成。

例如，饭前洗手关系到是否会病从口入，虽然教师一定要严把洗手关，但绝不等于由教师替幼儿洗手。即使是小班幼儿，教师也不应为他们一洗一擦了事，而是应当向幼儿提出具体明确的要求，并组织、观察和指导幼儿完成这一活动。发现幼儿存在的问题，可以结合讲解、示范，设计情景表演，甚至设计正规的教学活动，以正面教育为主帮助幼儿解决。

因此，在设计指导幼儿生活活动时，教师一定要"教养结合，养中有教，教中有养，教养并重"。

2. 因势利导，充分挖掘生活活动的教育潜能。

生活活动是教师观察、发现和教育幼儿最经常、最自然、最容易的活动。

以进餐活动为例，就包含着丰富的教育功能。首先，幼儿通过进餐活动养成细嚼慢咽、不挑食、不要成人喂食等良好的进餐习惯，使用餐具的正确方法和独立进餐能力。如果教师在餐前用优美的语言向幼儿介绍食物的名称、材料、颜色、制作方法，不但有利于幼儿不挑食，还可以使之产生语言、常识方面的教育功能。

比如说："今天我们吃的菜多香呀！颜色多美呀！绿色的芹菜，红色的胡萝卜，白色的豆腐干，黑色的木耳，还有圆圆的小肉丸呢！味道一定很棒！"

结合幼儿的行为表现，生活活动指导教育还可以成为进行德育的途径。有的幼儿吃饭的时候，把饭菜撒得满桌满地；拿点心的时候，在点心盘里挑来拣去；洗手的时候，为了抢水龙头和同伴争吵……这时老师最容易观察到幼儿的内心世界，也是教育幼儿的最好时机。幼儿能否与同伴团结友爱，能否爱护公共物品，能否尊重成人的劳动等，都是在生活活动中点滴形成的。

因此，教师应当重视生活活动，精心设计，积极认真地给予指导。

3. 因材施教，按需设计指导生活活动。

教师在设计指导幼儿生活活动时，一定要从幼儿的实际水平出发，逐渐培养他们自理自立的能力，不能急于求成。在具体的设计指导方法上，也要从幼儿的年龄特点出发。

对于小班幼儿，在培养他们良好的生活习惯和独立生活能力的时候，教师主要通过示范加讲解的具体方法，设计情景表演或教学活动，让幼儿在不断的活动中，通过看、听、练，逐渐强化他们的技能。而对于中班的幼儿，则着重于让他们将小班学习的生活技能继续巩固、内化，最终形成良好的行为习惯。指导的方法也从具体的示范讲解转为以语言为主的提醒、检查、表扬等。对大班幼儿，则要求他们能做到自觉，形成良好行为习惯的定式。

幼儿与幼儿之间，因为身体状况、家庭环境、性格、个性等方面的不同，存在着能力等方面的差异。教师应该重视这些差异。在培养他们独立的自理能力和生活习惯的时候，注意区别对待，个别照顾。

4. 家园合作，在合力下追求教育的一致和高效。

在家长开放日中，经常可以看到这样的情况：教师给幼儿盛饭时，家长在一边连声说："少盛一点，少盛一点，他吃不了这么多。"其实，教师给他盛的只是他平时在幼儿园进餐量的一半，待会儿他还要添饭呢！而当家长看到幼儿在幼儿园的进餐量时，往往会惊喜地对老师说："他能吃这么多呀？在家他吃得还没幼儿园的一半多呢！"为什么会出现这样的情景呢？这是因为幼儿在家吃饭，家长的要求与在幼儿园吃饭老师的要求不一样。在家中，他们想吃的和喜欢吃的就吃，否则就不吃；吃一顿饭要全家出动，跟在他们后面喂。而在幼儿园，教师统一要求，他们就不得不和全班相一致。所以，有的幼儿一天仅中午在幼儿园的一顿是好好吃的，早上和晚上在家多半不吃或吃得很少，家长拿他们没办法。

因此，教师就需要通过与家长的交流（如家长会、家访、个别谈话等）向家长介绍幼儿园生活活动的目标、内容和方法，让家长了解应如何教育、帮助、指导幼儿养成良好的生活习惯，争取家庭教育的配合，使幼儿生活活动的良好行为得到巩固和强化。

案　例

幼儿在园一日生活常规①

1. 入园、晨检。

（1）对幼儿的要求

①衣着整洁，愉快入园，有礼貌地和老师、小朋友见面。

②有礼貌地和家长告别。

③（中、大班幼儿）学会告诉老师自己的身体有无不舒服的感觉。

---

① 江汉艺术职业学院教育集团幼教发展中心编制《幼儿园管理工作手册》。

④将外衣、帽子等叠整齐，放在固定地方。

⑤进行简单劳动：会搬自己的椅子(小班)，擦个人桌椅，摆放玩具(中班)等简单劳动。

⑥在完成自己的事情的基础上可以建立值日生制度，培养孩子为集体服务的意识(大班)。

⑦给自然角的动植物浇水、喂食及清洁工作(中、大班)。

(2)对保教人员的要求

①幼儿入园前做好活动室内外清洁工作及开窗通气。

②以热情、亲切的态度接待幼儿，并向家长询问幼儿在家的情况，听取家长的意见和要求，做好个别幼儿药物的交接工作。

③晨间检查：按晨检常规规定项目进行。一般要求：对幼儿的脸色、皮肤、眼神、咽喉、精神逐个观察，并询问家长。认真做好一摸：是否发烧；二看：喉部、皮肤和精神；三问：饮食、睡眠、大小便情况；四查：仔细观察幼儿有无携带不安全物品，发现问题及时处理。

④组织晨间活动：准备好玩具、材料和活动器械，引导幼儿参加自己喜欢的各种活动。

2. 教育活动。

(1)对幼儿的要求

①活动前，逐渐转入安静状态。

②在老师的指导启发下，逐渐养成动脑、动手和手脑并用的习惯。大班幼儿能对自己进行简单的自我评价。

③在活动过程中，积极思考、踊跃发言或提问。

④坐姿自然端正，不干扰别人，不插嘴，不告状，养成倾听的习惯。

(2)对保教人员的要求

①做好教育活动前的准备工作。

• 充分理解、分析、熟悉教材，准备好教育活动计划。文字材料能背诵，示范动作要熟练、准确。(教育活动计划要提前写好)。

• 活动前提醒幼儿收拾玩具、如厕，做好活动的身心准备。

• 教具和学习材料：实物、图片、模型、教具实验用品、玩具或其他材料应于前一天准备好，用品数量要多于幼儿数。

②保证教育质量。

• 根据幼儿身心发展规律，灵活运用多种教育形式和方法，重点突出，解决难点，具有创造性。

• 要注意观察了解幼儿，有不同层次的要求和指导。

●能以幼儿为主体，面向全体幼儿，让幼儿充分运用感官，动脑、动口、动手，启发幼儿学习的积极性、主动性和创造性。

●要注意教育过程中的启发性指导和随机教育、个别教育。

●教态和语言：教态亲切自然、情感真挚。使用普通话，语言清晰、简练、准确、规范、生动形象。

●注意卫生保健要求，培养幼儿正确的坐、立、行姿势和握笔姿势，保护幼儿的视力和嗓子。

3. 喝水。

(1)对幼儿的要求

①用自己口杯喝水，喝水时不说笑，杯子用后放回原处。

②拿住杯子把，不玩杯子，不把手伸进杯口。

③能接适量的水，不过多，不过少，不把水洒在地上。

④接了水离开接水区喝水，排队的小朋友耐心等候，不推、不挤。

(2)对保教人员的要求

①口杯要在幼儿使用之前消毒，指导每个幼儿将口杯放入口杯柜中固定的地方。

②幼儿需要喝水时，应随时给水喝。应保证班上随时有温开水，并及时提醒幼儿喝水。

4. 盥洗。

(1)对幼儿的要求

①盥洗时不拥挤。

②学习掌握洗手的一定顺序和方法。

●卷好袖口，小班幼儿由老师帮助，中班幼儿互相帮助，大班幼儿会独立操作。

●先把手淋湿，搓上肥皂。

●按手心、手背、手指、手腕顺序洗手，再冲洗肥皂沫，抖掉水珠，用自己的毛巾擦干手，挂好毛巾，放下衣袖。

③自觉遵守盥洗规则、方法，动作迅速、认真。不玩水，不浸湿衣服和地面。

④养成良好的卫生习惯：

●勤剪指甲，勤理发，勤洗澡。

●不吮手指，不咬手指，不用脏手擦眼睛。

●会正确使用纸巾，会擤鼻涕。

●不随地吐痰，不随地大、小便。

• 不把物品放进口、鼻中。

• 会使用垃圾桶，会将废物扔进垃圾袋内。

• 保持桌面、墙面清洁，上美术课不用蜡笔、水彩笔画桌面。

• 会放好玩具、用品，不把玩具丢地上，不咬、玩学具。

(2) 对保教人员的要求

①做好盥洗前的准备工作，搓好毛巾，放好肥皂，为幼儿准备好流水洗手。

②根据用具设备，指导幼儿分批进行盥洗。

③教给幼儿或提醒幼儿洗手的顺序和方法。

④提醒幼儿遵守盥洗规则。

⑤定期检查幼儿的卫生，督促幼儿养成良好的卫生习惯。

5. 进餐。

(1) 对幼儿的要求

①愉快、安静地进餐，逐步掌握独立进餐的技能。

②进餐时不大声讲话，不随便说笑打闹。

③正确使用餐具：一手拿勺子(中大班使用筷子)一手扶住碗，喝汤时两手端着碗。

④干稀(汤)搭配吃，菜与饭就着吃，不吃汤泡饭。

⑤逐渐养成进餐的文明行为、习惯。

• 进餐时要细嚼慢咽，不慌不忙，不咂嘴。

• 不挑食，不用手抓食物，不剩饭菜，不弄脏桌面，地面和衣服，不东张西望。骨头、残渣放在指定的地方，不要将自己不吃的饭菜挑在别人碗里。

• 咽下最后一口饭再站起来，轻放椅子，离开饭桌，送回餐具。

• 饭后漱口、擦嘴、洗手。

(2) 对保教人员的要求

①进餐前安排幼儿安静地活动。

②进餐前提醒幼儿收拾玩具，放好椅子，做好盥洗，准备进餐。

③指导值日生工作，擦净餐桌，准备餐具。

④领取和分发食物。掌握与登记每日主餐、副食的领取量，幼儿实际进食量和剩余量。

⑤组织洗净手的幼儿进餐。创造愉快、安静的进餐气氛，不处理幼儿的问题，不引起哭泣，使幼儿情绪安定，积极进餐。

⑥进餐时，保教人员要精力集中，注意观察，精心照顾幼儿，轻声地、和蔼地指导和帮助幼儿掌握进餐的技能。进餐时，不拖地、不扫地。

⑦及时送回碗筷，收拾餐桌，清扫地面。对擦嘴毛巾、漱口杯进行消毒。

⑧午餐后组织幼儿进行 10 分钟自由散步。饭后是一个轻松自由的时间，老师可以与幼儿个别谈话等，以了解孩子增进师生感情。

6. 午睡。

(1) 对幼儿的要求

①午餐后散步、入厕，保持安静情绪，不高声讲话或嘻笑喧闹，脚步放轻，进入寝室。

②中大班幼儿自己摆好枕头，按顺序脱去外衣裤：先解开上衣扣子，再解开鞋带(小班幼儿由老师帮助)，脱鞋、袜子、裤子，最后脱上衣，并折叠整齐放固定地方，鞋放在床下。

③不带小玩物上床，迅速盖好被子，不东张西望，闭上眼睛，安静入睡。

④早醒幼儿可进行安静活动，不出声响，不影响别人。

(2) 对保教人员要求

①幼儿就寝前半小时，开窗通气。在冬季，幼儿入室就寝时应关闭窗户。

②小班幼儿由老师帮助放好枕头，拉开被子，脱叠衣物。

③午饭后组织幼儿进行安静散步及如厕，努力避免新异刺激导致兴奋，影响入睡。禁止高声谈笑、喧闹现象，创造安静气氛。

④及时、细致地为每一位幼儿盖好被子，纠正不良睡姿，培养幼儿右侧卧或仰卧、不蒙头睡觉的好习惯。夏天酷热时，用柔软毛巾为幼儿轻轻地擦去汗水。

⑤不断巡视，发现幼儿神色异常应及时报告与处理。

⑥值班人员利用幼儿睡眠时间，做好值班记录。不能以任何借口离开寝室做自己私活、看书、睡觉等。

⑦随时注意保持室内空气新鲜，天暖无风时可打开窗户，拉上窗帘，但应避免对流风吹在幼儿身上。

7. 起床。

(1) 对幼儿的要求

①按时起床，掀开被子，按顺序穿衣服。

穿衣顺序：上衣—袜子—裤子—鞋。

穿衣方法：先将上衣披肩上，捏好衬衣袖口，再伸进衣袖翻好衣领，拉衣襟，再扣衣扣(从小班起就开始学习先从最上一颗纽扣扣起)。穿裤子：先将裤子前片朝上放好后，两脚同时伸进裤筒，裤腰往上提，把衬衣放入裤腰内，拉展弄平整，系好裤带。穿袜子：袜底放平，袜尖向前，两手将袜筒捏到袜后跟，再往脚上穿。先穿脚尖，蹬上脚跟，拉上袜筒(小班在老师帮助下，逐步学习)。穿鞋：先分清左右鞋，穿好系好活扣鞋带(小班由老师帮助系好)。

②学习整理床铺。

叠被时先将两边往中间折，再从两头折起来，放置床的固定一头，枕头放在被子上面，铺好，把床单拉平整(小中班由老师帮助，先做些辅助工作，大班要求独立做好)。

(2)对保教人员的要求

①按时请小朋友起床。认真询问幼儿的睡眠情况(可让先醒来的幼儿起床)。

②指导与帮助幼儿掌握穿衣、整理床铺等一系列的常规和要求(小、中、大班应有区别。小班照顾多，中班帮助多，大班指导多)。

③注意观察幼儿外部表现：精神、皮肤、呼吸等，发现异常情况及时与医务人员联系。

④逐个检查幼儿服装、床铺是否整齐。提醒收拾整齐的幼儿如厕解便。

⑤做好交接班工作。

8. 游戏与体育活动。

(1)对幼儿的要求

①兴趣浓厚，活泼愉快。

②和老师共同做好活动前的准备工作。

③在老师指定的场地内游戏，游戏时不乱跑，不喊叫；在室内说话、动作轻；使用场地要协商，互相照顾；选择一种游戏后要认真地玩，可以变换游戏，但不能妨碍他人，不经同意不得插手他人的游戏。

④会正确使用玩具，爱护玩具，会收放玩具。

⑤在游戏中对同伴友爱、谦让，能合作，互相帮助。

⑥遵守游戏规则，在游戏中遇到问题开动脑筋，想出解决问题的方法并着手解决。充分发挥自主性、积极性和创造性。

⑦在体育活动中，注意力集中，遵守规则，巩固和提高动作的技能，能积极主动地参加体育活动。

⑧活动结束能主动地收拾玩具、材料。(小班在老师的带领下收拾玩具；中班在老师的帮助下学会独立收拾玩具；大班独立收拾玩具)。

(2)对保教人员的要求

①保证不占用幼儿游戏和户外活动时间。每天户外活动时间不少于二小时(户外活动中，体育活动不得少于一小时)。

②为幼儿创设良好的环境，提供必要的场地、玩具、材料，保证游戏与活动的顺利开展。

③对幼儿游戏和活动的组织指导。

●各种游戏与活动安排在逐日计划中，注意动静活动和室内外活动交替，面向全体，注意个别差异。

●在游戏与活动中，认真仔细地观察幼儿的活动和表现，深入了解幼儿，便于有针对性地进行教育和训练，但不能干扰幼儿的游戏活动。

●在游戏与活动中要体现全面发展教育的任务与要求，促进幼儿身心和谐发展。

●注意幼儿安全。

9. 离园。

(1)对幼儿的要求

愉快地离园回家，带好回家用品，有礼貌地同老师、小朋友告别。

(2)对保教人员的要求

①离园前，老师与幼儿进行简短谈话，同他们一起回顾一天生活，表扬好人好事；对他们进行安全教育和礼貌教育，提醒他们回家的注意事项。

②离园前检查幼儿仪表是否整洁，提醒幼儿带好回家的用品。

③离园时，家长接孩子，可进行与家长的联系工作，向家长介绍幼儿在园情况，对未及时接走的孩子应组织适应活动等待家长来接。

④离园时间，要防止幼儿走失或被不认识的人带走。

⑤幼儿离园后，要做好活动室的清洁卫生、关好门窗。

二、生活活动的指导策略

1. 注重生活制度建立，养成幼儿生活常规。

生活制度是指科学、合理安排幼儿一日生活中的各项活动的顺序和时间。生活常规是指幼儿在生活活动的各个环节应遵循的行为规范。幼儿园生活活动中，首先应根据学前儿童身体发展的特点，建立并执行科学合理的生活制度，帮助幼儿了解、遵守有规律的生活秩序的重要意义，着力培养幼儿良好的生活习惯和作息习惯，确保幼儿身体健康发展，同时养成良好的生活常规。良好的生活常规可以帮助幼儿养成生活规律、建立安全感，培养幼儿自律能力、共同生活的能力。

2. 寓教于乐，在愉快生活中增长生活见识。

幼儿园生活活动必须以活泼多样、寓教于乐的形式和内容，帮助幼儿了解粗浅的进食、饮水、睡眠、如厕以及安全等活动和卫生方面的知识，培养良好的饮食、睡眠、排泄、盥洗、清洁整理等生活和卫生习惯法。粗浅的生活、卫生知识的获得和良好的习惯，主要是通过幼儿在生活活动中去体验，而非课堂说教。

3. 移情训练，习得生活技能。

在幼儿园生活活动中，创造生活活动情景，帮助幼儿学会穿脱衣裤、系带系扣、洗手洗脸、整理被褥、清洗餐具、打扫活动室、分发用具等基本生活技能，如学会正确的洗手方法，学会使用餐具，学会自己穿脱衣裤、鞋袜，并能自己折叠衣裤和被褥等，逐步提高幼儿生活的自理能力。

4. 潜移默化，养成良好的生活态度。

幼儿园生活活动通过为幼儿创设一个和谐、愉快的生活环境，师幼和同伴间互相关心、互相帮助，唤起幼儿积极、愉快的情感；同时，要为幼儿提供自我服务、自我锻炼的机会，培养幼儿热爱劳动的态度，懂得尊重他人劳动，养成良好的生活态度。幼儿园生活活动的目标，要根据不同年龄幼儿的特点和需要以及幼儿园的实际条件具体细化，不能一刀切。如，小班的生活活动目标为使幼儿了解洗漱的顺序，初步掌握刷牙、洗手等的基本方法；知道穿衣服的顺序；保持自身清洁，会使用手帕；培养幼儿坐站行等正确姿势；培养良好的作息习惯等。中班的生活目标则为学习穿脱衣服、整理衣服；学习整理玩具，保持玩具清洁；有初步生活自理能力等。

案　例

幼儿园中班入园活动计划①

1. 入园目标。

(1) 能用适当的方式表达自己的感情和需要。

(2) 有良好生活常规和秩序，保持愉快的情绪，喜欢幼儿园，有规律的集体生活。

(3) 能接受和配合体检，及对疾病的预防和治疗。

(4) 初步了解身体特征、保健常识及保护方法。

(5) 能与他人谈论个人的经验，描述自己经历或熟悉的物体和事件。

(6) 积极主动与同伴交往、学习、分享、谦让与合作。

(7) 尝试学习解决与他人交往中的问题。

(8) 能对身边的事物、现象大胆猜想和主动探究并从中体验快乐。

2. 中班幼儿入园特点及表现

(1) 有关心他人的表现。

(2) 能够主动和熟悉的人打招呼，愿意和教师交谈。

---

① 湖北省潜江市机关幼儿园中(2)班，2012 秋季。

(3)能初步控制自己的情绪和行为。
(4)渴望自己的行动被认可，希望得到教师的关注和表扬。
(5)愿意参加集体活动，为班级体做力所能及的事情。
(6)喜欢从家中带东西来幼儿园。
(7)愿意与小朋友结伴进幼儿园。

3. 入园活动指导策略

(1)主动热情地与幼儿家长问好。
(2)及时调整幼儿情绪，细心观察幼儿行为表现。
(3)抓住幼儿的一个特点，真诚地赞美幼儿。
(4)有针对地与幼儿进行简短对话，注意倾听幼儿的表达。
(5)给幼儿提供交流与分享的机会。
(6)发挥幼儿容易受同伴间影响的作用。
(7)提供新鲜的手头玩具。
(8)引导幼儿寻找班中的新变化。
(9)验证与幼儿事先的约定。
(10)主动与家长沟通了解幼儿在家的情绪、生活习惯等方面的特点。
(11)播放音乐创设宽松、愉快、和谐、自由的精神环境。
(12)注意自身的感染力，创设快乐的环境。

本章小结

一日生活活动是指满足幼儿基本生活需要的活动，包括幼儿园一日生活中的入园、进餐、睡眠、盥洗、间歇活动、自由活动、离园等与幼儿的生活直接相联的活动，是幼儿园教育活动的重要组成部分。作为幼儿园教育活动的基本类型之一，它的教育价值也是其他类型的教育活动不能替代的，发挥着促进幼儿的生长发育、培养幼儿生活自理能力、劳动观念、良好的生活卫生习惯和良好的心理素质的作用，它贯穿于幼儿一日活动的始终，具有生活化、游戏化、学习化、个性化的特点，幼儿教师应本着教养结合、因势利导、因材施教、家园合作的组织原则，注重班级生活制度的建立，帮助幼儿养成生活常规；寓教于乐，引导幼儿在愉快的生活中增长生活见识；采取移情训练等情景化生活化的方式，帮助幼儿习得力所能及的必需的生活技能；通过灵活多样的活动策略，在潜移默化中促进幼儿养成良好的生活态度。

思考与练习

1. 如何理解幼儿园生活活动？举例说明幼儿园生活活动的特点。

2. 联系实际，谈谈当前幼儿园生活活动中存在的问题。

3. 现场观摩幼儿园半日活动，分析并评价在半日活动中教师对生活活动的组织与指导策略。

第五章　幼儿园区域活动

本章学习目标

- 了解幼儿园区域活动的含义；
- 理解幼儿园区域活动的特点；
- 掌握幼儿园区域活动的组织原则和一般指导策略。

本章内容引言

幼儿园是区域活动与集体教学活动、生活活动、游戏活动相匹配，共同构成幼儿园一日生活的一类活动。

幼儿园区域活动是幼儿园教育活动的重要组成部分，是教师依据教育目标和儿童发展水平与兴趣，利用游戏特征创设环境与材料，使幼儿按照自己的意愿和能力在与材料的互动中展开的个别化、自主化的活动组织形式，它是一种相对开放性的、低结构化的活动。

学习本章，你将会全面了解幼儿园区域活动的含义和特点，理解并把握幼儿园区域活动的组织原则和一般指导策略。

第一节　幼儿园区域活动的含义和意义

一、幼儿园区域活动的含义

区域活动，也称活动区活动、区角活动。

幼儿园区域活动是教师依据教育目标和儿童发展水平与兴趣，利用游戏特征创设环境与材料，使幼儿按照自己的意愿和能力在与材料的互动中展开的个别化、自主化的活动组织形式，它是一种相对开放性的、低结构化的活动。

区域活动是幼儿园教育活动中不可或缺的、深受幼儿喜爱的一种形式。区域活动中，幼儿在愉悦轻松的氛围中自主选择感兴趣的区角，自由活泼地活动，在玩耍中探究，在交往中协作，在多元互动中促进认知能力、创造力、动手能力、社交能力等各方面的发展，承载着重要的教育功能。

区域活动以幼儿的需要、兴趣为主要依据，教师根据教育目标和幼儿发展水平，配合正在进行的其他教育活动等因素，在幼儿园活动室、门厅、走廊、室外场地划分一些幼儿分区活动的区角，如科学区、智力游戏区、建构区、角色区、美工区等，将这些区角利用简易的屏障间隔成相对独立、相对固定的半封闭区域，在其中有目的、有计划地投放各种适合的活动材料，创设活动环境，制定活动规则，让幼儿在宽松和谐的环境中按照自己的意愿和能力，自主地选择活动内容和活动伙伴，主动地进行操作、探索和交往的活动。

二、幼儿园区域活动的意义

1. 区域活动促进幼儿主动活动。

区域活动突破了传统教育中幼儿处于被动、静止状态的局面，教师通过设计、提供可供幼儿操作的环境特别是各种活动材料，让幼儿在和环境的相互作用中主动地通过活动得到发展，充分体现了幼儿的主动性和实践性。

由于幼儿教师设置的各个活动区以及为各个活动区提供的活动材料，可以被看作幼儿自主活动的实际对象，被看作幼儿教育内容的物化，因此，我们可以把活动区材料看作幼儿主动活动的物质基础。只有具备了这样的物质基础，孩子的主动活动才能落到实处。

2. 区域活动促进幼儿的自主选择。

幼儿园常设的活动区有日常生活练习区、语言区、数学区、科学区、美工区、音乐表现区、娃娃家、种植区等，涉及幼儿发展各个方面的多种活动区为幼儿进行自主选择提供了广泛的空间，可以满足让幼儿根据自己的兴趣爱好、发展类型、优势区域等进行自主选择的需要。幼儿园活动区设置在表现出区域性的同时还表现出层次性，小、中、大班通过区域设置的不同、材料难易程度的不同体现层次性，即便是同一班级中同一类型的活动也通过提供不同层次的材料来体现层次性，适宜幼儿不同发展水平、不同学习节奏的、多层次的活动材料，为幼儿进行自主选择提供了循序渐进的、可以满足不同幼儿根据自己的发展程度、学习节奏等进行自主选择的需要。

3. 区域活动促进幼儿的相互交流。

幼儿在同一活动区的活动，可以看作被共同的或相似的兴趣爱好和发展需求聚拢起来的小组活动。可以说，在这个小组里，每一个幼儿都在有意无意之间关注同伴的一言一行，关注同伴的言行成为存在于每一个幼儿身上的普遍现象。由于来自同伴的激励和启发往往比教师的说教更能激起幼儿的求知欲望和探索精神，为此每一个幼儿都能通过伙伴之间的相互交流和由此导致的相互激励和启发而使自己不断地碰撞出新的火花，进而促进自己不断地在活动区中进行新的探索。可以说，在区域活动中，幼儿之间的相互观摩、学习、启发和激励是经常性的，是区域活动的必然，也是幼儿不断进步、不断提高的重要推动力量。

4. 区域活动促进幼儿的持续探索。

培养幼儿的好奇心、求知欲和最初的创造意识，是幼儿园素质教育的一个重要方面。区域活动为幼儿提供可供他们持续探索的环境和材料，教师具有针对性的个别指导也起到重要的作用。可以说，幼儿初步的创造意识是在不断操作实际物体的活动中萌发和发展的，亲自动手、动脑，持续不断地实践活动是幼儿创造活动的起点。从这个意义上，幼儿园区域活动为促进幼儿的持续探索进而促进幼儿创造意识的萌发和初步创造能力的发展提供了广阔的空间和无限的机遇。

具体来说，幼儿园各区域活动的价值如下：

角色区——

角色区的主要价值在于巩固加深幼儿的生活印象，使有关的社会生活知识和经验系统化；学习人际交往规则；学习社会角色行为；学习理解他人的情感；增进同伴关系，发展合群性；学习自我控制；发展语言，增进运用语言进行交往的能力，培养幼儿正确使用礼貌用语；遵守游戏规则和公共秩序；发展社会认知能力；学习想象、表征能力；通过自编自导、自演的活动，激发创造潜能。

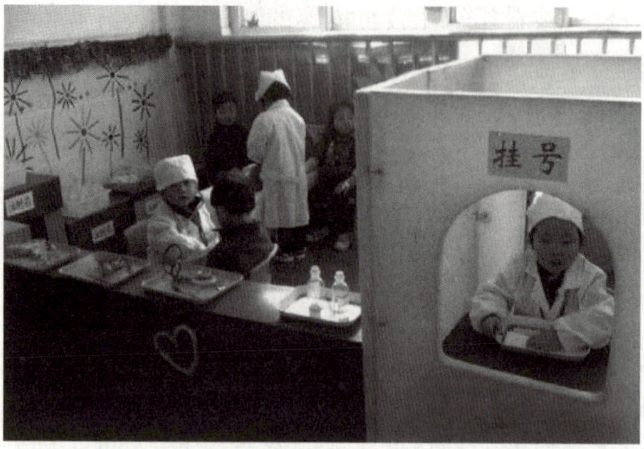

图 5-1　角色区

建构区——

建构区的主要价值在于帮助幼儿认识基本形状，学习分类、排序等基础技能；形成大小、多少、长短、宽窄等概念；感知比例关系；体验创造与成功的喜悦；培养专注力；学习协商沟通等人际交往技能；学习与人合作、分享；有利于幼儿合作意识的培养和收放玩具等良好行为习惯的养成；发展空间想象能力和表征能力。

图 5-2　建构区

美工区——

美工区的主要价值在于帮助幼儿认识各种材料的性能并掌握绘画、泥工、剪贴、小制作等技能；增进幼儿对自然、艺术的广泛接触；增强幼儿对美的感受力、表现力、创造力，陶冶美的性情和品格；发展幼儿的观察力、想象力和创造力；发展幼儿小肌肉动作和协调能力。

图 5-3　美工区

益智区——

益智区的主要价值在于帮助幼儿认识各种棋类，掌握他们的玩法；学习数概念、几何形体概念，理解长度、形状、空间方位、部分与整体的关系等；学习分类；培养幼儿竞争意识，学会发现问题、解决问题；培养幼儿谦让等良好品格；培养幼儿的思维能力、创造能力和分析问题、解决问题的能力；培养幼儿动手能力。

图 5-4 益智区

科学区——

科学区的主要价值在于在观察、操作和科学小实验中，了解简单的物理化学等现象及简单的科学常识；激发幼儿操作与探索的兴趣；学会发现问题，解决问题；培养幼儿的坚持性和忍耐力；培养幼儿的探索能力、创造能力。

图 5-5 科学区

语言区——

语言区的主要价值在于丰富幼儿各种知识，发展幼儿创造讲述的能力；善于捕捉生活中的新闻消息，且乐于表达；培养幼儿阅读兴趣、阅读习惯和语言表达能力；培养幼儿爱护图书、互相谦让等良好品德；启迪幼儿的智慧；学会看书的方法。

图 5-6　语言区

表演区——

表演区的主要价值在于掌握一些歌舞剧、木偶剧、童话剧等良好的表演技能；培养幼儿热爱生活的情感和感受美、表现美的情趣；发展幼儿连贯性语言；了解人世间真善美，假丑恶，知道正义一定战胜邪恶；培养幼儿的创造表演能力。

图 5-7　表演区

第二节　幼儿园区域活动的形式和特点

一、幼儿园区域活动的形式

幼儿园区域活动的形式主要有以下几种：

集体活动、分组活动、自选活动、自由活动、主题活动。

1. 集体活动。

集体活动是将活动区活动看作是对幼儿进行集体教育的途径之一，如：需要全体幼儿学习某一知识、技能时，根据活动目标，在一个或多个相关区域中投放恰当的操作材料，让幼儿通过自由探索活动来感知内容，获得经验。

2. 分组活动。

分组活动是将活动区视为对幼儿进行分组教学的场所。它主要适用于：一是在发展智能方面，帮助部分幼儿获得某一知识、技能时，在相关的活动区域，对那些有特殊需要的幼儿作必要的辅导；二是活动区活动的开始阶段，为保证每位幼儿都能熟悉各区的内容、材料和工具的使用方法；三是教学材料不够，做不到人手一份的情况。

3. 自选活动。

自选活动的特点是在人为创设的自然情景中进行活动。主要适用于活动区活动成熟阶段，幼儿对于各区的材料、玩法等都已较熟悉。

4. 自由活动。

自由活动的特点是活动的过程是幼儿主体内在动机完全得以激发的过程，幼儿进行的是“自发学习”，他们更积极地与环境发生交互作用。它和自选活动形式的主要区别在于，区域的提出、内容的选择、材料的添置等过程，处处体现随机性和幼儿的主动参与性，教师的教育意图在活动中不断地调整，灵活地实现。它主要适应于活动区活动的高级阶段。再就是一些特定的活动区域，如：角色区娃娃家、百货商店等。

5. 主题活动。

主题活动的特点是各区域的活动紧紧围绕一个主题，内容的选择、材料的投放为实现主题目标服务。适应范围是教育内容需要多种活动形式配合才能完成，以加深印象，促进幼儿理解。

二、幼儿园区域活动的特点

1. 自主性。

区域活动一般采用自选游戏的组织形式，注重让幼儿自选、自由地开展游戏活动，充分发挥游戏的自主性特点，不论是主题的确定、玩具的选择、玩伴的选择、语言的运用、动作的展示等游戏过程的各个环节都自然地进行。

2. 教育性。

区域活动虽然有其自主性，但它也不是幼儿完全自由自在、不受控制的活动区域，它有其鲜明的教育性，但这种教育性比较隐蔽，主要体现在幼儿在游戏的过程中对材料的操作上，对区域规则的遵守上，以及在与伙伴们的相互交往中产生积极的体验，通过轻松愉快的活动过程，促进其身心得到发展，实现游戏本身的发展价值。例如：角色游戏区(娃娃家、小餐厅等)最重要的教育性在于它有助于幼儿学习社会性行为，发展交往能力；结构游戏区的教育性主要在于能够促进幼儿的创造性思维和手部动作的发展，培养幼儿手脑并用等……

3. 实践性。

不管是哪种类型的区域活动，都要通过幼儿的具体实践活动才能实现它的教育性。区域活动是非常具体的活动，有角色、有动作、有语言、有玩具材料，幼儿在活动中只有身体力行，实际练习才能发展自身的各种能力。

4. 指导的间接性。

幼儿是区域活动的主角，是学习的主体，在区域活动中要完成的是怎样主动地积累经验、获取知识的任务，即知道怎么样去学，知道如何自主地进行选择，主动地与环境交互作用，并得到发展。教师的指导具有间接性的特点。首先，在环境的创设过程中，教师应发掘幼儿的主动性，让幼儿积极参与到活动中，让幼儿不仅了解“应该怎样做，为什么这样做”，还应激发幼儿“我们需要这样做”的愿望。在活动过程中，给予幼儿适时的、必要的支持和帮助。比如幼儿遇到困难玩不下去时；幼儿出现纠纷与行为问题时；幼儿操作发生问题时；游戏无法深入时；幼儿发生创造性的行为时，教师要及时发现和巧妙介入。教师的出现和介入要体现艺术性，即什么样的角色介入是最自然的，既能达到指导的效果，又不影响孩子们的游戏。教师有时是游戏的伙伴，有时是某个特定的角色，有时还是旁观者，必要的时候是调解员，教师要灵活地扮演好不同的角色。在这一角色的定位时，教师以幼儿自己解决为前提对幼儿进行间接性的帮助，让幼儿自行探索与同伴、与环境、与材料等之间的交往。帮助幼儿积累经验以更好地对周围事物进行探索，更好地适应环境。教师还应该密切观察幼儿在区域活动中各种情况，观察幼儿在活动中的语言、动作、表情；幼儿对提供材料是否感兴趣；同伴之间是怎么样通过材料进行交往的；幼儿能否将主题活动渗透到区域活动中等。有了充分的观察，教师才能对每个幼儿做出正确的判断，机智地、艺术地加以引导和调控，促进区域活动的顺利进行和目标达成。

案　例

我想玩娃娃家

明明站在娃娃家“门口”，一边用手轻轻敲着，一边礼貌地喊道：“你好，请问我能进来一起玩吗？”“不行，人满了！”娃娃家里的孩子们齐声答道。明明扶着娃娃家的“门框”不舍地在门口站着，眼巴巴地看着娃娃家的活动，然后在活动室四处扫视一遍，慢慢走到建构区，看了看红红拼搭的“房子”，转身在旁边坐下，漫不经心地从筐子里拿起两块插塑，看了看，又重重地扔进桌上的筐里，猛地起身快步走到娃娃家门口，一边急促地用手敲着，一边大声地喊道：“哎，就让我进来一起玩吧！”娃娃家里的刘星儿不耐烦地说：“满了！满了！早就告诉你人满了！”明明悻悻地走开，可怜巴巴地望着我。

我略一思索，过去敲了敲娃娃家的门，“满了！满了！！”“你好！我是《长江日报》的记者。听说你们家刚评上‘文明家庭’了！我来做个采访。”“请进！请进！欢迎！欢迎！”“爷爷”给我一双拖鞋，“奶奶”搬给我一把椅子，“妈妈”倒茶，“宝宝”抱着个布娃娃围着我蹦蹦跳跳，一番采访后，我提议“拍个全家福吧，明天登在报纸上。”……

从娃娃家出来，我意味深长地看看站在娃娃家“门口”的明明，然后慢慢朝廊厅处的表演区走去。回头望去，只见明明犹豫片刻，走去敲娃娃家的门：“你好！我是燃气公司的。请问刚才是你们家打电话说家里燃气坏了吗？”几个娃娃家成员愣了片刻，连忙点头热情地说：“是啊是啊！师傅快来帮我们看看到底坏哪里了？”明明顺利进入到娃娃家玩起来……

第三节　幼儿园区域活动的组织与指导

一、当前幼儿园区域游戏开展的误区

随着学前教育事业的发展和幼儿园课程改革的不断深入，幼儿园区域活动逐渐开展并呈现出日益重视和丰富多彩的态势。但是，由于教师教育观念和游戏理论水平的局限，导致幼儿园区域活动的设计、组织与指导存在较大的误区。具体表现如下：

1. 教师缺乏整体课程观，对区域活动价值追求缺乏明确认识，区域活动流于形式，存在随意性，盲目性；

教师缺乏足够的学前儿童课程和学前儿童游戏的理论认知，对幼儿园课程和幼儿园教育活动的构成缺乏清醒而深刻的认知，对区域活动的价值追求迷茫，导致区域活动流于形式，普遍表现为随意且盲目地摆设和堆砌几个区角，放任幼儿盲目活动的状况。

2. 区域活动设计能力偏低，导致区域设置不当。

区域活动要根据幼儿的年龄来创设，投放的材料也要根据幼儿年龄特点和需求，从区域的设置、活动区材料的投放到活动区内的互动，都应从幼儿需求活动发展出发并尽可能多让幼儿参与。而许多幼儿园的区域活动，如角色区的“娃娃家”、美工区、建构区等，到处只见教师想当然的设计与布置，看不到幼儿的意愿和参与，常见到区域位置固定不变、形式花哨、内容不全、不能吸引幼儿、不便幼儿开展活动等现象。

区角的创设是幼儿园环境创设的重要组成。很多幼儿园班级在创设活动区时仅考虑环境的美观、材料的便利、管理的省时省力，创设区域时忽略区角的教育价值及其相互作用，常常会见到小小的室内空间充斥了阅读区、表演区、建构区、绘画区等七八个区域，每个区域面积较小，容纳不下 4~5 个幼儿，在开展活动时只能把材料拿出来在公共区域活动。这些多而杂的区域容易相互干扰，达不到相应的教育效果。

区域活动材料投放目的不明确。要么忽视幼儿的年龄特点和兴趣需要，缺乏层次性，使得幼儿对教师提供的材料缺乏兴趣，要么由于某些客观因素(如教学任务重、班级人数多、活动场地有限等)的影响，教师经常给幼儿提供的是一些简单的、成品的活动材料，在利用自然物品和废旧物品上比较薄弱，使活动材料缺乏探究性、可操作性。同时活动材料单一，不能满足幼儿在游戏活动中的需要，从而阻碍了区域活动的深入开展。这种缺乏目的性、层次性的材料投放，导致活动区无法发挥应有的教育功能。

区域设置长期固定，少变化。区域设置应以开放的姿态，立足传统、优化组合，实现教学与发展的最佳结合。这就要求区域设置上要随时间、主题的变化而进行调整。一般来说，数学区、阅读区等区域是班内的常设区域，其内容、活动材料也应随着幼儿的活动情况而逐步调整。而建构区、美工区则是最容易表现主题内容的，因此经常随着主题的变化而更换。但就目前我们的调查发现，很多班级的各个活动区一经创设就被固定下来，整个学期变化较少。也有很多班级的活动区在装饰上发生变化，但在活动材料、玩法等方面都没有发生变化。这种少变化的区域形式容易缺乏对幼儿的吸引力，因而丧失教育功能。

3. 教师缺乏区域活动组织指导的理性思考，区角设计与活动组织指导能力欠缺。

区域活动中，教师应对自身角色重新定位，成为活动条件的创设者、活动过程的观察者和研究者、活动结果的评价者。但目前而言，区域活动中教师角色有这样两种极端：

一是沿袭了教学活动的角色，主导着整个区域活动；

二是放任自流，成为区域活动的旁观者。

区域活动是以幼儿自由、自主的方式进行的。教师的指导是支持性指导，有别于集体教学活动中教师的主导式指导，即在活动中教师要从一个引领者变成一个尊重幼儿意愿的支持者和推动者。这就要求教师要关注幼儿区域活动的整个过程。这样才能充分了解每一个幼儿的发展水平，有利于正确指导和帮助不同层次的孩子。通过观察和研究区域活动中幼儿的表现，积极寻找幼儿教育的契机，促进幼儿的发展。

然而在当下幼儿园区域活动过程中，仍普遍存在教师不能很好地从幼儿的行为表现上了解幼儿活动和发展的需要，无法判断幼儿实质性的操作活动，对幼儿玩与学的关系不够明确，经常陷入幼儿玩中是否学和学什么、怎么学的困扰，教师对于材料的功能认识肤浅、单一，无法判断幼儿操作行为的原因、价值和发展轨迹。

在区域活动的评价中或放任自流，不了了之，或只关注活动结果，忽视幼儿活动过程，导致区域活动形式上热闹，实质上不能在自由、自主活动中有目的、有计划地满足并促进幼儿的发展，不能承担起与集体教学活动、生活活动、游戏活动相互补充、相互衔接的应有的和独特的教育活动功能。

二、幼儿园区域活动的组织原则

1. 区域活动主题的选择要因地制宜，适合本园的实际情况。

(1) 区域活动的主题应适合幼儿各年龄段的发展水平。

(2) 从幼儿的兴趣出发，确定区域主题。

(3) 根据教育活动的主题确定区域活动主题。

(4) 注重区域活动主题之间的互动。

(5) 区域活动的主题适当体现地域特色。

2. 区域活动的创设过程中要充分体现幼儿为主的原则。

(1) 与幼儿共同商讨区域需用的材料，并一同收集、布区。

(2) 幼儿自己制定区域规则，大家共同遵守。

3. 区域活动中的材料投放要安全卫生，有科学性。

(1) 区域是孩子们活动的场所，对于其中投放的材料首要的要求是安全、卫生。

(2) 区域中投放的材料也要有一定的科学性。

三、幼儿园区域活动的组织流程和指导策略

1. 幼儿园区域活动的组织流程。

在区域活动中，学习和发展的主体是幼儿，教师则扮演着多重角色，针对各年龄阶段儿童的特点和需要采取恰当的策略促进儿童的发展：教师是幼儿活动的支持者，通过提供材料、参与活动、给予建议等方式支持并推进幼儿的活动；教师是幼儿行为的观察者，观察并记录幼儿进行区域活动的情况，捕捉隐含的教育信息；教师是幼儿活动的指导者，采用各种有效的方法协助幼儿解决活动中的困难。区域活动的组织流程包括四个

环节：科学选区、活动组织、收拾整理、回顾评价。(如图 5-8)

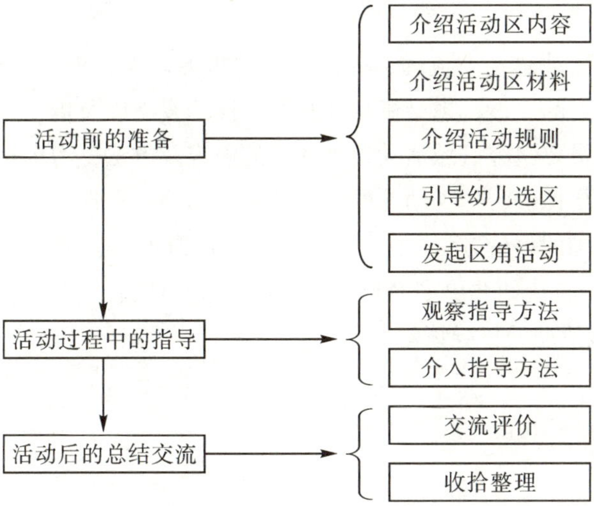

图 5-8 区域活动的组织流程图

(1)科学选区

科学选区是指让幼儿在自由的氛围中，依据自己的兴趣、需要，主动选定拟参与的活动区域，并做出大致活动计划的过程。因此，选区指导包括两个内容，一是指导幼儿学会自主选择活动区域，二是引导幼儿在选定活动区域后对自己想参与的活动做一个粗线条的设计。教师要全面了解幼儿的兴趣、爱好、能力、需要，研究如何有针对性地指导幼儿选区，对选区中出现的问题进行分析，巧妙引导，既体现儿童的主体地位，又让幼儿得到应有的发展。

(2)活动组织

幼儿是区域活动的主体，教师的作用是在多角度、多形态地观察(如：全面观察、重点观察和个别观察；旁观式观察和参与式观察)、记录(如：文字记录、绘图记录、图片记录和影像记录等)、解读幼儿的基础上把握恰当的指导时机，采用适宜的介入指导方式(如：平行式介入、交叉式介入、垂直式介入等)，引导幼儿在与环境、材料、同伴、教师的积极互动中有效建构经验。尤其要在幼儿面对问题、需要解决困难的过程中及时搭建鹰架，帮助幼儿建构新经验。组织指导中还应关注幼儿间的差异性和特殊性，发现幼儿个体的潜质和独特性，促进幼儿个性化发展。

(3)收拾整理

收拾整理是区域活动结束后幼儿对使用过的材料和环境进行归位、整理、打扫的环节。该环节看似简单，却对幼儿发展具有积极的教育价值：有利于幼儿养成负责的态度、培养幼儿的空间秩序感、认识到自己的劳动价值，养成爱劳动、有自信的心理品质。幼儿是环境的主人，教师要与幼儿共同建立区域活动收拾整理的规则，通过讨论、协商等方式明确收拾整理的先后顺序、不同区域各种材料的整理方法，分工合作，体现主人翁的身份。

(4)回顾评价

本环节是区域活动总结、梳理、提升经验的重要环节，有助于幼儿内部语言的发展、聆听与评价能力的发展、思维概括性和逻辑性的发展以及借助言语的人际交往能力的发展。课题组成员要研究区域活动评价环节的内容及方法，力求扩大评价主体、把握评价方向、分层指导评价，体现幼儿的参与性和主体性。根据不同年龄段幼儿的实际能力和特点，运用不同的评价方法(如：作品展示、录像再现、情景表演、争议讨论、记录分析、肯定强化等)让幼儿更多参与评价、乐于参与评价。

2. 幼儿园区域活动的指导策略。

案例

中班区域活动案例分析与反思

在区域活动中，本周操作区增加了新的材料——夹东西。根据孩子们能力的差异和发展需要，我们分别提供了纸团、红枣、花生、玻璃球等物品，让孩子们用相同粗细的筷子尝试从一个碗夹到另一个相同高度的碗中。

周一早上，孩子们一入园就发现了操作区的新材料，都表现出浓厚的兴趣。

林青青最先来到了操作区，他一眼看中了玻璃球，开始尝试夹玩起来。在班上，林青青的动手能力相对比较弱，他试了好几次，怎么也夹不起来，他急得小脸蛋通红，额头上都冒出汗了。我在边上观察了他约有五六分钟，看他老是夹不起来，便走过去，蹲下来轻轻地对他说："林青青，你试试夹纸团好吗?"他抬头看看我，摇摇头说："不，我就是要玩珠子。"看他如此坚持要玩玻璃球，我只能手把手地教他夹。可是林青青的动作虽然掌握了，但手不灵活，用力的方法也不对，夹了好一会儿都没能成功夹起一颗玻璃球。林青青忽然抬头对我说："杨老师，要不你给我一个调羹吧！调羹我会舀的。"听了他的要求，我犹豫了：给不给他调羹呢？如果给他，就没有按要求进行活动，材料提供的目的达不到。而且给了他调羹，其他的孩子也跟着要怎么办呢？回头又一想：现在林青青的兴趣在玻璃珠上，他不会考虑换材料，总不能让他干着急地坐着吧？于是我从柜子里找出了一个很小很小的调羹，交给林青青。他拿到调羹就开始舀起来。一开始是一颗一颗地舀，接着就是两颗两颗地舀，在舀两颗的时候，他得意地抬头看着我说："杨老师，你看！"

周二早上林青青又第一个入园。只见他直接来到操作区，选择了第一个层次——夹纸团，慢慢地夹着，他的动作比较准确，夹得很专心。

分析与反思：

在开展区域活动的过程中，我们总会发现，孩子们并不会按照他们自己的水平来选择适合他们活动的材料，他们往往只是按自己对材料感兴趣的程度来选择。那么如何引导孩子来选择适合他们的活动材料，做到既不干预太多，又不错失任何一个具有教育价值的机会呢？

在这个案例中，我一直在思考一个问题：给他调羹对不对？

一开始，当林青青选择最高一个层次时，我们都看得出来，林青青并没有想到自己会不会夹玻璃球，他只是想玩玻璃球。当我极力地想转移他的注意力时，林青青还是在盯着他的玻璃球，这时，林青青的注意力、兴趣点全被玻璃球吸引了。当林青青夹来夹去还是不行时，他尝试了第一次的自我调整，对我提出要用调羹的要求。这时，林青青经过尝试已经了解到了自己还不会用筷子来夹玻璃球，这个要求自己达不到，但此时他很想玩玻璃球，怎么办呢？于是他想到了自己会用调羹，就向我提出要用调羹的要求。这时是他自己主动进行自我调整。当时我的内心是十分矛盾的，因为，我的心中的即时目标是固定的。在经过一番思考后，我最终选择了尊重他，给了他调羹，满足了他这时的需要。在随后的活动中，林青青进行了第二次的自我调整，他尝试用小调羹一次舀两个玻璃球，并在第二天主动进行了第三次调整，尝试了第一个层次的活动夹纸团。

通过这个案例，我认识到了几点：

一是区域活动目标应随孩子的需要灵活调整。有时，我们往往太执著于自己的活动目标，而忽视了孩子自身的需要，顺着孩子一些，也许会出现另一番天地。

我们都知道，孩子的学习过程是一个在同化和顺应的基础上的知识、行为的重新建构过程。林青青要玩玻璃球，但按老师提供的要求他并不能达到，怎么办呢？林青青通过自我的调整，征求老师的帮助，降低了要求，达到了自己的能力范围。同时，他也在给自己提出新的要求，提高自己舀的难度，这也是一个自我学习的过程。在第二天，林青青自然而然地选择了适合自己能力的材料进行活动。在这个案例中，正是因为后来我尊重了林青青的已有发展水平、能力和经验学习方式，才使林青青得到了成功的喜悦和兴趣的满足，使他第二天又进行了第二次尝试(第一层次)，逐步得到提高。

二是方法应灵活多样。《指南》中说："教育活动的组织与实施过程是教师创造性地开展工作的过程。教师要根据本《指南》，从本地、本园的条件出发，结合本班幼儿的实际情况，制定切实可行的工作计划并灵活地执行。”当林青青在开始活动时，我首先运用了观察的方法，看看林青青是怎样进行尝试的，当发现他有困难时，我进行了指导、帮助。一开始，我从预定目标出发，想转移林青青的兴趣，但这个困难实在是很大，于是我用了示范的方法进行帮助，但这个效果也不大，最后我支持了林青青的要求，先让他用调羹来舀，从林青青原有的能力上逐步进行提高，这样既保护了林青青尝试的积极性，又提高了林青青手的灵活控制能力，这样何乐而不为呢？

三是介入之前，要学会积极等待。积极等待是指对消极等待而言，它是指在活动中教师自始至终关注幼儿的活动，当幼儿出现困难时，不是急于介入，而是给予一定的等待时间，让幼儿通过充分的操作、探索，尽可能自己解决问题。如果林青青在我转移他的兴趣时，追随了我，那么可能林青青的困难就不存在了，他的兴趣将因着一次的活动而告终，值得庆幸的是林青青始终坚持了自己的想法，而我也尊重并支持了林青青的选择，这样才更好地让林青青在自己操作的过程中了解了自己的困难，产生了矛盾冲突，从而进行了自我调整，自己来想办法尝试解决。

在今后的活动中我们要不断提高自己观察、分析的能力，根据每个孩子不同的能力、特点，及时调整目标，进行支持、合作、引导，使每个孩子都得到满足和成功。

(1)创设幼儿园区域活动环境，为区域活动开展提供前提保障。

《纲要》强调“环境是重要的教育资源，主张凭借有效环境的创设与合理利用，高效地促进幼儿的可持续发展。”区域活动凭借创设一种宽松自由、多元开放的环境，提供“既适合于幼儿现有发展水平，又具有一定挑战性”的时空，引领幼儿在此特定的环境中积极地与材料、同伴及教师协调作用，主动建构自己的知识经验。

①优化心理环境，拓展幼儿自主表现的时空。

现代心理学研究表明：在没有心理压力的情形下，最易调动人活动的积极性与主动性，让人的思维处于活跃状态。幼儿之所以喜欢参与区域活动其重要原因在于区域活动环境的开放性与自主性。幼儿能在自由自在、无拘无束的氛围中尽情玩乐，愉悦身心、释放潜能，唤醒灵性，张扬个性。教师应扮演好“大朋友”、“好朋友”的角色，理解幼儿，接受幼儿天真无邪的举动；宽容幼儿，接纳幼儿不够完善甚至错误的尝试；真诚帮助幼儿，使幼儿不断获得发展的力量；夸奖幼儿独特而大胆的探究，给力保护幼儿的天性而不至于摧残幼儿的自主性与创造性，从而让区域活动真正成为幼儿自主发展的舞台。

②优化物质环境，诱发幼儿的学习兴趣。

幼儿思维伴随着活动而发展，而诱发幼儿活动兴趣的刺激物主要是丰富多样的玩具与设备。幼儿园区域活动玩具材料的投放宜遵循动态与静态、层次性与独特性、趣味性与挑战性相结合的原则，鼓励幼儿按照自主喜好自由选择，自由结伴，自主游戏，自主发展。譬如在“棋苑”活动区域，可投放“黑白棋”、“西瓜棋”等静态玩具，也可投放“好孩子常规棋”、“登高棋”等动态玩具；“科学”活动区域的“智慧送客”在幼儿面前展现的是趣味横生的送宫图，极富挑战的半成品：记号笔、磁铁、塑料垫板等，能诱导幼儿勇闯迷魂阵，同样幼儿还可以自主设计送宫，在画画玩玩的游戏活动中，幼儿既探究了磁铁的性质，又培养了幼儿的分析判断能力、推理能力、思维能力，培养了专注持久、乐于合作的个性品质。

(2)科学引领，促进区域活动顺利进行。

新《纲要》主张教师应“善于发现幼儿感兴趣的事物，游戏与偶发事件中所隐含的教育价值，把握时机，积极引导。”教师应以敏感的洞察力，捕捉幼儿感兴趣的区域活动主题，并应科学引领，热情支持，积极推进区域活动的进程，让幼儿真正成为区域活动的主人。

细致观察，延展动向。只有充分细致地观察，才能切实掌握幼儿活动的脉搏。细致的观察既为正确指导幼儿活动提供依据，又能在幼儿学习兴趣与认知发展产生的矛盾冲突处衍生出新的“生长点”。比如“建构区”积木倒塌，大多数幼儿会提出疑问：积木为什么会掉下来？为什么掉下来的积木有的声音大，有的声音小，有的声音尖，有的声音粗呢？教师可抓住幼儿诸如此类的疑问，引领幼儿开展诸如“有趣的声音”等主题活动，教师一定会惊奇地发现：幼儿的兴趣只是幼儿自主探索的起点，由幼儿的兴趣点引发的教育才能驱动幼儿主动探究新知的内部动机，而幼儿兴趣需要与教育目标的结合点则必须依靠教师耐心细致的观察与倾听。

适时适度的引领、点拨能帮助幼儿自主活动获得更大意义与价值的经验。譬如“阅读区”的一本动物卡片集，是幼儿们日积月累收集起来的，卡片的排放无什么特定的规律。一名小男孩一天突然带来一张乌贼图。“摆哪儿合适呢?”老师问小男孩。“就放在海星旁边，它们都生活在大海里。”旁边的一位小女孩立刻想出金点子。教师将动物园图片按生存场所的不同重新分类排放。渐渐地幼儿们能自主探寻一些排列策略，比如按外形特征、生活习性、自救方式等。

(3)有效评价，提升区域活动质量。

教育评价是幼儿园区域活动提升质量的重要手段。区域活动中教师实行个别化的、关注幼儿内在变化与情感体验的评价，对幼儿来说具有一定的激励功能。

①尊重幼儿，关注差异。

加德纳的多元智力理论认为幼儿的发展存在着差异性，每一个幼儿都有自己的智力强项。区域活动的评价应注重评定幼儿园的个性、特长，以欣赏的眼光评价幼儿，要善于发现每个幼儿的闪光点，鼓舞幼儿，启迪幼儿，发展幼儿。通过及时反馈，让幼儿从内心品味成就感，体验成功的快乐，让幼儿变得更自信、更大胆、更主动、更积极，让幼儿得到良性的可持续发展。

②重视过程，促进发展。

对幼儿发展状况的评价要伴随着幼儿活动的过程来进行。教师应着力捕捉一切有用的评价信息，作为重要的评价依据。如对幼儿手工作品、记录表格、自制玩具以及区域活动中表现出来的主动交往、互助合作、大胆创新等，作出适时适当的中肯评价，一个竖起的拇指、一缕赞赏的目光、一句惊叹的表扬定会成为幼儿前进的动力，从而促进幼儿和谐、持续的发展。

案　例

幼儿园公共区域活动——餐厅观察记录①

参加幼儿	江鱼儿、蒋思诗	用具材料	餐厅的各种用具、物品
幼儿园活动目标	幼儿能自由地选择角色并积极参与幼儿园活动，体验与同伴合作的快乐、锻炼幼儿的语言表达能力、与人的交往能力等。		
幼儿表现及行为	公共区域幼儿园活动时间是孩子们最开心、快乐的时间了。在这个时间里，大家可以根据自己的需求去自由地选择参加的幼儿园活动。江鱼儿每天都参与餐厅幼儿园活动已经有一段时间了，但是她还是乐此不疲。昨天江鱼儿进入餐厅后兴兴冲冲直奔挂胸牌的地方，首选的是服务生的角色。接着她戴上头巾、围上围裙，把自己打扮成一个精神十足的服务生。这时餐厅里进入了第一个顾客“蒋思诗”，江鱼儿从收银处拿起菜单放在顾客面前，双腿微屈、身体向前微弓对顾客说“你吃什么啊?”蒋思诗想了一会告诉她“我吃拉面。”接着江鱼儿回到厨房告诉厨师“要一碗拉面”。一会的工夫，顾客的饭就做好了，江鱼儿手端餐盘给顾客端上了一碗拉面。江鱼儿来回穿梭于各个顾客之间，很是繁忙，她的嗓音也很大。当老师发现顾客的餐桌上的食物已经很多了，老师提醒江鱼儿“你看他的食物已经很多了，吃不了就浪费了，你应该提醒她，别再点菜了。”江鱼儿立即反驳道“老师，她可以打包啊。”我惊奇地只能点点头，表示她说得很对。今天，江鱼儿依旧选择了餐厅，不同于昨天的是，她进入餐厅以后，没有去选当服务员和厨师，而是选择做一名顾客，轻松、自如地坐在餐桌前，等待服务生的到来。服务员来到后，她点了一杯可乐、一杯冰激凌。自己有模有样地食用起来。但自己还想再点食物的时候，大约是没有服务生服务的原因，自己直径地来到厨房门口对厨师说“我要一碗牛肉。”然后自己等待，自己端食物，就像进入快餐店一样自己为自己服务。		

① 松滋市机关幼儿园优质教育随笔，2011 年。

续表

分析评价	幼儿时期，正是角色游戏发展的高峰期，角色扮演游戏是属于他们这一阶段的最重要的“工作”，所以孩子们都很热衷于这个区域。在餐厅游戏中她们运用模仿、想象，来扮演生活中的各个角色，在假想的环境中，模仿各种人物的神态、动作、语言，如：江鱼儿一会做服务员，一会做顾客，使自己成为一个真正的角色人物。同时孩子还把生活中的经验发挥得淋漓尽致，就像前面江鱼儿对老师说“吃不了可以打包啊！”如果没有前期的经验，孩子绝不会脱口而出。所以孩子只有在这个自由的氛围中，才能使自己的各种能力在不同程度上得到了提高。

本章小结

区域活动，是指以幼儿的需要、兴趣为主要依据，教师根据教育目标和幼儿发展水平，配合正在进行的其他教育活动等因素，在幼儿园划分一些区域区角，如科学区、智力游戏区、建构区、角色区、美工区等，在其中有目的、有计划地投放各种适合的活动材料，创设活动环境，制定活动规则，让幼儿在宽松和谐的环境中按照自己的意愿和能力，自主地选择活动内容和活动伙伴，主动地进行操作、探索和交往的活动。具有自主性、教育性、实践性、指导的间接性等特点。

区域活动的组织流程包括科学选区、活动组织、收拾整理、回顾评价四个环节，通过活动环境创设为区域活动开展提供前提保障，通过教师的科学引领，促进区域活动顺利进行，通过有效的活动评价，提升区域活动质量，确保区域活动发挥其应有的教育作用和功效。

思考与练习

1. 如何理解幼儿园区域活动？举例说明幼儿园区域活动的特点。
2. 联系实际，谈谈当前幼儿园区域活动中存在的问题。
3. 现场观摩幼儿园区域活动，分析并评价教师的指导策略。

第六章　幼儿园游戏活动

本章学习目标

- 了解幼儿园游戏活动的含义及其意义；
- 理解幼儿园游戏活动的特点与类别；
- 掌握幼儿园游戏活动的组织原则和一般指导策略。

本章内容引言

《纲要》明确指出：“幼儿园教育应尊重幼儿的人格和权利，尊重幼儿身心发展的规律和学习特点，以游戏为基本活动。”《指南》也特别强调：“理解幼儿的学习方式和特点。幼儿的学习是以直接经验为基础，在游戏和日常生活中进行的。要珍视游戏和生活的独特价值。”

什么是幼儿游戏？幼儿园有哪些类型的游戏？幼儿游戏活动组织等同于集体教学活动的组织吗？幼儿游戏活动的时间如何保障？游戏主题怎么安排？如何铺垫游戏的关键经验？如何制定游戏目标？教师在游戏中的角色定位是怎样的？针对性的游戏组织与引导策略有哪些？

带着这些疑惑学习本章，你将会全面了解幼儿园游戏活动的含义、意义、类别和特点，理解并把握幼儿园游戏活动的组织原则和一般指导策略。

第一节　幼儿园游戏活动的含义与意义

游戏是幼儿的基本活动，是幼儿喜爱的、自愿的、主动参与的富有娱乐性的活动，是幼儿通过亲身体验而获得生命活动意义的活动。

一、游戏的含义

长期以来，游戏是各国教育家和心理学家一直研究和关注的问题。关于游戏的含义，不同学者持不同的观点，德国心理学家格鲁斯认为，游戏是对未来生活的准备，是本能的练习；德国思想家席勒和英国心理学家斯宾塞将游戏视为剩余精力的无目的消耗；美国心理学家霍尔指出游戏是种族过去活动习惯的延续和再现；奥地利精神分析学家弗洛伊德认为，游戏是一种宣泄情感和情绪的活动；德国教育家福禄贝尔认为，游戏是儿童内部存在的自我活动的表现，是一种本能性的活动；前苏联心理学家维果斯基认为，游戏是儿童社会性的实践活动。

这些对于“游戏”持有的不同观点，形成了不同的游戏理论学派。这些学派之间并不存在根本的冲突，而是共同丰富和补充着游戏的概念。

“游戏”一词早在我国战国时期的历史文献中就已出现，其意义的渊源是从古汉语中的“游”、“嬉”、“遨”等词发展而来，与现代汉语中“玩”、“玩要”、“嬉戏”等极为相似。

资料卡片

中国古代儿童游戏

中国在数千年的历史发展过程中形成了丰富多彩的儿童游戏，其种类之多、质量之高，令人惊叹。虽然专门记载古代儿童游戏的史料不多，但从其他形式的作品如古诗、绘画、小说中，我们依然可以领略到游戏的风采，如图所示。

《教育大辞典》这样界定："游戏是幼儿的基本活动，是适合幼儿年龄特点的一种有目的、有意识，通过模仿和想象，反映周围现实生活的一种独特的社会活动。"①

资料卡片

定义游戏的十大论说

1. 产物说。主要认为游戏是儿童内心活动的自由表现，是儿童最纯洁、最神圣的心灵活动的产物。

2. 活动说。代表定义有：游戏是儿童释放过多精力的一种活动；游戏是儿童为了寻求欢乐而自愿参加的一种活动；游戏是儿童固有的、快乐的活动；游戏是一种没有直接目的的活动；游戏是儿童的一种同化活动，包括外显行为和白日梦；游戏是儿童在某一固定时空中，遵从一定规则，伴有愉悦情绪，自发、自愿进行的有序活动。

3. 学习说。游戏是儿童自动的学习。

4. 方式说。游戏是儿童了解社会规则和成人职业的重要方式。

5. 工具说。游戏是一种以自我为中心的个体转变成社会化的、以他人为中心的个体的工具。

6. 表现说。游戏是儿童各种本能升华的表现。

7. 反映说。游戏是儿童的假扮行为，是对周围生活的反映。

8. 手段说。游戏是儿童学习知识的最有效手段。游戏是儿童最有效的帮助儿童松弛、恢复精力的一种手段。

9. 需要说。游戏是儿童最大的心理需要。

10. 工作说。游戏是儿童最严肃的工作。

二、游戏的意义

对幼儿而言，生活就是游戏，教育活动也理所当然以游戏作为基本活动形式。寓教育于游戏之中是幼儿教育的一大特征。"游戏从本质上说是指一类由幼儿自主控制的，能带来愉快情绪体验的，有操作材料的活动，其中自主控制是游戏的最内在本质。"②

① 教育大辞典[Z]. 上海：上海教育出版社，第2卷，1990.

② 毛曙阳. 关于幼儿游戏本质及其对幼儿的发展价值的思考[J]. 学前教育研究，1999(3).

1. 游戏促进幼儿体能和动作技能的发展。

幼儿在游戏过程中的跑、跳、走等动作对于幼儿的动作技能、身体平衡行性都有好处。因此游戏能使幼儿身体得到很好的锻炼。幼儿园一些安静的游戏活动，比如玩积木、画画、剪纸等游戏能促使幼儿听觉、视觉及小肌肉的发展。幼儿园的游戏为幼儿提供了大量锻炼身体的机会，幼儿的身体更加结实，对于外界的刺激更加敏感，适应生活的能力得到提高。

2. 游戏促进幼儿语言的发展。

学前阶段是语言发展的重要阶段，而语言的学习则以生活情境中的自然交谈最为有效。在游戏中，幼儿与成人、幼儿与幼儿之间双向互动过程中的交往语言学习随处可见。在自发的游戏状态下，幼儿通过与别的幼儿及成人的交往，可以丰富并扩展他们的词汇，提高他们的接受和表达语言的能力。例如：在游戏“娃娃家”中，扮演母亲的孩子对同伴态度不好，同伴就提出抗议：“妈妈说话不是这样的，妈妈说话是轻轻的，很温柔的。”扮演母亲的小孩子清楚地知道自己不是“妈妈”，但是她又必须改变自己的语言输出方式，尽力去模仿“妈妈”说话的口气，操持“家务”，照料“孩子”，分派家里人的“工作”，并与周围人交往，这样她就能比较自然地学会交往语言。

3. 游戏促进幼儿智力的发展。

游戏总是与发现问题、解决问题融为一体的。对幼儿的智力发展具有十分重要的作用。

游戏能丰富幼儿的生活经验和知识经验。幼儿在游戏中，通过使用多种多样不同的玩具与材料，从而认识和掌握各种物体的性能和用途，了解事物之间的相互作用和因果关系，也就获得了关于周围世界的基本知识和主要概念。例如：幼儿玩积木时，经过不断地尝试错误，知道了小的积木应放在大的积木的上面，这样才能保证所搭的积木的平稳性。

游戏可以促进幼儿想象和创造能力发展。例如，幼儿玩过家家时，必须把自己想象成“爸爸”或“妈妈”，而把娃娃想象成“宝宝”，小纸片想象成小碗，小棍子想成小勺子，来喂宝宝吃饭，这种以物代物，以人代人的象征性活动是幼儿想象力发展的重要标志。又如一个 3 岁的幼儿在游戏中把玻璃杯拿在手里当话筒，煞有介事地唱歌的时候，就充分表现出他的创造力。

游戏也能促进幼儿思维能力发展。在游戏中，幼儿要对自己的行为做决定：玩什么、怎么玩、和谁一起玩、用什么材料和玩具玩，使得幼儿有机会进行分析、判断、推理、概括与总结，发展其抽象思维的能力。例如：孩子玩的“棋类”玩具，在其中，孩子就必须运用智慧去进行各种分析、判断、推理等来打败对手，这类游戏往往很能促进幼儿的智力的发展。

4. 游戏促进幼儿社会性的发展。

游戏为幼儿提供了大量交往的机会，幼儿在游戏中逐步学会并能正确地处理自己和同伴之间的关系，社会交往能力得到提高。有助于克服幼儿的自我中心，培养幼儿的合群行为和遵守规则的能力。

5. 游戏能够促进幼儿情感的发展。

游戏是幼儿表现情感的一种重要方法，与别人一起表演游戏和艺术活动使他们的情感得到表现。孩子们在游戏的时候往往全神贯注，无拘无束，显露自己的真正本性。游戏好像是幼儿的晴雨表，教师可以从游戏中观察了解到幼儿的喜怒哀乐。如一个小女孩抱着她心爱的布娃娃，温柔地抚摸，亲热，说悄悄话，也充分表现了孩子愉悦美好的心理感受。

游戏也是幼儿克服紧张情绪的一种手段。例如孩子本来打针很害怕，但通过玩‘医院’的游戏，给娃娃打针，宣泄不愉快的回忆，从而减少了心理压力，使幼儿的心理处于健康的状态。“游戏治疗”的理论与实践已经证明了游戏是幼儿发泄自己不良情绪的一种重要形式，通过游戏，他们对那些引起自己愤怒的思想有了较好的理解和认识后，就能心平气和地接受这些思想。

在游戏中幼儿还能丰富和发展其成功感、审美感、理智感和道德感等高级情感。例如：幼儿通过扮演自己感兴趣的各种各样的角色(特别是游戏中的主要角色)，在模仿、表演等过程中体验并养成礼貌、勇敢、善良等良好品质。

第二节　幼儿园游戏活动的特点

游戏是幼儿的基本活动，“游戏的本质是幼儿的主体性活动，这种活动现实直观地表现为人的主动性、独立性和创造性的活动。”①

幼儿游戏具有主动性、虚构性、愉悦性、非功利性的特点。

一、主动性

幼儿的主动性是游戏的主要特点。游戏是适应幼儿内部的需要而生产的。学前幼儿正处在身心迅速发展时期。3 岁后的幼儿的体质日趋强健，基本动作有一定发展，能进行手的操作活动。思维和想象力有一定发展，并能使用语言进行交往。独立活动的能力增强，具有参加活动的需要。游戏内容和形式丰富多彩，灵活多变，所以幼儿乐于从事游戏。

游戏符合幼儿生理和心理的发展水平。幼儿高级神经活动的过程，兴奋强于抑制，整个身体系统仍不健全，易于疲劳；认识过程带有具体形象性，不随意性和情绪性特点。游戏有动作，有活动，有玩具和游戏材料，其内容和形式丰富多彩、灵活多变，所以幼儿乐于进行游戏，在游戏时常常是兴奋和快乐的。

---

① 刘焱. 幼儿园游戏教学论[M]. 北京：中国社会出版社，2000.

从游戏的过程分析，幼儿在游戏中可以根据自己的意愿确定游戏内容，布置场景，选择游戏伙伴、游戏材料，决定对待和使用活动材料的方式方法，也可以根据自己的想法或通过与伙伴的协商，改变原有游戏的操作程序，制定新的游戏规则，根据自己的兴趣和愿望控制游戏过程与进程。也就是说，怎么玩，和谁玩，玩什么，都是由幼儿自行决定的，幼儿是游戏的真正主人。

此外，幼儿游戏中，自由选择也是一项很重要的因素，老师分派幼儿去玩积木与幼儿自己选择积木去玩，在幼儿看来前者是任务，后者是游戏。因此，游戏是幼儿自己选择、自愿参加的活动。

二、虚构性

幼儿游戏是一种假想的活动。游戏的假想性是指幼儿的游戏是想象与现实的结合，是幼儿在假想的情境中对生活经验的创造性反映。它表现为幼儿在游戏中，不受现实环境的条件的限制，通过想象实现人物的活动。幼儿的游戏是周围生活的反映。但是幼儿在游戏中反映的不是周围生活的翻版，他们不是机械模仿，而是通过想象，将日常生活中的表象，形成新的形象，用新的动作方式去重演别人的活动。例如：幼儿可根据情节的需要，扮演警察、医生、教师等；可以把活动室的一角当作医院、商店或动物园；可以把木棍当作筷子、橡皮泥当作面团等。可见，幼儿游戏是以生活经验为基础通过想象进行的一种假想的活动。

幼儿在游戏中，以真诚的情感，体验在游戏中的活动，相信虚构的真实性。同时，他们也懂得什么是假装的。幼儿游戏虽然是一种假想活动，但这假想却来自于幼儿的生活经验，是对真实生活的模仿和再造。因此，丰富幼儿的生活经验和培养幼儿具有丰富的想象力是促进幼儿游戏发展所必需的。

三、愉悦性

游戏是幼儿快乐的源泉。在游戏中，幼儿能控制所处的环境，表现自己的能力和实现自己的愿望，因而能使幼儿获得愉悦感、胜任感和满足感。幼儿的游戏活动没有强制的目标，因而也降低了为达到目标而产生的紧张，耗费精力小，也使幼儿感到轻松、愉快。事实上幼儿总是在情绪积极时才做游戏，游戏又给幼儿带来更积极的情绪。如在“娃娃家”游戏中，扮演父母的幼儿体验着父母对孩子的关心与爱护，给孩子做饭、喂饭，尽心尽力。

另外幼儿在进行游戏时，是非常投入的，能够反映出他们的真实的情感，对人对事的态度，与人相处的原则等。对于健康的内容，如：在“医院”游戏中，幼儿会像医生一样给“病人”听诊、开药，嘱咐“病人”按时吃药，热情周到，教师的肯定，客人的感谢使他们得到满足，行为得到强化。而对于游戏中流露出不健康的内容，如：霸道，不礼貌，不关心别人等，教师的否定、批评会抑制不良情感的发展。

游戏使幼儿体验各种情绪情感，而且丰富的情绪情感的体验，也对幼儿产生潜移默化的影响，发展他们的友好、同情、责任、爱憎分明等积极情感。随着游戏主题和构思的发展和复杂化，幼儿的情绪情感体验更丰富，更深刻。游戏适应幼儿的需要和身心发展水平，使幼儿得到满足和愉快。在游戏中，幼儿能控制所处的环境，表现自己的能力和实现愿望，从成功和创造中获得愉快。

正如苏联心理学家柳布斯卡娅所说："正是这种把以前获得的印象组合成新的创造物的可能性，正是这种对自身力量的考验，是游戏使幼儿产生巨大愉快的源泉。"在游戏中由于能积极活动，所以给幼儿带来了极大快乐。

四、非功利性

幼儿游戏没有任何功利的目的，既没有外部目标，也没有内在约定。幼儿参加游戏就是为了享受游戏的过程，而非追求游戏的结果。一旦幼儿的游戏活动被设定为达到某个目标，就会给幼儿带来无形的压力，幼儿就难以无拘无束地享受游戏的过程。当然，成人在设计、指导幼儿游戏时，仍然可以给游戏外加一定的目的，如通过在游戏中扮演警察培养幼儿遵守规则的意识；扮演医生，培养幼儿关心他人等。但这些不需要幼儿在游戏中明确或追求实现这个目的，幼儿的兴趣仍然在于游戏的过程。事实上，幼儿游戏活动所实现的目的不是靠人为的设定和要求达到的，而是随着游戏活动过程的展开自然而然实现的。

第三节　幼儿游戏的分类

学前幼儿游戏的分类长期以来都未达成定论，不同的研究者依据不同的理论各自从不同的角度对游戏进行了分类，因而出现了各种各样的游戏分类。主要有：按照幼儿心理的发展，如按认知的发展和社会性发展来分类；按游戏的性质来分类；以及按游戏的教育作用来分类。

一、幼儿游戏的认知分类

从幼儿认知能力发展水平的角度对游戏进行分类，皮亚杰是首创者之一。他将幼儿游戏划分为感觉运动游戏、象征游戏、结构游戏和规则游戏四大类。

1. 感觉运动游戏。

感觉运动游戏也叫练习性游戏，主要发生在幼儿 0 ~2 岁阶段，即还不会说话的婴儿时期。这种游戏方式主要以肌肉活动为主，主要特征是重复动作、操作物体和自我模仿。其产生的原因是幼儿喜欢得到感官刺激，他们能在感觉和运动器官的使用过程中得到快感，并通过重复自己的行为来获得乐趣和表现自己的能力。比如，婴幼儿在洗澡时反复拍打盆子里的水，孩子不停地晃动玩具铃铛，或者持续发出“嗯、嗯”的声音引起父母的注意等。

2. 象征性游戏。

象征游戏也被称为符号游戏，主要发生在幼儿 2 ~7 岁阶段，它是学前幼儿最典型的游戏方式。象征是指用一种事物代替另一种事物，或者将某种事物赋予特殊的意义，它带有“好像”和“假装”的特点。

象征有两种表现形式，即“以物代物”和“以人代人”。比如，幼儿用冰糕棍当做注射器给娃娃打针，把小椅子当作马来骑，这是“以物代物”；幼儿假扮医生给娃娃看病，或者想象自己是大将军带领千军万马驰骋沙场，这是“以人代人”。可见，象征性游戏是幼儿模仿和想象周围现实生活的一种游戏形式。它可以使幼儿在游戏过程中脱离对当前实物的知觉，让幼儿在虚拟的情景中满足自身在现实生活中不能实现的愿望和要求。因此，它对诊断和治疗幼儿的心理疾病具有重要的意义。

3. 结构游戏。

结构游戏是指幼儿利用各种结构材料或玩具来建构新物体的活动，如搭积木、插积木、插积塑、捏橡皮泥、折纸、堆雪人和垒沙堡等。这种游戏对幼儿训练动手能力和发展思维能力有十分积极的作用。比如，通过搭积木、插积塑，幼儿既可以锻炼拆分和组合的动手能力，又可以获得分解与合成各种形体的经验，并在游戏的过程中学会了高低、长短、上下、左右、宽窄、厚薄、对称等概念，还增加了艺术鉴赏力。

此外，结构游戏也可以被看作是游戏活动向非游戏活动转变的桥梁。游戏前期，我们往往在乎幼儿游戏的过程，看重他们的游戏体验；而后期逐渐变成了一种智力开发活动，我们对游戏的结果更为注重，如七巧板游戏、拼图游戏等。

4. 规则游戏。

规则游戏是指两个以上儿童按照一定规则开展的活动，它往往带有竞赛的性质，如打牌、下棋、赛跑、拔河等。它以规则为游戏中心，摆脱了具体情节，用规则来组织游戏。真正的规则游戏，如球类比赛、田径赛等，到小学后才能进行。皮亚杰对儿童游戏发展的分类，在幼儿园实践工作中可以明显看到。但简单的规则游戏，在四五岁时就可进行。

二、幼儿游戏的社会性分类

美国教育家帕顿(Parten)通过对儿童游戏的社会发展进行研究发现，儿童之间的社会性互动会随着年龄的增长而增加，于是他将 2 ~6 岁的儿童游戏划分为下面六种类型。

1. 偶然的行为：注视碰巧引起兴趣的事，玩弄身体，在椅子上爬上爬下，东游西荡，这些都不是正式的游戏。

2. 游戏的旁观者：注视同伴的游戏，听他们的话，向他们提问题，明确地观察某几组儿童，耳闻目睹所发生的一切。

3. 单独的游戏：所使用的玩具与其他的儿童不同，专心自己的游戏，不注意同伴做什么。

4. 平行的游戏：仍是单独做游戏，但他的玩具和同伴相近，在同伴旁边玩，而不是和他们一起游戏。

5. 联合的游戏：和同伴一起游戏，谈论共同的活动，但没有分工，也没有围绕具体目标进行组织，每个儿童根据自己的愿望来做游戏。

6. 合作的游戏：儿童在游戏中有共同的目的，有达到目的的方法，活动有组织，小组有分工、有实施游戏的方法，还常常会选出游戏的组织者或领导者。比如，搭建一个城堡或者比赛谁跑得最快等。

实际上在这六种游戏行为中，只有后四种属于真正的游戏行为。所以，后来的研究者再按照这种方法对游戏进行分类时，只将游戏分为单独游戏、平行游戏、联合游戏与合作游戏四种。其中，由于前两种较少表现出游戏社会性的特点，故被称为非社会性游戏，而后者被统称为社会性游戏。通过这种游戏分类方法，我们可以明显看出儿童游戏行为中的社会性发展水平的差异。

三、幼儿游戏的教育作用分类

长期以来，由于受到前苏联游戏理论的影响，我国常采用按照游戏的教育作用对游戏进行分类的方法。幼儿园游戏分为创造性游戏和规则游戏（教育游戏）两大类，其中创造性游戏包括角色游戏、结构游戏和表演游戏；规则游戏包括体育游戏、智力游戏、音乐游戏、美术游戏和娱乐游戏等。这种分类方法十分有利于幼儿园教师开展学前儿童的教育工作。

1. 创造性游戏。

创造性游戏主要以培养幼儿的创造性为目标，它是幼儿根据自己的兴趣、爱好、经验和能力自主地、创造性地去反映现实生活的活动。

（1）角色游戏

角色游戏是象征性游戏中最有代表性的游戏，它指幼儿运用自己的想象力，通过扮演角色来创造性地反映周围生活的游戏活动。例如，有的家长周末带孩子去超市购物，孩子来上幼儿园时，向老师提出要玩“买东西”的游戏，于是这个孩子当“售货员”，其他小朋友当“顾客”进行的这种“超市购物”的游戏就是角色游戏。

（2）结构游戏

这里的结构游戏与按认知分类中的结构游戏含义相同，都是指幼儿利用各种不同的结构材料，如积木、积塑、橡皮泥、沙、水、雪等，通过手的创作来反映现实生活的游戏活动。结构游戏与角色游戏的异同如表 6-1 所示。

表 6-1　角色游戏与结构游戏的比较

异同＼游戏类型		角色游戏	结构游戏
不同点	游戏途径	角色扮演	各种游戏材料
	游戏材料缺乏时	“以物代物” 借助假想来开展游戏活动	无法开展游戏
	幼儿技能	要求一般	要求有一定的动手能力
相同点		在现实生活的基础上进行想象与创造	

(3) 表演游戏

表演游戏是指幼儿按照故事或童话的内容与情节分配角色，通过语言、动作、表情、姿势等来进行创造性表演的活动。比如，孩子们根据《白雪公主》的童话故事，设定了“白雪公主”、“小矮人”、“坏皇后”、“白马王子”等角色，然后再按照故事的发展，将情节一一表演出来。表演游戏和角色游戏都涉及“角色扮演”这一过程，具体的区别如表 6-2 所示。

表 6-2　角色游戏与表演游戏的比较

异同＼游戏类型		角色游戏	表演游戏
不同点	角色来源	现实生活中的人物	文艺作品中的人物
	游戏情节	对现实生活的反映	故事作者编写的情节
	游戏内容	幼儿可以自由选择与创造	根据文艺作品表演
相同点		扮演角色	

2. 规则游戏。

规则游戏是幼儿园教师为了教学需要而编创的适合幼儿发展水平的游戏活动，因此也被称为教学游戏。这类游戏一般分为目的、玩法、规则和结果四个部分。其中，游戏目的是指在游戏中要完成的具体任务和要达到的具体目标；游戏玩法是为了要实现游戏目的而对幼儿提出的具体要求；游戏规则是幼儿在活动中必须遵守的规定，以确保游戏有序进行；游戏结果是幼儿完成游戏之后得到的结果。这里，规则是游戏的核心，如果规则没有设置清楚或者幼儿不遵守规则，都会导致游戏无法顺利进行。

(1)体育游戏

体育游戏是幼儿园日常教学计划中一项十分重要的内容，它以发展幼儿基本动作为主要内容，目的是为了促进幼儿身体发展和增强幼儿体质，比如走、跑、跳、投掷、钻爬、攀登等。体育游戏并不是单调、枯燥地反复训练幼儿的运动技能，而是通过游戏给予幼儿练习的机会，让幼儿在快乐的氛围中得到锻炼。

(2)智力游戏

智力游戏是幼儿园教师根据智育任务而设计的游戏活动。它通过生动、新颖、有趣的游戏形式，使幼儿在轻松愉快的活动氛围中增长知识、培养技能。比如，猜谜语、连线、填数字等。

(3)音乐游戏

音乐游戏是幼儿园教师为培养幼儿音乐素养而编制的游戏活动。通过在音乐和歌曲伴唱背景下开展游戏活动，使幼儿在听、唱、玩当中既掌握了一定的乐理知识和音乐技能，又在不知不觉中渗透进了品德和审美教育。同时，在轻松愉快的游戏氛围中，幼儿还获得了愉悦的情绪体验。

(4)娱乐游戏

娱乐游戏是指幼儿园教师专门为幼儿娱乐身心而编排的游戏活动。这类游戏并没有明确的教学要求去培养幼儿的某种技能，只是为舒缓幼儿心情与情绪而设立的。比如，让孩子玩布娃娃、不倒翁等。

(5)语言游戏

语言游戏是幼儿园教师用游戏方式组织的语言教学活动，它不是幼儿自发产生的，而是为了培养和提高幼儿语言应用能力而专门设置的半活动半游戏的教育活动形式。语言游戏有明确的游戏目标和教育要求，通过教师组织和指导幼儿进行充分的练习，以达到理解、掌握和运用语言的效果。

(6)数学游戏

数学游戏是幼儿园教师为完成一定的数学教学任务而创设的游戏活动。它有自己的独特的规则，游戏目标是使幼儿掌握一定的数学知识、技能和形成数学观念，如数数、比较大小、抽象概括、分析结果等，并能初步运用数学思维去思考和解决现实生活中的问题。

(7)美术游戏

美术游戏是幼儿园教师根据美术教学要求而为幼儿编制的游戏活动，如手工、剪纸、画画等。对幼儿进行美术教育并不是培养未来的艺术家，而是为了对幼儿进行德智体美劳全方位的素质培养。通过美术游戏，可以提高幼儿的观察力、记忆力、想象力和创造力，在写写、画画、描描、涂涂、剪剪、捏捏、贴贴的活动中，使幼儿的性情得到陶冶，阅历得到丰富。

第四节　游戏活动的指导策略

游戏活动和集体教学活动、生活活动等共同构成幼儿园课程。

游戏活动贯穿于幼儿一日生活之中，单从幼儿园课程计划表上看，游戏活动和教学活动在时间段上彼此是分离的、独立存在的。但从课程游戏化的背景看，主题之下有游戏的支撑，教学过程中含有游戏；游戏活动侧重视玩法和规则、游戏性体验，教学活动侧重知识、技能的习得；幼儿在游戏中的自主性、主体性程度更高；游戏玩法和规则的示范与讲解方法与教学活动相似。

一、幼儿园游戏活动的现状与误区

幼儿园要实现游戏的教育功能，就必须在各类游戏的组织指导中体现游戏和各类教育活动的有机整合。但是目前幼儿园在游戏活动中尚且存在着各种误区：

1. 形式化。

《纲要》中将游戏确定为幼儿的基本活动。游戏是幼儿园教学活动的重要形式之一，也是幼儿快乐学习的途径之一。然而农村不少教师及家长在观念上仍存在重上课轻游戏的倾向，没有真正把游戏融入幼儿一日活动之中，尤其乡村的一些幼儿园平时几乎不玩游戏，总是整天让孩子们死板地待在活动室，要么被动听课，要么无所事事，只在迎接上级检查参观时才让幼儿表演性地玩玩游戏；而在城镇的一些幼儿园，尽管每天都有游戏活动，但多半是颠来倒去无谓地重复几个游戏，既没有目的性也没有计划性，更谈不上对游戏活动精心设计与科学指导。

2. 教条化。

教师在选择游戏内容时，过多地考虑游戏的教学功用，而忽略幼儿的兴趣和好奇心，从而导致游戏活动死气沉沉，孩子没有积极性。在游戏过程中，教师又总是过于求全责备，要求孩子们都能达到自己所要求的统一的目标和水平，而忽略了幼儿的个体差异和创造性。

3. 随意化。

在一些幼儿园，游戏活动几乎等同于放鸭子式的自由活动，所谓的游戏就是把孩子们放到一边漫无目的地嬉戏玩耍，教师既不参与其中，也不组织指导；游戏活动不能从幼儿兴趣和发展需求出发，不能从幼儿园课程整体构建出发，成了一种随心所欲的、“水到便开沟”的无目的、无计划、无组织的低级消遣活动。

4. 模式化。

游戏内容重复单调，教师过于注重游戏的结果，往往忽略了游戏的过程，一味追求游戏活动的教育意义，经常用自己的标准“导演”游戏，幼儿在教师的“精心”设计下机械性地刻板模仿，游戏的教育价值反而被极度弱化。

二、游戏活动组织的指导策略

只有走出误区，科学设计并实施游戏活动，才能确保幼儿园课程对幼儿全面和谐发展的教育促进作用。

一般来说，幼儿游戏活动组织的指导策略包括：

※明确游戏活动含义，区别幼儿游戏活动组织与教学活动的组织；

※有效保障幼儿游戏活动的时间；

※自然产生游戏的主题；

※丰富幼儿游戏经验；

※制定适宜的游戏目标；

※识别教师在游戏中清晰的角色定位；

※建构针对性的游戏组织与引导策略。

通常幼儿游戏活动分为三个环节，即：起始环节——自由选择，主体环节——自主展开，结束环节——自由交流。

在起始环节，教师的指导体现在：教师应通过提供幼儿自主游戏的环境条件，鼓励幼儿自己决定要玩什么、在哪里玩、和谁一起玩，激发幼儿参与游戏的热情。关键是教师必须明确每个幼儿都享有合理的自由选择游戏的权利，并表明自己的支持态度，使幼儿在轻松自如的氛围中学会选择，敢于选择，培养自我意识，享受个性的自由与快乐。

教师常用的指导语有："你可以去玩你自己想玩的游戏。""你还想玩什么游戏？""你想与谁一起玩？""你认为玩什么能使你开心？"等。

在主体环节，教师指导的关键在于：教师要引导幼儿自主地开展游戏，让幼儿充分表现、自由交往、合作游戏、大胆创新，使幼儿的需要得以满足，情感得以激发，社会交往技能得以培养，从而促进幼儿身心和谐发展。

此环节，教师要明确并把握不同种类游戏的指导重点。一般来说，角色游戏教师指导的重点在于：让幼儿明确自己扮演的角色和角色的职责，引导幼儿进行不同角色和不同主题之间的交往。结构游戏教师指导的重点在于：教幼儿建构的技能，体现出建构的逼真性、创造性。表演游戏教师指导的重点在于：选择适合幼儿表演的文学作品（对话、情节、场景），引导幼儿运用语言、动作、表情开展游戏，根据需要引导幼儿进行简单的改编。

在结束环节，教师指导的关键在于：引导幼儿共同分享游戏的体验，共同探讨游戏中的问题。

下面具体学习不同类型游戏的组织指导。

三、创造性游戏的指导

(一)角色游戏

角色游戏是学前幼儿典型的游戏形式，在整个学前期占的时间最长，大约从2岁开始直到入小学，其高峰期在3~5岁，这是一种通过使用替代物并扮演角色，以模仿和想象创造性地反映周围生活的游戏。

幼儿园角色游戏的主题按照“由近及远”、“由熟悉到新异”的规律发展。从最常见的反映家庭生活的“娃娃家”游戏到“医院”、“超市”、“交通警察”等游戏。幼儿角色游戏的主题随着生活经验的丰富、生活范围的扩大而变换。

1. 角色游戏的结构。

构成角色游戏的因素包括：情景迁移，即将现实生活中的真实情景迁移到一个假想的情景之中；以物代物，即将一个当前的物体代替一个不在眼前的另一个物体，并以被替代物的名称来命名替代物；角色的扮演，即扮演成真实情景中的角色。

(1)角色的扮演。幼儿在游戏中，扮演假装的角色，而不是他自己。幼儿扮演角色对发展想象力和自我意识有很大作用。在游戏中，角色是游戏的中心，幼儿常扮演他们认为重要的人物。游戏的实质在于扮演某个角色，创造某种新地位和关系。

(2)对物品的假想。幼儿在游戏中对物品的假想，是依赖表象而进行的思维，是一种发展思维的活动。

(3)对游戏动作和情景的假想。角色是幼儿以动作、语言来扮演的。在角色游戏中，幼儿通过使用玩具的动作来表现假想的游戏情节，并且假想各种游戏情景(活动室的一角可以是医院、汽车站等)，以表达自己的思想、感情和体验。幼儿在游戏中的动作，不是具体某人的某一动作的翻版，而是概括的动作。由于是概括的动作，所以可以充分想象，适应不同的幼儿在不同的条件下的活动。

2. 角色游戏的指导原则。

根据国内外的研究，角色游戏指导的中心问题是教师和幼儿双方在角色游戏中的“角色”定位问题。如何使教师的指导和幼儿在游戏中的主体性结合起来，这是指导角色游戏的关键所在。教师对角色游戏的组织和指导必须以尊重和发挥幼儿游戏的主体性为基本前提。在尊重幼儿游戏的兴趣和需要的前提下去考虑和计划“教师的指导”，围绕幼儿游戏的兴趣和需要来丰富幼儿的经验，从而使角色游戏和幼儿园课程、教学达到有机整合。为此，角色游戏的指导应当遵循以下原则。

(1)主体性原则。角色游戏是幼儿主动、自愿、自主、自由的游戏，以主体性为基本特征的游戏活动，对于幼儿主体性发展和培养具有非常重要的意义。

首先要尊重幼儿游戏的兴趣和需要。在游戏主题的选择和确立上，教师应尊重幼儿游戏的意愿和兴趣。角色游戏是幼儿表现和表达自己对现实生活的认识、理解、体验和感受的重要手段。教师应了解幼儿游戏的想法和愿望，并积极帮助幼儿实现他们的想法和愿望。

其次应尊重幼儿的年龄特点。幼儿阶段以具体形象思维为主，他们在开展游戏的过程中往往兴之所至，缺乏完整的计划和安排，经常是边游戏边思考，所以会出现停顿和不连贯的现象。因此，教师应当给幼儿时间去思考、探索、想象，允许他们按自己的想法和节奏来游戏。在对待不同幼儿的不同游戏方法上，教师应尊重幼儿之间的个别差异，为幼儿创设在游戏材料和内容以及游戏的方式方法上都具有“可选择性”的自由游戏的环境。

(2)开放性原则。尊重幼儿游戏的兴趣和需要，教师的指导必定是“开放的”而不是拘泥于固定的、事先安排的计划和程序。

幼儿在游戏的过程中，时常会产生新的兴趣和需要，教师应敏感地发现其中的“价值”和“意义”，及时地调整自己的计划和思路，帮助幼儿实现他们的想法。

(3)整合性原则。即以幼儿的整体发展观和活动观为指导，将角色游戏活动和幼儿园课程、教学活动有机地整合。角色游戏具有自然整合不同课程领域的学习内容的内在功能。如在“超市”游戏中，既涉及分类、计算，也涉及语言、社会交往、品德习惯等方面的内容，围绕“超市”这一主题加以挖掘、生成，可以将幼儿园各课程领域的内容有机地融合在一起，使游戏的教学潜能得以实现。

3. 角色游戏的指导策略。

促进角色游戏主题、内容、情节的发展是指导角色游戏的关键，为此，应做到：

(1)丰富和扩大幼儿的生活经验。角色游戏的主题来源于幼儿的现实生活，它建立在幼儿掌握的生活和知识经验的基础上。幼儿了解和积累的生活经验越丰富，游戏内容也越丰富。因此，教师应鼓励幼儿了解周围的社会生活，积累日常的生活经验，并通过游戏表现周围的社会生活。幼儿园要结合各领域教育内容，通过引导幼儿观察、参观、听故事、看图片、电视等多种方式，丰富幼儿对周围生活的印象，认识成人的活动及人与人的关系，为开展角色游戏打下基础。

(2)及时深化游戏主题、生成新的游戏主题。角色游戏的主题肤浅、单一是幼儿园角色游戏中常见的问题。这就要求教师不失时机地帮助幼儿深化游戏的主题并生成新的游戏主题。例如：当“娃娃家”的游戏内容，并可生成出“菜市场”的游戏来。当幼儿在游戏中遇到问题时，也是深化游戏主题、生成新主题的时机，让幼儿共同讨论解决问题的办法或教师趁机提出建议都将有助于将角色游戏推上一个新台阶。

如：在幼儿园“超市”的游戏中，开始只是仅仅卖水果蔬菜。一天，班中的孩子说：“老师，昨天我和妈妈去看电影了，我们买了爆米花，可好吃了。”老师灵机一动，对啊，爆米花作为一种休闲食品，幼儿很喜欢吃，如果再配些奶茶与阅览室结合起来，可以开设一个休闲场所。第二天，就做好了爆米花的箱子，幼儿自制了爆米花，新店开张，生意很好，孩子们会买一杯爆米花或一杯奶茶，到休闲吧中去看看书或闲聊，完全一副悠然自得、乐在其中的样子。老师还不断地更新游戏中的材料，如盛爆米花的杯子。开始就是一个简单的杯子，但发现游戏中孩子们容易将杯子乱放，后来在杯子上贴了标记，并在桌子上也贴了相应的标记，这样幼儿在取放杯子时，能够将杯上的标记与桌子上的标记一一对应起来，方便杯子的管理。这个游戏就是按幼儿的兴趣与需求开设的，而且在游戏中，老师也不断地探索更新游戏材料，幼儿乐意玩。

(3)营造游戏的环境、提供游戏所需的玩具、设备和材料，促进幼儿角色游戏的发展。通过环境的布置、玩具材料的提供可以引发幼儿游戏的动机。环境、设备、玩具和游戏材料是幼儿进行角色游戏的物质条件，准备和提供这些物质条件，是教师领导游戏的重要职责。教师应在户内或户外开辟角色游戏的固定场地，玩具和游戏材料也应放在固定的地方。如：在室内辟一角作为“娃娃家”。

角色游戏以想象为基础，角色游戏所需要的设备、玩具及游戏材料等，除少数需要形象逼真的仿真玩具外，绝大多数东西可用简单的物品来替代。幼儿通过丰富的想象，可补充玩具的不足。对于中、大班的幼儿来说，在角色游戏中可以做到一物多用，这对发展幼儿的想象力十分有利。

当然，变化设备、更换或增添新的游戏材料，会让幼儿感到机关新鲜好奇，能增加幼儿游戏的兴趣，可使游戏的内容和情节有所丰富和变化。

如：在小班开展的娃娃家游戏中，随着游戏的不断深入，提供了用废旧材料制作的饮水机、拖把、水池等。在游戏开始前，老师也没有特别介绍，只是静静地观察幼儿在游戏中的表现。通过这一次游戏，老师发现饮水机、拖把、水池在娃娃家的利用率极高。幼儿通过自己的想象，用饮水机给客人倒水喝，用拖把拖地，在水池里洗碗、洗蔬菜等，在讲评的时候，老师问：“今天你们在娃娃家里都做了些什么呀？”“我们家里有客人来了，我给他倒水喝的。”“你用什么给客人倒水的呢？”“饮水机呀。”老师故做惊讶状，说：“饮水机？在哪里？”参与游戏的孩子指了指，说：“在那里，它跟我们家里的饮水机一样，只是小了点，所以我就用它倒水了。”你看，一个小小的饮水机，让幼儿在游戏中有事可做，有话可说，丰富了他们游戏的内容，也在不经意中，再现幼儿的生活经验。

这样具有象征性特点的游戏材料也是从低级往高级不断发展的。它能随着幼儿认知能力的发展，使用替代品来表示。如在“幼儿园”、“图书馆”、“娃娃家”等角色游戏中，刚开始，提供一扇真的门，过了一个月后幼儿会用2至3个椅子排成一排来当门，如果有人进入的话，他们还会在椅背上按两下，嘴里发出“叮咚叮咚”的声音，告诉里面的人，有人来了，快开门。

小班幼儿的游戏材料还应具有适时性，根据幼儿的游戏需求，适时地提供游戏材料，能够帮助幼儿深入游戏；小班幼儿的游戏材料还应具有鲜艳性，鲜艳的游戏材料，能够吸引幼儿的眼球，高效地利用，丰富游戏过程；小班幼儿的游戏材料还应具有变化性，即一物多用，如吸管可以用于奶茶店里，也可用于加工厂里制作项链、手链等。总之，游戏中材料的不断提供，能够发挥幼儿的想象力与创造力，不断丰富游戏内容，会不断带来惊喜。

(4)以间接指导为主，帮助幼儿组织和开展游戏。角色游戏是幼儿自主参与的游戏，因此，教师对角色游戏的指导只能采取间接指导的方式。间接指导包括用语言提问、提示、评论，适时地提出建议，提供玩具，以角色身份参与到游戏之中。在确定主题时，对于小班幼儿，应启发他们想好玩什么游戏；对于中、大班幼儿，应让幼儿自己商量和确定游戏的主题。当需要增加或改变游戏主题时，教师可通过提问或出示玩具等方法或生成游戏主题。当幼儿游戏的主题枯竭时，教师可用提示和提问的方式引导幼儿回忆某些经验，和他们一起商量并确定游戏的主题。在角色分配上，在小班应逐步引导幼儿懂得担任角色，鼓励他们提出自己愿意担任的角色。中、大班则应鼓励幼儿自己协商分配角色，培养幼儿尊重别人的意愿。对于争抢或拒绝的角色，教师可鼓励幼儿用轮流、随机点名等方法公平地分配角色，减少分配角色时的争执，教师切忌强行分配角色。

在游戏的过程，教师应随时关心幼儿的游戏，保证幼儿游戏的安全、健康。幼儿的游戏遭遇障碍时，教师可以旁观者的身份发表一些评论和建议，引导幼儿将游戏深入进行下去。当材料不足时，教师可和幼儿一起制作，帮助幼儿克服困难。

在游戏活动结束之前，应使幼儿有思想准备，可作适当的提醒。在游戏活动结束之后，组织幼儿评价游戏，也是教师间接指导的方法之一。教师可通过组织讨论和提问来引导幼儿反思、总结自己的游戏活动，发现需要改进的地方，或提出新的游戏主题、内容。

(二)表演游戏

表演游戏被称为戏剧性游戏，它是按照童话、故事等文学作品中的角色、情节和语言进行创造性表演的游戏。表演游戏和角色游戏都是通过模仿和想象扮演角色来反映现实生活。表演游戏的特点在于幼儿按照童话或故事中的情节扮演一定的角色，按照作品规定的内容进行游戏；而角色游戏是幼儿按照自己所熟悉的经验，以周围生活为游戏的内容。表演游戏也不同于故事表演，表演游戏和故事表演都是以童话或故事作为表演的内容，表演游戏所不同的在于它是幼儿主动的活动，带有自发性和创造性，可以增减故事的情节、角色，以及对话与动作；而故事表演则是在教师指导下，严格按照故事的情节和语言进行表演的。表演游戏是以某些作品为“原型”或“脚本”进行改编和增删，如根据童话故事《小兔子乖乖》可以演化成多个版本的表演游戏。

在表演游戏中，幼儿可以自由表达他们对原型中角色的理解、评价，以及喜爱、厌恶、同情、宽恕等情感。表演游戏兼具表演性和游戏性，但幼儿的表演游戏不是演给别人看的，它不肩负传达某种思想和观念的目的，它是幼儿为满足自己的表演欲望而开展的游戏，而不是表演。

1. 表演游戏的指导原则。

(1)游戏性先于教育性。表演游戏的本质是游戏，应保持表演游戏的“游戏性”，防止对表演效果的片面追求。尊重幼儿对作品的理解，允许幼儿按照自己的理解对作品进行加工、改造。

(2)游戏性与表演性统一。表演游戏源于幼儿扮演的冲动，幼儿被他们感兴趣的童话、故事所吸引，产生了扮演的冲动，这是表演游戏表演性的由来。幼儿的表演游戏不可能完全脱离它的原型和脚本，但是幼儿在扮演的过程中不拘泥于原型和脚本。他们会将原型和脚本加以扭曲、变形、增删，以获得一定的乐趣，这是表演游戏的由来。事实上，游戏性和表演性的统一是表演游戏发展的方向。

2. 表演游戏的指导策略。

(1)要选择适合幼儿表演的作品。小班幼儿适合情节简单的、角色单一、对话重复的作品。中、大班幼儿适合情节有起伏，角色个性鲜明，对话滑稽、幽默的作品。

幼儿在初次接触表演游戏时，应选择角色个性鲜明，情节简单，拥有趣味，动作性强，对话多次重复，语言琅琅上口等方面的幼儿文学作品。《小羊和狼》这个作品中，有幼儿熟悉并使人们憎恶的“大灰狼”，还有幼儿喜爱的“小狗”、“小羊”、“小马”、“大象”等动物，情节简单，角色对话多次重复，如“小羊，小羊，你为什么哭呀”，“不要怕，晚上我来帮助你”，特别适合幼儿的语言特点。如“我用嘴咬它”，“我用爪子抓它”，“我用腿踢它”，“我用鼻子把它卷起来”等，动作性极强。在表演游戏过程中，孩子们不论是自己表演还是观看他人表演，都会气氛活跃，情绪高涨。通过游戏，体现了孩子们合作表演的乐趣，并使幼儿懂得团结起来力量大的道理。待幼儿对表演游戏掌握了一定的技巧后，就要为幼儿选择情节复杂，篇幅稍长的作品。

(2)帮助幼儿熟悉作品，充分理解作品的内容。教师应有感情地讲述故事，用不同的语调表现不同角色的说话声，并伴有手势、动作，使形象栩栩如生。教师可向幼儿反复讲述故事，并及时提问，帮助幼儿领会作品，掌握故事的内容和情节，并产生游戏的愿望。教师还可以通过录音、录像、图书等手段加深幼儿的印象。

如：在故事《小羊和狼》中，由于角色个数所限，幼儿理解故事内容后，开始时以观赏性表演为主，然后以小组的形式进行表演，这种活动便于教师指导，有利于提高幼儿的游戏水平。为了更好、更有趣地开展游戏，教师经常和孩子们讨论某个动物表情、形态、语调(叫声)、眼神，在这个游戏中怎样去表现更逼真等。对于篇幅长、情节复杂、词汇多、易混淆的语句，就应采用分段讲述的方法，以便幼儿更好、更快地理解故事，为作品表演打下基础。因为幼儿对表演游戏已掌握了一定的表演技能，游戏中选择了自己喜欢的头饰、教具，并按自己的意愿选择角色进行表演，所以大大提高了孩子参与游戏的积极性。

(3)创设环境，提供表演游戏的物质条件。

引导并帮助幼儿准备道具和头饰，大班幼儿可以参加制作一些简单的道具。启发幼儿根据表演的主题和情节，认真思考，共同创设有关的环境，为幼儿提供多种辅助材料，和孩子们一起商议并制作道具。

如：在故事《小羊和狼》中，根据表演内容和情节，利用旧挂历纸、鲜艳的彩色塑料袋，根据动物的特征制成了服装，用旧丝巾剪成了动物的羽毛，还用废旧的长筒袜填充丝棉做成小动物的尾巴、鼻子(大象)等，孩子们还用泡沫板拼出小河(有的幼儿画出小河，还有的幼儿用彩色纸剪成条，贴在地上充当小河)，用积木搭成房子、大树等。在表演活动中，孩子们还可用辅助材料充当教具，如：用饮料瓶当“话筒”，用塑料块当“灶台”，用纸壳当房子的“门”等。在制作道具的过程中，要根据情节发展的需求，道具不必过于精致、鲜明，以免影响游戏的开展，并可以物代物，稍有象征性即可，随着游戏进展的情况，随时教会幼儿一些制作道具的方法。如教幼儿利用废旧报纸、挂历纸、塑料纸(袋)折叠后，剪出并制作简易服装、手指玩偶、头饰、帽子、拖鞋等，以便幼儿参与不同内容的表演(时装表演、桌面游戏、戏剧、小品等)。有的幼儿还不断地将家中不用的头巾、帽子、眼镜、小拎包、玩具手枪及各种小制作整齐地摆放在活动区，使活动区的材料更加丰富多彩，为表演游戏的开展提供了良好的条件，通过一系列动手、动脑及表演活动，更加激发了幼儿参与表演游戏的兴趣。

(4)引导幼儿开展游戏。鼓励幼儿自己选择角色、自己商量分配角色；让全班幼儿都有参与表演的机会，对胆怯害羞的幼儿多加鼓励。在游戏过程中，始终给予关心和支持，鼓励幼儿运用语言、表情、手势，提高游戏的水平。给予幼儿反复游戏的机会，每次游戏结束，组织幼儿讨论哪些地方演得好、哪些地方演得不好，鼓励幼儿想办法自己解决问题。游戏结束后，应提醒或帮助幼儿收拾道具，整理现场。

(三)结构游戏

结构游戏是幼儿利用结构玩具和建筑材料进行构造活动的一种游戏。

幼儿园常用的结构游戏材料有积木、积塑、沙、土以及泡沫塑料、橡胶等做成的结构材料。

结构游戏的特点：它是幼儿自己动手操作的游戏，具有实践性和操作性的特点，能满足幼儿自己动手的愿望。幼儿通过自己的想象，在动手操作的过程中反映他们对周围事物的印象，实现自己的构思，创造性地反映现实生活的游戏。结构游戏可以发展为角色游戏，在幼儿完成他们的结构作品之后，就会使用他们的作品进行角色游戏。

结构游戏的教育作用表现在：动手操作有利于幼儿手部小肌肉感知运动技能的发展，有利于培养动作的精确性及手眼协调能力，在操作中获得与操作相关的空间概念及数概念，有利于幼儿认知能力的发展和审美感受、艺术鉴赏能力的发展。

案　例

增增小朋友说要搭个立交桥，只见她拿了一个薯片桶，一根长积木，她想把长方形积木放在薯片桶上，但由于积木太长，一个薯片桶支不住，她又拿了一个薯片桶，这下可以了，继续搭，可是新的问题出现了：第一块积木怎么也挨不到第二块积木。她试验了几次都没有成功，眼看她就要放弃了，这时我走过来说："我们一起搭吧！你来拿积木，我来拿薯片桶。"我用三个薯片桶支撑两块积木，很稳当，没问题，她看到我这样做，也一起搭起来，不一会儿，长长的立交桥完成了，增增高兴地笑了。

教师作为幼儿的游戏伙伴，以平等身份参与游戏过程，与幼儿共同探索操作，相互交流，遵守游戏规则，可缩短幼儿与成人"两个世界"间的距离，使孩子们觉得亲切适意，营造出一种宽松和谐的人际环境和精神心理气氛，增强对所从事活动的兴趣，有益于激发幼儿的独立自主性，形成积极的自我意识，增强自信，减少对成人的依赖，激发主体积极的创造性行为。

1. 结构游戏的指导原则。

(1)循序渐进的原则。结构游戏的开展是以幼儿手的精细动作的发展为条件的，还需要幼儿对周围生活中的物体有一定的印象，才能完成"成型"的作品。刚入园的幼儿只能用积木堆叠成简单的物体，以后才能逐步运用平铺、架空等手段搭出"成型"的作品。因此，教师应掌握幼儿结构游戏发展的规律，循序渐进地帮助幼儿提高他们的游戏水平。

(2)自发与示范相结合的原则。据研究发现：幼儿对结构材料普遍有自发的游戏愿望，但幼儿结构游戏的水平却存在着很大的个体差异。有的幼儿很快就会自发地开展架高、堆叠、拼接、镶插、粘连等建构活动；有的幼儿则只能进行简单的基础搭建。因此，教师应适时向幼儿示范一些结构游戏的基本技能，也可适时向幼儿推介一些结构游戏水平较高的幼儿的作品，并让他们示范一些基本的技能，帮助结构游戏水平较低的幼儿突破现有的水平，在结构游戏中获得满足和成就。教师也可利用幼儿喜欢相互模仿的特点，在基本的搭建技能上，允许幼儿之间相互模仿。在幼儿进行结构游戏的基本技能具备的前提下，应减少示范，鼓励幼儿发挥自己的想象力和创造性。

2. 结构游戏的指导策略。

(1)丰富和加深幼儿对物体和建筑的印象。在日常生活或教学活动中，教幼儿学会观察物品的构造、部件以及建筑物的结构和特点，能说出各部分的名称。例如，知道房子是由门、墙和屋顶组成，墙是用砖砌成的，墙上开有窗户，窗户是整齐、对称的。只有让幼儿有明确的印象，才能在游戏中清晰地反映出来。

(2)让幼儿熟悉各种材料，掌握造型的基本技能。

结构游戏复杂，对智力和动作技能的要求较高。如果没有指导，可能会导致幼儿因缺乏操作技巧丧失信心，放弃构造活动或长时间停留在敲敲打打，推来扔去的低水平游戏状态。结构游戏需要运用排列、组合、接插、镶嵌、编织、黏合、旋转、螺丝等方法构成物件。具体说来，积木游戏的基本技能是排列组合。幼儿应学会铺平、延长、对称、加宽、加长、加高、围合、盖顶、搭台阶等技能。积塑游戏的基本技能是接插、镶嵌。接插连接又有整体连接、端点连接、交叉连接、围合连接等技能。黏合游戏要教会幼儿使用橡皮泥、胶水等黏合物进行结构和造型的技能。在螺丝结构游戏中教会幼儿使用锤子、螺丝、扳手等工具及旋转螺丝的技能。幼儿应学会识别材料(大小、形状、凹凸、颜色等特征)、结构操作技能(排列组合、接插镶嵌、拼搭连接、穿套、编织，黏合造型等方式)、结构分析技能(学会看平面图形，分析结构范例)。

在幼儿进行结构游戏的过程中，教师应使幼儿懂得并遵守常规，爱护游戏材料，不敲打或乱扔，玩过后整理好放回原处。需要借用同伴的玩具时，要学会商量。

(3)对不同年龄的幼儿，指导结构游戏的方法应有所不同。

小班幼儿在搭积木时往往是无目的的，经常搭了又推、拼了又拆。教师要注意培养他们的构造的意图，帮助他们稳定游戏的构思。指导小班幼儿的结构游戏时，教师应采用游戏的口吻，可与幼儿一起玩，边示范边讲解。

中班幼儿已经能有目的地进行构造活动，教师应培养他们知道自己在建造什么，要造成什么样子，指导他们有次序地进行构造。对中班幼儿进行指导时，可采用建议和启发的方式，帮助幼儿克服困难。教师还可让幼儿互相观摩，评价游戏成果，以提高其构造水平。

大班幼儿在进行结构游戏时，教师可鼓励他们有计划、按步骤进行构造。要鼓励幼儿之间共同设计建构方案，如商定主题，确定建构的步骤，分工合作，共同完成一个比较复杂的建筑物。教师还可指导幼儿学会表现物体的特征和细节，并能使建筑整齐、匀称、美观，启发幼儿使用一些辅助材料(塑料植物、盆景、小装饰等)美化构造物。

(4)利用各种结构游戏材料，丰富游戏的主题，促进幼儿认知水平的提高。

不同的材料适合于不同的建构主题。例如：积木适合搭建有门窗、围墙、屋顶、院落的建筑；积塑适合建构各种物品，如家具、小动物等；金属结构材料适合拼接成飞机、卡车、坦克、军舰等；沙能堆高、倾倒、筑堤等，可建造成“动物园”、“农场”等。因此，利用不同的结构材料就可以衍生出不同的游戏主题。当幼儿反复进行同一主题游戏时，教师可引导幼儿对其他游戏材料的关注和利用，从而创造出新的游戏主题。有的幼儿过于“迷恋”一种游戏材料时，也可以提供其他材料，引导他发展出新的游戏兴趣。

另外，不同的游戏材料有不同的特点，而同样的材料也有不同的设计，如积木就有很多种，有小积木、中积木、大型的空心积木等；积塑也有很多种，有雪花形状的插片、子弹形状的插粒、带凹槽插口的插塑等，这些材料的质地、形状、大小、厚薄、色彩等各不相同。教师在指导幼儿利用游戏材料时，可适时提醒幼儿观察这些材料的特点，利用这些材料的特点创造造型。

(5)利用游戏的成果发展幼儿的评价能力。对待幼儿的游戏作品，教师应持欣赏的态度。要培养幼儿欣赏和爱护游戏中产生的作品，并鼓励幼儿加以点评。在幼儿点评的基础上，教师再加以点评，以帮助幼儿提高对建构作品的鉴赏能力，充分实现结构游戏的教育作用。有些游戏作品可以在活动室里陈列一段时间，丰富环境的布置，也可以让幼儿围绕作品开展新的游戏。

3. 特殊类型的结构游戏指导。

幼儿对自然界中的沙、水、泥、雪等有特殊的兴趣，常玩不厌。玩水、玩沙、玩泥、玩雪游戏属于特殊的结构游戏，对于幼儿认识自然事物的属性，促进幼儿身心的发展有很大好处。

教师在组织这类游戏时，要注意以下几点：

(1)提供用具，创设游戏条件。

如提供小桶、小筛、喷壶、小铲、容器、模子，以及各种辅助的玩具材料等。要保持沙、水、泥等的清洁，如沙箱要加网或加盖，沙地应设在向阳的地方，经常检查、翻筛，除去腐败枝叶或碎石，并洒水，增加湿度，不使扬尘。沙地的边缘应略高出地面，以防雨天沙土流失。水箱的水要勤换，玩水要穿上塑料围裙，玩泥要用泥工板，玩雪时间不宜过长。

(2)要培养幼儿良好的卫生习惯。

如游戏时，卷衣袖、不揉眼、不泼洒人，玩后把手洗净。用具、玩具要放好，注意保持场地清洁和安全。

(3)给幼儿充分的自由创造和身体活动的机会，保持轻松、愉快的气氛。

四、规则性游戏指导

规则游戏是指两个以上的游戏者，按照一定的游戏规则而开展的游戏活动，它具有"规定性"、"竞赛性"的特点，是幼儿游戏发展的高级形式。在幼儿园游戏中，规则游戏占了很大的比例。

(一)规则游戏的特点

规则游戏最大的特点是将教育与游戏有机地结合起来，这样既能激发幼儿的学习兴趣，又能使幼儿在轻松、愉快的气氛中主动学习，还能培养幼儿良好的学习习惯、思想品德和个性特质。因此，规则游戏是幼儿园教学的有效手段，并在教学实践中被广泛运用。

教师在组织和指导幼儿开展规则游戏时，不仅要给予幼儿充分的游戏时间，鼓励幼儿发挥其创造性，也要综合考虑幼儿的年龄特征及其游戏水平，力求顺利完成教育任务，促进幼儿全面发展。

常见的规则性游戏包含智力游戏、体育游戏、语言游戏、数学游戏、音乐游戏、美术游戏、娱乐游戏等。其各自的特点如下：

1. 智力游戏。

智力游戏是依据一定的智育目标而设计的，它通过生动、新颖、有趣的形式增长了幼儿的知识、发展了幼儿的智力。具有趣味性、益智性和挑战性。

2. 体育游戏。

体育游戏是依据一定的体育任务而设计的，通过以身体训练为主要手段，培养幼儿参加体育活动的兴趣和习惯，从而增强幼儿的体质，提高幼儿对环境的适应能力，具有趣味性、动作性和教育性。

3. 语言游戏。

语言游戏是依据一定的听说目标而设计的。它用游戏的方式对幼儿进行语言教育，发展幼儿的听说技巧和表达能力。语言游戏教育目标内隐于游戏之中，游戏规则即为学习内容，活动过程中逐步扩大游戏的成分。

4. 数学游戏。

数学游戏是为数学教育而设计的，其目的是使幼儿形成数学思想，掌握数学知识和技能。具有抽象性与形象性统一、逻辑性与灵活性统一的特性。

5. 音乐游戏。

音乐游戏是为一定的音乐教学目标而设计的，其主要目的是发展幼儿的音乐感受能力和音乐表现能力。具有音乐性、愉悦性、综合性的特点。

6. 美术游戏。

美术游戏是为一定的美术教学任务而设计的，它主要由绘画、手工制作等活动组成。美术游戏注重幼儿的自我表达、想象创造。

7. 娱乐游戏。

娱乐游戏是以舒缓幼儿身体、放松幼儿心情为目的而设计的一种规则游戏。具有娱乐性，多在零散的闲暇时间中进行。

(二)规则游戏的指导要点

规则游戏与幼儿园教学活动密切相关，往往作为教学活动的重要组织方式。那么，如何让幼儿在游戏中，既能“玩”好，又能“学”好，这和游戏组织者的指导工作是分不开的。具体的指导要点分为以下三个方面。

1. 做好游戏准备。

(1)选择或设计合适的游戏。

一方面教师可以根据教学任务来选择或编创不同类型的规则游戏，以促进幼儿全面、均衡地发展，如训练注意力、记忆力游戏，发展语言、运动能力的游戏，以及提高艺术素养、陶冶性情的游戏等。另一方面教师还可以根据幼儿的实际能力，挑选或设计能激发幼儿思考和探索，给予幼儿成功体验，提高幼儿学习兴趣的游戏等，以防止幼儿失去学习的积极性，造成消极后果。

(2)熟悉游戏的玩法及规则。

教师为幼儿确定游戏内容之后，接下来要做的就是去熟悉和掌握游戏的玩法和规则，最好反复试玩几次，以验证游戏的玩法和规则是否合理，从而为指导幼儿游戏打下基础。

(3)准备游戏场地和材料。

场地和材料是开展游戏活动的物质基础。教师应为幼儿提供宽敞、明亮的游戏场地，以及安全、丰富的游戏材料。这样既能让幼儿有足够的活动空间，还能减少等待时间，从而保证每个幼儿都能充分、尽兴和快乐地游戏。

2. 指导幼儿游戏。

每一个规则游戏都有一定的玩法和规则，幼儿需要先学习，学会之后才能开始玩。教师既可以用“语言说明+动作示范”的方法教会幼儿玩游戏；也可以事先教会个别幼儿，然后再采取“幼儿教幼儿”的方法使所有幼儿都掌握游戏的玩法和规则。

此外，老师还要注意针对不同年龄对幼儿游戏进行区别教导。

(1)小班。讲解游戏玩法和规则要力求生动、简单、形象，最好是讲解与示范相结合，并注重在游戏中逐步提出游戏的各项规则。

(2)中班。仍适宜采用“示范+讲解”的方法，并注意在游戏中着重检查幼儿对游戏玩法的掌握情况以及游戏规则的执行情况。同时，鼓励幼儿努力争取好的游戏结果也是必不可少的。

(3)大班。可以单独采用语言方式讲解游戏，要求幼儿独立地玩游戏，并严格遵守游戏规则，争取最好的游戏结果。鼓励幼儿对游戏结果进行评价，并可组织幼儿开展较为复杂且带有竞赛性质的游戏活动。

3. 总结评价。

(1)引导幼儿共同分享游戏的体验，共同探讨游戏中的问题；

(2)教师客观评价游戏过程和成果；

(3)鼓励幼儿在下次游戏中争取更好的成绩；

(4)整理游戏活动环境，收拾活动材料。

本章小结

游戏是幼儿的基本活动，是幼儿普遍喜爱的、自愿的、主动参与的活动，是幼儿通过亲身体验而获得生命活动意义的活动。幼儿期的教育应该当是游戏，幼儿的生活就是游戏，寓教育于游戏之中是幼儿教育的一大特征。

我们应深刻认识游戏的主动性、虚构性、愉悦性、非功利性特点，充分重视游戏在幼儿园课程中独特的教育价值，把握幼儿园各类游戏的组织原则和指导方法策略，尤其应清醒地给予教师准确的角色定位，做幼儿游戏环境的创造者、玩具材料的提供者、游戏活动的观察者、幼儿游戏的支持者、游戏现状的反思者、游戏深入的推动者、游戏活动的合作者，才能使游戏活动作为幼儿园教育活动的基本形式和构成要素发挥应有的教育作用。

思考与练习

1. 如何理解幼儿园游戏活动？举例说明幼儿园游戏活动的特点。

2. 联系实际，谈谈当前幼儿园游戏活动中存在的问题。

3. 试比较角色游戏与结构游戏和表演游戏的异同。

4. 现场观摩幼儿园游戏活动，分析并评价教师的指导策略，并分组模拟组织游戏活动。

第七章　幼儿园教育活动设计的一般分析

本章学习目标

- 理解教育活动设计的含义与意义；
- 体会并熟悉幼儿园教育活动设计的基本特征；
- 夯实幼儿园教育活动设计的理论基础；
- 掌握幼儿园教育活动设计的基本原则。

本章内容引言

幼儿园课程是实现幼儿园教育目的的手段，是帮助幼儿获得有益的学习经验，促进幼儿身心全面和谐发展的各种活动的总和。幼儿园教育活动是幼儿园课程的重要组成部分。而对教育活动的设计是组织实施教育活动，实现课程目标的前提和保证。学习本章，你将会了解幼儿园教育活动设计的含义、意义及基本特征，全面了解并夯实幼儿园教育活动设计的理论基础，掌握幼儿园教育活动设计的基本原则。

第一节　幼儿园教育活动设计的含义与意义

一、幼儿园教育活动设计的含义

“设计”一词通指把一种计划、规划、设想通过某种形式传达出来的活动过程，是设计者在正式进行某项工作之前，根据一定的目的要求，预先制定规划、方法图样等。这个定义可以泛指众多领域工作或活动前的精心规划过程。

幼儿园教育活动设计是幼儿教师为了支持幼儿更有效地学习探索活动而预先对活动

进行的方案规划，其宗旨是为幼儿发展创设一个高效的活动系统。关注并研究如何引起、维护和促进幼儿学习则是幼儿园教育活动设计的基本内容和主要任务。

幼儿园教育活动设计是一门研究幼儿学习及促进幼儿学习的应用性科学。它以引起、维护和促进幼儿学习为出发点，以促进和研究幼儿发展为落脚点。

幼儿园教育活动设计是一个将教育理念转化为教育行为的实践系统的起始环节。这一环节既需要一定的教育理念关照，又有关于幼儿学习经验、条件、方法、情境、资源的研究与开发。幼儿园教育活动设计是幼儿园教育活动实施的前提，它要求教师在一定的教育理念关照下，依据一定的教育目标，选择合适的教育内容和活动方式，精心构想在特定的时空内引起、维护、支持和促进幼儿学习的活动方案。所以说幼儿园教育活动设计是教育理念与教育实践的纽带，是实现教育目标的依据，更是促进幼儿发展的科学规划。

幼儿园教育活动的基本前提是：

(1)幼儿园教育活动设计应以了解幼儿发展水平及其发展需求为前提。

(2)幼儿园教育活动设计必须是以帮助全体幼儿的学习为目的。

(3)幼儿园教育活动设计必须运用系统方法。

(4)幼儿园教育活动设计必须基于幼儿如何学习的知识。

(5)幼儿园教育活动设计的策略和过程应有利于幼儿全面和谐发展。

(6)评价和修改是幼儿园教育活动设计不可或缺的重要内容。

二、幼儿园教育活动设计的意义

幼儿园教育活动设计是以关于教和学的科学理论为基础的，是教师在活动前为促进幼儿学习而对学习过程和资源所做的系统安排，是分析幼儿的学习需要和目标以形成满足学习需要的互动系统的全过程。它包括：对学习活动目标的设定；对学习对象及其学习需要的分析、对学习情境的发展、对活动资源的开发利用、对学习过程的安排调整、对学习行为的预测和评估等。幼儿园教育活动设计的意义在于：

1. 幼儿园教育活动设计能帮助幼儿学习，促进幼儿发展。

幼儿园教育活动设计是建立在对学习对象及其学习需要分析的基础上的，着眼于幼儿的当前发展。这就意味着活动设计着重关注和考虑的是找准幼儿的最近发展区，以适宜的内容和途径，帮助每个幼儿有效地学习。

幼儿园教育活动设计是有目的、有计划地对教育活动的系统、科学的规划，关注于幼儿的长远发展。其意义在于能确保幼儿最大限度地通过参与精心设计的教育活动获得教育的益处，享受活动的乐趣，而且每个幼儿都有机会发挥各自的潜能。

2. 幼儿园教育活动设计能优化活动过程，提高活动实效。

幼儿园教育活动设计从幼儿发展水平和学习需求分析入手，围绕全面发展的活动目标，选择特定的活动主题和内容，设计相应的活动途径和方法，利用可能的各种资源，设定对教育活动的评估指标，确定为学习前所做的准备和学习中所做的调整。整个设计方案是在科学的教育理念观照下，充分考虑到活动中各种可能性的前提下，做出的最优化的预案，因此，能确保教育活动过程的优化和实效。

3. 幼儿园教育活动设计能引发教师思考，促进教师教研。

幼儿园教育活动设计是幼儿教师在特定的教育活动前所做的全面、系统的分析、选择、规划和拟定工作，通过对教育活动的科学设计，可以引发教师观察幼儿、分析幼儿发展水平与学习需求、考量其对幼儿的介入、引导、支持、合作的方式和策略，并通过科学的评估促进对教育活动的反思，增强教育研究的能力。

资料卡片

幼儿教师的角色和专业化①

时代的发展使教育的功能正在发生巨大的变化，它给教师的作用赋予了新的内涵，对教师的角色提出了前所未有的挑战。为了顺应这一变化，《纲要》第三部分第十条规定了幼儿教师在教育过程中的角色绝不仅仅是知识的传递者，而“应成为幼儿学习活动的支持者、合作者、引导者”。

应当看到，这三种角色不是截然分离的。三种角色不仅有共同的基础和前提——尊重幼儿、了解幼儿，而且它们是在教师与幼儿的互动中综合地动态地实现的——在教育过程中，作为支持者的教师为幼儿的学习提供脚手架(scaffolding)，为他们的成长创设良好的环境，支持他们成长过程中的各种尝试的同时，即进行着合作——“教师和儿童一起工作——抓住儿童的皮球，再抛给儿童这种过程(Edwards，1993)”合作在支持过程中出现，它既是支持的方式和手段，也是支持本身。而支持和合作都体现着教育的意图，实现着教育对幼儿的直接的或间接的引导。此外，教师的不同角色都为着实现同一个目标——提高与儿童互动的质量，让这些互动变得更加丰富、有趣、富有吸引力、能获得有意义的令人满意的效果。

《纲要》的角色要求对幼儿教师的专业素质提出了极大的挑战，可以说《纲要》把培养“幼儿教师专业水准”问题提上了我国幼教发展的日程。关于幼儿教师应当具备的素质，自《规程》贯彻以来，特别是最近几年里，已有许多文章论及，这里仅想就幼儿教师应具备的专业意识作一简述。所谓专业意识，简言之，即对自己所从事的职业是一种专业性职业的理性认识。幼儿教师的专业意识可以表现在三个方面：

① 李季湄. 对《幼儿园教育指导纲要》的几个基本观点的理解[J]. 学前教育研究，2001(12).

1. 能意识到幼儿教育工作是一种承担着重要社会责任的专业性职业，从而能自觉地提高自己的敬业精神和专业素质，并以自己职业的社会价值和专业独特性而自豪。那种不求上进，以为幼儿随便怎样都能对付，幼儿教育没有什么学问的想法，或者认为幼儿教师低人一等的自卑感等，都是没有专业意识的体现。

2. 具备专业素养和专业行为准则，并在自己的工作中表现出来。专业素养表现为对幼教事业的信念、理想和职业道德，能有效地运用关于幼儿发展的知识和其他专业知识，“读懂、看透”幼儿的内心世界并与他们积极地互动，能为他们的发展和权利的实现创设最适宜的环境和条件等。美国幼儿教育专家利莲·凯兹在《专业的幼教老师》一书中指出，在面临幼儿的突发事件时，专业的教师会“首先自问：‘我可以利用这个机会教什么?’会运用其专业知识，考虑幼儿的发展和每个年龄阶段幼儿的行为常模，以及家长、学校、社区各方面人的期望，再根据个人的教育哲学、学校理论及个人或学校的目标，采取适当的技巧及反应来教育幼儿。”而“行为准则”则表现在行为模式上，“不论心情好或坏，喜欢不喜欢，都必须维持一定的水准。”正是这些专业要求使幼儿教育区别于其他专业，具有自身的独特性，也正因为此，幼儿教育符合作为一个专业的基本规定——“必须有专业理论知识作依据，有专门的技能作保证”。在工作中运用高级缜密的知识，作为判断和行事的标准。判断即指一个人运用专业知识诊断、分析事情的前因后果，思考各种可能的行动方式，并评估行动及决定可能造成的长远后果的认知过程。从这一意义上认识幼儿教师的专业性将有利于从根本上改变幼儿师资培训的目标，从根本上提高幼儿教育的专业地位。那种过分偏重唱歌跳舞、弹琴绘画的技能技巧的倾向，让这些专业辅助技能喧宾夺主，实际上极大地贬低了幼教的专业性，贬低了幼儿教师的职业尊严，损害了幼儿教育的质量。

3. 以幼儿教师的专业水准作为自己努力的目标，规划自身成长的方向。每个热爱幼儿教育的教师应当在对自己职业的性质和意义深刻认识的基础上，去理性地而非盲目地发展自己，沿着教师专业化的方向，在促进幼儿发展、建设优质幼教的过程中，真正实现自己的人生价值。可以说，《纲要》的贯彻实施既是对教师的挑战，也带来了幼儿教师向专业化迈进的机遇，在这一过程中，教师自我成长的目标与国家的需要、与幼教事业的需要、与幼儿发展的需要将能够完美地统一起来。

第二节 幼儿园教育活动设计的基本特征

幼儿园教育活动设计是在一定的学习理论和教学理论指导下对教育活动的系统规划过程。它具有技术性、创造性、开放性、广泛性等基本特征。

一、技术性

美国教育家梅里尔(Merrill)等人在新近发表的《教学设计新宣言》一文中对教学设计所作的新界定值得引起人们的重视。他认为："教学是一门科学，而教学设计是建立在这一科学基础上的技术，因而教学设计也可以被认为是科学型的技术(science-based technology)。"

幼儿园教育活动是为了便于幼儿达到预定的目标和意图所进行的传递、转换和共享信息的一系列行为活动。

幼儿园教育活动设计是一种诱发、产生一定的学习经验和学习环境，以激起学习者的学习兴趣，帮助学习者更好地获得特定的知识技能和提高学习效率的技术过程。①

幼儿教师在设计教育活动的过程中，需要运用一系列设计技术。即：对活动目标进行分析并拟定，对活动内容进行筛选与组合，对活动过程的方法策略进行推敲、考量与选用，对活动质量进行定量与定性评价。

二、创造性

幼儿园教育活动设计是一项独创性的个性化工作。

幼儿园教育活动设计要求设计者在一定教育理念的观照下，以独特的构思和巧妙的设想，以新颖而优化的预设方案有效促进幼儿在生动活泼、主动学习中获得全面和谐发展。

三、开放性

开放性是指教师在进行活动设计时，既要根据一定的教育目标要求和内容范围，在预测、分析儿童的学习需要以及年龄特点的基础上对教育活动进行必要的预设，同时也要给教育活动留有足够的空间，这种空间是随时随地地为幼儿偶发的、自然生成的、即

① 黄瑾. 幼儿园教育活动设计与指导[M]. 上海：华东师范大学出版社，2007.

时体验的活动而准备的。

幼儿园教育活动设计的开放性体现在以下几个方面：

1. 幼儿园教育活动目标设计体现开放性。

幼儿园教育活动目标设计应从幼儿的年龄特征出发，根据幼儿的发展水平，由浅到深、由表及里、从具体到抽象、从直接经验到间接经验，循序渐进地提出目标。活动目标应以开放的姿态对幼儿的认知、情感态度、动作技能和能力等方面全面规划发展目标。

2. 幼儿园教育活动内容设计体现开放性。

“大自然、大社会都是活教材”是陈鹤琴先生的观点，他认为，学前儿童应该以大自然、大社会为中心组织课程。自然环境包括动物、植物和各种自然现象，如春天的桃花、杏花、杨花、柳絮，夏天的雷鸣电闪、蜻蜓荷花，秋菊冬雪等。社会环境是人类精神活动的环境，如家庭生活、集市、节日、庆祝会、教师接待日活动等学前儿童经常接触的生活环境，都对学前儿童的发展具有很大的作用。他注重在社会环境中教育儿童，发展儿童。先生主张：儿童的世界是儿童自己去探讨、去发现的，大自然、大社会是孩子们最真实的、最丰富的、最具吸引力的学习环境，让幼儿在与大自然、大社会的接触中尽情地看看、听听、想想、摸摸、做做，满足幼儿的好奇心和渴望主动发现、主动探究的心理，获取最真实的感受，在开放的环境中学会观察、学会创造。

3. 幼儿园教育活动学习行为设计体现开放性。

幼儿园教育活动设计的学习行为开放主要表现在交互行为的设计上。

教育活动设计中通过幼儿与教师、同伴、环境、材料等多元交互的设计，保证幼儿活动的积极主动性，帮助最大可能地获得有益的学习经验，满足幼儿全面活动发展的需求。

4. 幼儿园教育活动环境设计体现开放性。

环境应当是一个“会运作的生命体”，如同幼儿的身心随时在改变一样，环境也会在幼儿的心智变化中改变。这就要求活动环境的设计必须具有开放性。活动环境设计密切配合活动目标、内容以回应幼儿的需要，引发幼儿根据自己的经验与环境互动，激发幼儿创造性地利用环境的欲望和兴趣。更多地提供低结构化的环境材料，以激发幼儿最充分和最个性化的发展。

5. 幼儿园教育活动活动过程设计体现开放性。

幼儿园肩负着培养未来社会创新人才的使命，幼儿园教育活动是“以人为本”的教育过程，教育活动设计中理应突出幼儿的主体性、主动性和创造性，让幼儿在开放性的活动过程中养成开放性思维习惯和创新能力。

6. 幼儿园教育活动评价体现开放性。

除了设计者本人以外，幼儿、幼儿园教师团队、幼儿家长、其他相关专业人士都能为幼儿园教育活动设计提供支持。

资料链接

幸福·经验·幼儿园课程①

怎样的课程才是真正适合幼儿的，才是真正能增进幼儿经验的，才是能让幼儿感受幸福的？这是幼儿园课程的核心问题，也是整个幼儿教育的基本问题。长期以来，广大幼儿教育工作者一直在思考并努力为这些问题寻找答案。在长期的幼儿园课程研究和实践中，我们深深感到，要让幼儿获得丰富的经验，必须更新观念，超越传统的课程设计和实践，真正关注幼儿的生活和经验。关注幼儿的行动和思维，关注幼儿的体验和感受。我们承认课堂教学在幼儿发展中的作用，但课程实施不能局限于课堂教学。幼儿园课程的设计必须超越课堂教学。由这个基本观点出发，我们弘扬我国优秀的幼儿园课程传统，借鉴西方幼儿园课程的理论和实践经验，设计了一系列专题活动，并在一些幼儿园开展了相应的实践，以期让幼儿获得各种鲜活的经验。

自然和科学经验：这类经验主要让幼儿在科学发现室、种植园地、养殖区(角)及儿童博物馆开展的专题活动中获得。这些专题活动的对象主要是客观事物，幼儿获得的主要经验是关于事物的特点、规律、科学现象、科学原理等。当然，其中也包括了一些数学经验、语言经验、审美经验及社会经验等。

社会经验：这类经验主要让幼儿在微型社区、表演室(区)及儿童博物馆开展的专题活动中获得。这些专题活动主要是让幼儿有与同伴和其他人员交往的经验，感受社会生活经验。其中也包括一些审美经验、科学经验、语言经验及数学经验等。

艺术经验：这类经验主要让幼儿在表演室(区)、民间工艺区及图书馆开展的专题活动中获得。这些专题活动主要是让幼儿接触并感受各种艺术形式，通过表演、阅读及制作等具体的过程，感受其中的美，获得社会经验、语言经验及科学经验等。

语言经验：这类经验主要让幼儿在图书馆、表演室(区)及微型社区开展的专题活动中获得。在这些专题活动中，幼儿通过阅读、表演和交往使用了语言，并在特定的情境中发展了语言的灵活性、针对性，在丰富语言经验的同时，幼儿的社会经验、科学经验及审美经验等也得到了拓展。

---

① 《幼儿教育》，2010(34)：12-13

第三节　幼儿园教育活动设计的理论基础

幼儿园教育活动设计是对幼儿学习活动涉及的所有方面进行分析、创设、实施、评价和研究的学科，必然植根于一定的理论基础之上。影响幼儿园教育活动设计的理论基础大致有三方面：一般系统理论、学习理论和教学理论。

一、一般系统理论与幼儿园教育活动设计

系统理论作为一种科学的方法论对幼儿园教育活动设计产生举足轻重的影响。

任何系统都包括五个要素：人、物、过程、外部限制因素和可用资源。这五个要素间有三种联系形式：

1. 过程的时间顺序。
2. 各因素间数据或信息流程。
3. 从一个系统中输入或输出的原材料(人或物)。

幼儿园教育活动设计是一个由教师、幼儿、活动内容、活动条件和活动环境材料等因素组成的系统。

在幼儿园教育活动设计这个系统中，其构成因素、流程和信息控制等彼此之间有着密切又复杂的联系。其中，输入(建立目标)——过程(导入目标)——输出(评价目标)，整个活动设计的完整过程都是在一般系统理论所提供的方法论基础上进行的。

以一般系统理论为基础设计幼儿园教育活动，教师在设计中应首先充分认识幼儿园教育活动的系统组织结构，进而选择性地构建相关的教育活动子系统，如学科领域活动、游戏活动、区域活动等，再从幼儿园教育活动的系统整体观出发，根据幼儿兴趣与发展需要，分析制定具体活动目标、选择活动内容、活动途径、活动方法策略，并有效运用系统反馈对教育活动进行调整修正，以此促进教育活动系统的组织化、结构化和整体优化。

以一般系统理论为基础设计幼儿园教育活动，能帮助并促进教师自觉运用系统的方法，也能为设计者提供一种活动设计的系统工具。譬如活动设计的流程图，简明、形象，便于解读，也易于学习运用。

二、信息传播理论与幼儿园教育活动设计

信息传播作为一个系统，它是由信息源、信息内容、信息渠道与信息接受者为主要成分构成的。人们进行信息传播活动，必须对信息进行编码，考虑信息的结构与顺序是否符合信息接受者的思维与心理顺序。信息不能“超载”，过于密集的信息直接影响传

递效果，增加负担。而且不同信息的注意获得特性不同。有些材料适宜以视觉方式呈现，有些则适宜于用听觉方式呈现。还可以运用多种暗示技巧来增强这种注意获得特性，更重要的是考虑信息接受者的特性(年龄、性别、偏好等)，激发其内在学习动机等。

教学过程是一个信息传播的过程，特别是教育信息传播的过程。在这个传播过程中有其内在的规律性和理论。

教学设计是运用系统的方法分析整个教学系统和教学过程的一项设计工程。理所当然的应以传播理论作为理论基础。

传播学四大奠基人之一哈罗德·拉斯韦尔(Harold Dwight Lasswell)的“五 W”论比较完善地描述了传播的过程。即：谁(Who)→说什么(Says What)→通过什么渠道(In Which Channel)→对谁(To Whom)→取得什么效果(With What Effects)。这”五 W”，也是以信息传播理论为基础的幼儿园教育活动设计所关心和分析、考虑的重要因素。

三、学习理论与幼儿园教育活动设计

1. 行为主义理论与幼儿园教育活动设计。

行为主义把学习引起的变化看成是行为的相对持久的变化，将学习者外显行为的变化作为学习发生的依据。

巴甫洛夫的经典条件反射、桑代克的联结主义、赫尔的系统行为理论、斯金纳的操作条件反射等都是行为主义理论不同时期的典型代表。他们都关注学习的强化、信息的保持与迁移、学习者的行为操作等。

行为主义观点在幼儿园教育活动设计中最基本的应用是把幼儿的可观察行为作为教育活动的基础，提出用可观察行为动词界定各类教学目标(包括价值观与态度教学)，并依此进行教学传递与评价。

以行为主义理论为基础的幼儿园教育活动设计重视对学习环境的设计、对幼儿学习任务的分析，把创设学习情境、促进幼儿学习作为最重要的教育活动目标之一。

以行为主义理论为基础的幼儿园教育活动设计注重对活动形式的思考，关注幼儿能力发展，在行为主义“程序教学”思想方法影响下，从分析、把握幼儿现有发展水平入手，以小步递进方式设计活动过程。

以行为主义理论为基础的幼儿园教育活动设计注重为达成学习结果而进行适当强化。

2. 认知理论与幼儿园教育活动设计。

认知理论探讨学习者内部的认知活动，其中主要是信息加工学习理论和认知建构学习理论。信息加工学习理论把人类的学习过程看成一系列信息加工的转换过程，例如，加涅的信息加工的学习与记忆的 8 个阶段的学习模型。认知建构学习理论是在皮亚杰和维果茨基的学说基础上发展起来的，认知建构学习理论对幼儿园教育活动设计的指导意义是：建构过程要引导幼儿发现原有知识结构与新知识之间的不协调性，然后主动去改变它。学习的认知建构发生在具体的情景中，在具体的情景中，能够使幼儿感受到知识的意义。皮亚杰给了教师三条劝告："为儿童提供实物，让儿童自己动手去操作；帮助儿童发展提出问题的技能；教师应该懂得为什么运算对于儿童来说是困难的。"①

以认知理论为基础的幼儿园教育活动设计视幼儿为主动学习者、建构者，在活动设计中充分重视为幼儿提供和创设丰富的学习材料和活动环境，注重幼儿动手操作和自主活动，强调通过幼儿自身的感知、操作等积累经验，创设机会让幼儿主体参与，在与环境、材料、成员间多元化的互动中引发积极思维，在分析、推理和解决问题的过程中促进幼儿的自我建构。

四、教学理论与幼儿园教育活动设计

教学理论是研究教学情境中教师引导、维持、促进学生学习行为，构建一种普遍性的解释框架，提供一般化的规定或处方，以指导课堂时间的一门学科。② 教学理论的概念模式是教学设计的基础理论，教学的概念模式分为三类：时间中心模式、学习者中心模式与任务中心模式。

1. 时间中心模式的代表是卡罗尔模式，用理解教学的能力、能力倾向、教学的质量决定所需时间，用毅力与学习机会决定学生所花时间，与学习程度一起组成一个公式：学生在校学习掌握程度=f 函数(所花时间/所需时间)。即学生在校学习掌握程度，是指学生真正用于学习的时间总量与他们所需要的时间总量之间的比例函数。

2. 任务中心模式关注于如何促进学习的过程，例如，布鲁纳模式与加涅模式。布鲁纳认为知识的获得与储存取决于知识的结构方式，提倡编制学科中心的结构化教材，通过学生自我的探究来把握、理解学科结构。加涅模式源于他对认知学习的信息加工观点。他把学习结果(学习领域)分为动作技能、言语信息、智力技能、认知策略与态度五类，形成系统的教学任务分析观和九个事件的教学过程等。

3. 学习者中心模式把有效教学建立在对学习者个体差异的分析上。它的目的不在于要求每个学生接受所有学科规定的内容，而在于强调每个学习者都能得到个体的充分自由发展。

教学理论关注教学实践、研究促进教学，它为幼儿园教育活动设计提供了处方性、规范性、实践性的指导。

幼儿园教育活动设计的理论基础包括一般系统理论、信息传播理论、学习理论和教

① 朱家雄等. 皮亚杰理论在早期教育中的运用[M]. 世界图书出版社，1998.

② 施良方，崔水溯. 教学理论：课堂教学的原理、策略与研究[M]. 上海：华东师范大学出版社，1999.

学理论，它们以综合运用的方式在教育活动设计中得到体现。一般系统理论为教育活动设计提供了活动设计的工具、过程以及对活动设计中各要素的系统的把握；信息传播理论为幼儿园教育活动设计提供了教育活动各构成要素分析和活动过程调控的原理；学习理论为幼儿园教育活动设计提供了符合儿童学习需要、促进儿童有效学习的规律；而教学理论则为活动环境的创设提供了依据。

第四节　幼儿园教育活动设计的基本原则

幼儿园教育活动是教师以多种形式有目的、有计划地引导幼儿生动、活泼、主动的教育过程。幼儿园教育活动设计是教育活动实施的前提条件和必要准备。它是教师为落实幼儿园课程、促进幼儿全面和谐发展而有目的、有计划地开展的创造性工作，是教师在科学的教育理念观照下对教育活动对象、活动目标、活动内容、活动环境、活动策略等因素进行科学分析而完成的活动预案。幼儿园教育活动设计必须遵循发展性、主体性、活动性、开放性、整合性的基本准则和要求。

一、发展性原则

发展性原则是指在幼儿园教育活动设计时必须对幼儿已有的经验和发展现状进行准确分析评估，在此基础上设计适宜的教育活动，促进幼儿全面和谐发展。

一是教育活动的设计应以促进幼儿全面和谐发展为出发点。

教育活动设计应建立在幼儿已有发展水平基础上，以促进幼儿达到可能的发展水平为目标。它要求教育活动设计适应幼儿的发展水平，不可任意拔高，也不可盲目滞后，所提出的教育要求和内容应以幼儿身心发展的成熟程度为基础。

维果斯基的“最近发展区”理论告诉我们：“我们至少应该确定儿童发展的两种水平，如果不了解这两种水平，我们将不可能在每一个具体情况下，在儿童发展进程与他受教育的可能性之间找到正确的关系。”幼儿园教育活动设计应该适应幼儿的发展水平，充分考虑幼儿的已有经验和原有基础，找准幼儿的最近发展区，从幼儿的现实水平和已有经验出发，顺应幼儿的能力水平和兴趣需要，服务于幼儿的未来生活和长远发展，促进幼儿身体、认知、情感、个性、社会性及能力的有序提升。

二是教育活动设计应以促进幼儿全面和谐发展为落脚点。

教育活动设计应能体现早期教育的特征，促进幼儿尽早尽快地获得发展。

促进幼儿全面和谐发展是教育活动设计的核心。从教育活动对象的分析、教育活动目标的确定、教育活动内容的选择、教育活动环境的规划到教育活动组织形式、方法、策略的运用等，都要围绕帮助幼儿实现全面和谐发展这一中心。

二、主体性原则

主体是指有目的、有意识地从事实践、认识活动的个体。它是相对于客体而言的。

现代儿童学习观认为，儿童的学习应该是主动的、建构式的发现学习，而不是被动的、机械的接受性学习，是生活经验体系，而非学科知识体系。教育的基本原则是使儿童身心获得主动、全面、和谐发展。幼儿期是一个充满活力、蕴藏着巨大发展潜能并具有很强可塑性的生命阶段。儿童拥有与生俱来的早期学习潜能，他们渴望学习，喜欢探究，爱好活动，富于想象、表现、创造。幼儿园教育必须为幼儿一生的发展奠定良好的素质基础。《纲要》明确指出："幼儿园的教育活动，是教师以多种形式有目的、有计划地引导幼儿生动、活泼、主动活动的教育过程。"在幼儿园教育活动中，幼儿是活动的主体，因此，幼教工作者要尊重儿童、激活潜能，倡导主动活动，引导主体发展，在活动中培养幼儿的学习兴趣、习惯和能力，让孩子从小学会学习、学会生活。

在幼儿园教育活动设计中，贯彻主体性原则必须注意：

一是以幼儿为活动的主体。无论是活动内容的选择、教育活动环境的创设，还是活动形式的安排，都要注重激发幼儿的自主性、能动性、创造性，要有利于幼儿在宽松、愉悦的氛围下积极、主动地与材料、环境、同伴互动，主动探究、质疑、发现与解决问题，从而积累相应的经验，获得全面和谐发展。

二是以教师为活动的主导。在幼儿园教育活动设计中应在尊重和重视幼儿主体性的同时，充分体现和发挥教师的主导作用。"教师应成为幼儿学习活动的支持者、合作者、引导者。"①教师的主导性在活动设计中应突出体现在以下各方面：激发幼儿活动兴趣与求知欲；营造民主、平等、宽松、自由的活动氛围；创设适宜的活动环境；提供丰富的活动材料；支持、引导、参与活动并与幼儿积极互动。

三、活动性原则

活动性原则是指幼儿园教育活动设计应立足于活动，而不是单一的枯燥的知识传授。通过有目的、有计划的、适宜的、环环相扣的学习活动，促进幼儿的全面和谐发展。

幼儿正处于好动、好奇、好模仿的时期，游戏是幼儿期的基本活动形式，活动是幼儿教育必须的手段和形式。因此，幼儿园教育活动应"以游戏为基本活动，寓教育于各项活动之中。"②

在幼儿园教育活动设计中，遵循活动性原则，应强调活动的目的性、计划性、层

① 国家教育部《幼儿园教育指导纲要（试行）》，教基〔2001〕20号.

② 中华人民共和国国家教育委员会令第25号《幼儿园工作规程》，1996年.

次性。

强调活动的目的性，是为了确保教育活动有明确的方向；强调活动的计划性，是为了确保教育活动步骤逻辑严密；强调活动的层次性，是为了确保教育活动的循序渐进。

活动性原则要求我们设计教育活动：

1. 为幼儿提供活动的机会，使幼儿能在动作表征、形象表征、概念表征三种层次水平上都得到应有的充分操作与练习。

2. 为幼儿创造活动的条件，包括教师与幼儿相互作用的条件、教育活动内容的条件、教具学具的条件，保证幼儿在教育活动中充分活动。

3. 正确把握活动的实质。设计中应考虑采用何种策略引导幼儿积极主动活动，有目的、有计划地引导幼儿在有效活动中获得全面发展，防止教育活动单纯活跃与表面热闹。

四、开放性原则

开放性原则是指教师在开放教育理念关照下，教育活动设计以幼儿为中心，以幼儿的全面和谐发展为目标，通过创造一个有利于幼儿生动活泼、自主的学习环境，提供给幼儿充分发展的空间，从而促使幼儿在积极主动的探索过程中，各方面素质得到全面发展。

莫利生(G. S. MORRISON1984)认为开放性教育是"一种鼓励幼儿主动参与及学习的活动，允许幼儿选择学习内容，开放的课程、开放的态度、开放的资源运用的学习方式。"

开放性原则在教育活动设计中具体体现在：

1. 活动目标开放、灵活、适时调整；
2. 活动内容的开放、丰富和多元；
3. 活动形式的开放、多向和灵活；
4. 活动空间与活动环境的开放、多变和丰富；
5. 活动资源的开放、综合和共享。

五、整合性原则

"整合"一词概指把一些零散的东西通过某种方式而彼此衔接，从而实现信息系统的资源共享和协同工作。其主要的精髓在于将零散的要素组合在一起，并最终形成有价值有效率的一个整体。

整合性原则是指在教育活动设计中为达到促进幼儿全面和谐发展的目标，将不同领域内容、不同活动形式、不同教育环境与资源、不同活动方法与途径进行有机融合，构成一个相互联系、相互渗透、互利互补、不可分割的完整教育活动体系。

整合性原则在教育活动设计中具体体现在：

1. 教育活动目标的整合。

将幼儿教育总目标逐级分解到各类教育活动之中。每一教育活动目标都涵盖幼儿体、智、德、美四育，也构建起认知、能力、情感三大维度。同时，教育活动目标的整合还体现在预设目标与生成目标的整合上。教育活动目标的整合是贯彻落实幼儿园教育活动设计整合性原则的前提。

2. 教育活动内容的整合。

幼儿园教育活动内容是以幼儿的生活和经验为起点选择、构建的，在具体教育活动设计中依据幼儿的年龄特点、认知特点和经验水平，将五大领域的内容围绕特定的教育活动目标相互渗透，相互补充，有机整合，既有利于幼儿对活动的介入和参与，又有助于幼儿在学习活动中的自我建构。一是将各领域内容按合理的适宜的方式整合在一起，二是对每一领域的教育内容进行有机整合，如语言领域教育活动应整合社会知识、认知知识和语言知识。

3. 教育活动资源整合。

教育活动资源可以理解为一切可以利用于教育、教学的物质条件、自然条件、社会条件以及媒体条件，是教学材料与信息的来源。其作用是为教育活动的有效开展提供各种可被利用的条件。通常包括教材、案例、影视、图片、图书、课件、网络信息化材料等，也包括教师资源、教具、玩具、基础设施等，广义也应该涉及家庭、社区和教育政策等内容。教育活动资源与教育活动内容是紧密相关的，教育资源中蕴涵了教育内容，对教育活动资源整合，能围绕教育活动目标，从教育活动内容需要的角度出发，将一切可利用的物质条件、自然条件、社会条件以及媒体条件进行有机融合，让教师、幼儿以及其他教学资源之间通过“对话”的形式“匹配”成一个“平衡”的教学系统，并以这个系统内各要素协调、一致作用于教育活动，从而产生积极、有效的影响。

4. 教育活动形式、方法、途径、手段、过程整合。

在活动形式上将集体、正式的教育活动和个别的、小组的、非正式的教育活动相互渗透与整合，同时将不同观察、游戏、操作、实验、谈话等多种方法综合运用，通过教学活动、游戏活动、家园联系活动、生活活动、综合娱乐活动、劳动等不同活动途径，采用传统和现代信息技术相结合的教育手段，使教育活动单元与单元之间、活动与活动之间相互联系，螺旋递进，以达到教育活动过程的整合性。

本章小结

幼儿园教育活动设计是幼儿教师为了支持幼儿更有效地学习探索活动而预先对活动进行的方案规划，其宗旨是为幼儿发展创设一个高效的活动系统。

幼儿园教育活动设计对于教育活动和幼儿发展有着重大的意义：幼儿园教育活动设计能帮助幼儿学习，促进幼儿发展；能优化活动过程，提高活动实效；能引发教师思考，促进教师教研。

幼儿园教育活动设计是在一定的学习理论和教学理论指导下对教育活动的系统规划过程。它具有技术性、创造性、开放性、广泛性等基本特征。

幼儿园教育活动设计是对幼儿学习活动涉及的所有方面进行分析、创设、实施、评价和研究的学科，必然植根于一定的理论基础之上。影响幼儿园教育活动设计的理论基础大致有三方面：一般系统理论、学习理论和教学理论。

幼儿园教育活动是教师以多种形式有目的、有计划地引导幼儿生动、活泼、主动的教育过程。幼儿园教育活动设计是教育活动实施的前提条件和必要准备。它是教师为落实幼儿园课程、促进幼儿全面和谐发展而有目的、有计划地开展的创造性工作，是教师在科学的教育理念观照下对教育活动对象、活动目标、活动内容、活动环境、活动策略等因素进行科学分析而完成的活动预案。幼儿园教育活动设计必须遵循发展性、主体性、活动性、开放性、整合性的基本准则和要求。

思考与练习

1. 联系实际谈谈如何理解教育活动设计。
2. 试通过典型案例剖析的方式简析幼儿园教育活动设计的意义。
3. 幼儿园教育活动设计的基本特征有哪些？
4. 简述幼儿园教育活动设计的理论基础。
5. 幼儿园教育活动设计的基本原则有哪些？试结合幼儿园教育活动设计案例，分析、评价其贯彻落实基本原则的情况。

第八章　幼儿园教育活动设计的一般策略

本章学习目标

- 理解幼儿园教育活动设计的基本内容；
- 掌握幼儿园教育活动设计的一般方法；
- 熟悉并能完成幼儿园教育活动方案设计。

本章内容引言

幼儿园教育活动设计是以促进幼儿的学习为根本目的，运用系统方法，将学习理论与教学理论等原理转换成对活动目标、活动内容、活动方法和活动策略、活动评价等环节进行具体计划、创设有效的教与学系统的“过程”或“程序”。

幼儿园教育活动设计是幼教工作的基础环节，是幼儿教师必备的理论修养和基础技能。学习本章，你将会理解幼儿园教育活动设计的基本内容，掌握幼儿园教育活动设计的一般方法，从活动目标、活动内容、活动方法、活动方案设计四方面全面理解并掌握幼儿园教育活动设计的一般策略。

第一节　幼儿园教育活动设计的目标设计

一、幼儿园教育活动目标的含义和意义

（一）幼儿园教育活动目标的含义

幼儿园教育活动目标是教育活动过程中预期要达到的活动结果，它是教育活动的出

发点，也是教育活动的归宿，对教育活动起着导向和激励的作用，并为教育活动评价提供依据。

(二)幼儿园教育活动目标的意义

1. 幼儿园的教育目标给幼儿发展指明了方向。

幼儿园教育是一种有目的、有计划的社会实践活动。它的目的性反映在幼儿园中就是根据社会的希望和要求去培养和塑造人的。这种期望和要求用概括性的语言加以表述，就是教育目标。幼儿园教育究竟应该给幼儿提供一种什么样的教育，引导幼儿向什么方向发展，这是幼儿园教育目标所应回答的问题。幼儿园教育目标明确了幼儿的发展方向，使得幼儿园教育可以有目的地制约幼儿的发展，使幼儿既能形成社会主义社会所需要的人格特征，同时又能得到健康和谐的发展。

2. 幼儿园的教育目标指导着幼儿园教育的全过程。

幼儿园教育目标是幼儿园教育工作的出发点和归宿。它为教育过程提供了明确的指导方向。只有明确了教育目标，教育才可能有目的、有计划地创设适宜的环境，选择特定内容，安排得当的方法和组织形式，以保证幼儿按照既定的方向发展。同时，为确定幼儿园各方面工作，诸如幼儿园的设置、规模、设备、管理、卫生保健制度、教师的培养以及幼儿园教育所要遵循的原则，使幼儿园教育工作中的各个要素和各种环境，围绕一个共同的目标发挥其作用；使幼儿园教育机制更加有目的、有计划，循着科学轨道高效运转。

3. 幼儿园的教育目标是评价幼儿园教育工作的重要依据。

如何评价幼儿园的教育工作质量，是广大教育工作者关心的一个问题。幼儿园的教育在多大程度上实现和达到了教育目标，应该是一个重要的衡量幼儿园工作质量的标准。考察幼儿园的教育目标，应以衡量具体要求落实到每一个幼儿为基点。

教育目标评价是上级行政部门对幼儿园工作检查评价的标准，将对幼儿园的教育工作有着重要的影响作用。评价标准及其指导思想，只有与教育目标一致，才能对教育实践起积极的推动和导向作用。

教育目标评价也是幼儿教师进行教育活动质量自我评价的重要依据。教师在实际工作中，也是以教育目标完成情况来检查各个教育环节的效果，以便教育活动体现在教育对象身上更接近于预期的目标效果。

确立科学的幼儿园教育目标有利于幼儿教师将注意力从“内容”引向“发展”，从“形式”引向“目标”，真正有效地促进幼儿的发展。使教师对每个幼儿的发展状况做到心中有数，增强目标意识，心中常怀远期目标，又有明确具体的近期目标，依据教育目标选择活动内容、方法及形式，从而避免在教育过程中盲目追求表面形式或一味的花样翻新，造成教育活动的盲目性和随意性，影响了教育活动的实际效益。

二、幼儿园教育活动目标体系

幼儿园教育活动目标是通过五大领域教育活动和幼儿园各种类型的教育活动共同实现的。因此，我国幼儿教育活动目标共分五个层级。即幼儿园保教总目标、五大领域教育目标、各年龄发展目标、学期目标、具体活动目标。见图 8-1：

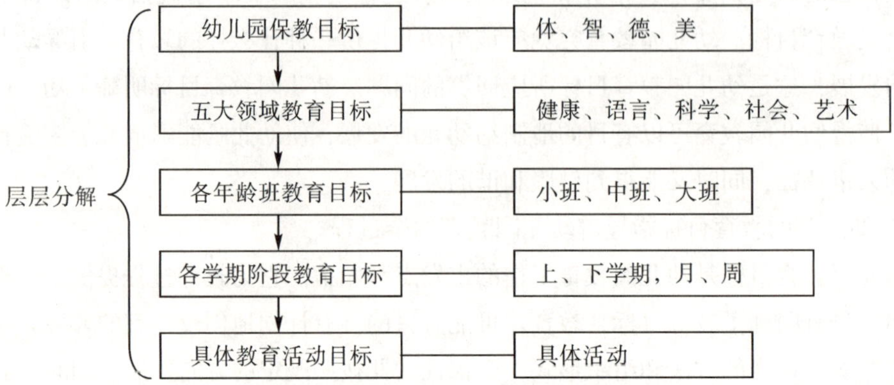

图 8-1　幼儿园教育目标体系图解

（一）幼儿园保教目标

国家教育部颁布的《幼儿园工作规程》中提出“幼儿园的任务是：贯彻国家的教育方针，按照保育与教育相结合的原则，遵循幼儿身心发展特点和规律，实施德、智、体、美等方面全面发展的教育，促进幼儿身心和谐发展。幼儿园同时面向幼儿家长提供科学育儿指导。”①

《规程》在第五条明确了幼儿园保育和教育的主要目标：

1. 促进幼儿身体正常发育和机能的协调发展，增强体质，促进心理健康，培养良好的生活习惯、卫生习惯和参加体育活动的兴趣。

2. 发展幼儿智力，培养正确运用感官和运用语言交往的基本能力，增进对环境的认识，培养有益的兴趣和求知欲望，培养初步的动手探究能力。

3. 萌发幼儿爱祖国、爱家乡、爱集体、爱劳动、爱科学的情感，培养诚实、自信、友爱、勇敢、勤学、好问、爱护公物、克服困难、讲礼貌、守纪律等良好的品德行为和习惯，以及活泼开朗的性格。

4. 培养幼儿初步感受美和表现美的情趣和能力。

幼儿园保教目标是一级目标，反映出幼儿园人才培养的规格和要求，对以下各层级

① 《幼儿园工作规程》，中华人民共和国教育部令第 39 号。

目标的制定起着全面指导作用。

（二）幼儿园五大领域教育目标

教育目标总是以一定的课程内容为媒介，具体体现在不同的学科目标、不同的领域目标或不同的阶段目标之中。“幼儿园的教育内容是全面的、启蒙性的，可以相对划分为健康、语言、社会、科学、艺术等五个领域，也可作其他不同的划分。各领域的内容相互渗透，从不同的角度促进幼儿情感、态度、能力、知识、技能等方面的发展。”①

所以，《纲要》所确定的各领域目标就成为幼儿园保教目标的下位概念。

1. 健康领域目标：

（1）身体健康，在集体生活中情绪安定、愉快；

（2）生活、卫生习惯良好，有基本的生活自理能力；

（3）知道必要的安全保健常识，学习保护自己；

（4）喜欢参加体育活动，动作协调、灵活。

2. 语言领域目标：

（1）乐意与人交谈，讲话礼貌；

（2）注意倾听对方讲话，能理解日常用语；

（3）能清楚地说出自己想说的事；

（4）喜欢听故事、看图书；

（5）能听懂和会说普通话。

3. 社会领域目标：

（1）能主动地参与各项活动，有自信心；

（2）乐意与人交往，学习互助、合作和分享，有同情心；

（3）理解并遵守日常生活中基本的社会行为规则；

（4）能努力做好力所能及的事，不怕困难，有初步的责任感；

（5）爱父母长辈、老师和同伴，爱集体、爱家乡、爱祖国。

4. 科学领域目标：

（1）对周围的事物、现象感兴趣，有好奇心和求知欲；

（2）能运用各种感官，动手动脑，探究问题；

（3）能用适当的方式表达、交流探索的过程和结果；

（4）能从生活和游戏中感受事物的数量关系并体验到数学的重要和有趣；

（5）爱护动植物，关心周围环境，亲近大自然，珍惜自然资源，有初步的环保意识。

5. 艺术领域目标：

（1）能初步感受并喜爱环境、生活和艺术中的美；

---

① 《幼儿园教育指导纲要（试行）》，国家教育部教基〔2001〕20号。

(2)喜欢参加艺术活动，并能大胆地表现自己的情感和体验；

(3)能用自己喜欢的方式进行艺术表现活动。

由此可见，健康、语言、社会、科学、艺术等五个领域目标是对幼儿园保教目标的分解和具体化。

同时，五大领域目标对其下位的三、四、五级目标的制定和具体教育活动过程的展开也具有指导作用。

(三)各年龄班教育目标

在幼儿园教育活动中，幼儿园五大领域教育目标通常是由易到难、由低级到高级分阶段螺旋上升来完成的，这就构成了各年龄班的教育目标。各年龄班的教育目标是幼儿园目标体系的第三级目标，根据幼儿各年龄段特点和发展需求，幼儿园五大领域目标会分解到小班、中班、大班三个年龄段去落实。

《规程》强调：幼儿园教育应“遵循幼儿身心发展规律，符合幼儿年龄特点，注重个体差异，因人施教，引导幼儿个性健康发展。”

《指南》不仅“从健康、语言、社会、科学、艺术五个领域描述幼儿的学习与发展。每个领域按照幼儿学习与发展最基本、最重要的内容划分为若干方面。每个方面由学习与发展目标和教育建议两部分组成”。而且“目标部分分别对3~4岁、4~5岁、5~6岁三个年龄段末期幼儿应该知道什么、能做什么，大致可以达到什么发展水平提出了合理期望，指明了幼儿学习与发展的具体方向；教育建议部分列举了一些能够有效帮助和促进幼儿学习与发展的教育途径与方法。”

例如：《纲要》规定的健康领域教育的四项目标目标在《指南》中分解成明确具体的、针对性的小、中、大班三个年龄阶段目标。(见下表)

1. 身心状况。

目标1　具有健康的体态

3~4岁	4~5岁	5~6岁
1. 身高和体重适宜。参考标准： 男孩： 身高：94.9—111.7厘米 体重：12.7—21.2公斤 女孩： 身高：94.1—111.3厘米 体重：12.3—21.5公斤 2. 在提醒下能自然坐直、站直。	1. 身高和体重适宜。参考标准： 男孩： 身高：100.7—119.2厘米 体重：14.1—24.2公斤 女孩： 身高：99.9—118.9厘米 体重：13.7—24.9公斤 2. 在提醒下能保持正确的站、坐和行走姿势。	1. 身高和体重适宜。参考标准： 男孩： 身高：106.1—125.8厘米 体重：15.9—27.1公斤 女孩： 身高：104.9—125.4厘米 体重：15.3—27.8公斤 2. 经常保持正确的站、坐和行走姿势。

目标 2 情绪安定愉快

3~4 岁	4~5 岁	5~6 岁
1. 情绪比较稳定，很少因一点小事哭闹不止。 2. 有比较强烈的情绪反应时，能在成人的安抚下逐渐平静下来。	1. 经常保持愉快的情绪，不高兴时能较快缓解。 2. 有比较强烈情绪反应时，能在成人提醒下逐渐平静下来。 3. 愿意把自己的情绪告诉亲近的人，一起分享快乐或求得安慰。	1. 经常保持愉快的情绪。知道引起自己某种情绪的原因，并努力缓解。 2. 表达情绪的方式比较适度，不乱发脾气。 3. 能随着活动的需要转换情绪和注意力。

目标 3 具有一定的适应能力

3~4 岁	4~5 岁	5~6 岁
1. 能在较热或较冷的户外环境中活动。 2. 换新环境时情绪能较快稳定，睡眠、饮食基本正常。 3. 在帮助下能较快适应集体生活。	1. 能在较热或较冷的户外环境中连续活动半小时左右。 2. 换新环境时较少出现身体不适。 3. 能较快适应人际环境中发生的变化。如换了新老师能较快适应。	1. 能在较热或较冷的户外环境中连续活动半小时以上。 2. 天气变化时较少感冒，能适应车、船等交通工具造成的轻微颠簸。 3. 能较快融入新的人际关系环境。如换了新的幼儿园或班级能较快适应。

2. 动作发展。

目标 1 具有一定的平衡能力，动作协调、灵敏

3~4 岁	4~5 岁	5~6 岁
1. 能沿地面直线或在较窄的低矮物体上走一段距离。 2. 能双脚灵活交替上下楼梯。 3. 能身体平稳地双脚连续向前跳。 4. 分散跑时能躲避他人的碰撞。 5. 能双手向上抛球。	1. 能在较窄的低矮物体上平稳地走一段距离。 2. 能以匍匐、膝盖悬空等多种方式钻爬。 3. 能助跑跨跳过一定距离，或助跑跨跳过一定高度的物体。 4. 能与他人玩追逐、躲闪跑的游戏。 5. 能连续自抛自接球。	1. 能在斜坡、荡桥和有一定间隔的物体上较平稳地行走。 2. 能以手脚并用的方式安全地爬攀登架、网等。 3. 能连续跳绳。 4. 能躲避他人滚过来的球或扔过来的沙包。 5. 能连续拍球。

目标 2　具有一定的力量和耐力

3~4 岁	4~5 岁	5~6 岁
1. 能双手抓杠悬空吊起 10 秒左右。 2. 能单手将沙包向前投掷 2 米左右。 3. 能单脚连续向前跳 2 米左右。 4. 能快跑 15 米左右。 5. 能行走 1 公里左右(途中可适当停歇)。	1. 能双手抓杠悬空吊起 15 秒左右。 2. 能单手将沙包向前投掷 4 米左右。 3. 能单脚连续向前跳 5 米左右。 4. 能快跑 20 米左右。 5. 能连续行走 1.5 公里左右(途中可适当停歇)。	1. 能双手抓杠悬空吊起 20 秒左右。 2. 能单手将沙包向前投掷 5 米左右。 3. 能单脚连续向前跳 8 米左右。 4. 能快跑 25 米左右。 5. 能连续行走 1.5 公里以上(途中可适当停歇)。

目标 3　手的动作灵活协调

3~4 岁	4~5 岁	5~6 岁
1. 能用笔涂涂画画。 2. 能熟练地用勺子吃饭。 3. 能用剪刀沿直线剪，边线基本吻合。	1. 能沿边线较直地画出简单图形，或能边线基本对齐地折纸。 2. 会用筷子吃饭。 3. 能沿轮廓线剪出由直线构成的简单图形，边线吻合。	1. 能根据需要画出图形，线条基本平滑。 2. 能熟练使用筷子。 3. 能沿轮廓线剪出由曲线构成的简单图形，边线吻合且平滑。 4. 能使用简单的劳动工具或用具。

3. 生活习惯与生活能力。

目标 1　具有良好的生活与卫生习惯

3~4 岁	4~5 岁	5~6 岁
1. 在提醒下，按时睡觉和起床，并能坚持午睡。 2. 喜欢参加体育活动。 3. 在引导下，不偏食、挑食。喜欢吃瓜果、蔬菜等新鲜食品。 4. 愿意饮用白开水，不贪喝饮料。 5. 不用脏手揉眼睛，连续看电视等不超过 15 分钟。 6. 在提醒下，每天早晚刷牙、饭前便后洗手。	1. 每天按时睡觉和起床，并能坚持午睡。 2. 喜欢参加体育活动。 3. 不偏食、挑食，不暴饮暴食。喜欢吃瓜果、蔬菜等新鲜食品。 4. 常喝白开水，不贪喝饮料。 5. 知道保护眼睛，不在光线过强或过暗的地方看书，连续看电视等不超过 20 分钟。 6. 每天早晚刷牙、饭前便后洗手，方法基本正确。	1. 养成每天按时睡觉和起床的习惯。 2. 能主动参加体育活动。 3. 吃东西时细嚼慢咽。 4. 主动饮用白开水，不贪喝饮料。 5. 主动保护眼睛。不在光线过强或过暗的地方看书，连续看电视等不超过 30 分钟。 6. 每天早晚主动刷牙，饭前便后主动洗手，方法正确。

目标2　具有基本的生活自理能力

3~4岁	4~5岁	5~6岁
1. 在帮助下能穿脱衣服或鞋袜。 2. 能将玩具和图书放回原处。	1. 能自己穿脱衣服、鞋袜、扣纽扣。 2. 能整理自己的物品。	1. 能知道根据冷热增减衣服。 2. 会自己系鞋带。 3. 能按类别整理好自己的物品。

目标3　具备基本的安全知识和自我保护能力

3~4岁	4~5岁	5~6岁
1. 不吃陌生人给的东西，不跟陌生人走。 2. 在提醒下能注意安全，不做危险的事。 3. 在公共场所走失时，能向警察或有关人员说出自己和家长的名字、电话号码等简单信息。	1. 知道在公共场合不远离成人的视线单独活动。 2. 认识常见的安全标志，能遵守安全规则。 3. 运动时能主动躲避危险。 4. 知道简单的求助方式。	1. 未经大人允许不给陌生人开门。 2. 能自觉遵守基本的安全规则和交通规则。 3. 运动时能注意安全，不给他人造成危险。 4. 知道一些基本的防灾知识。

(四)各学期阶段教育目标

即使是同一年龄班，在不同的学期，不同的教育月和教育周，各领域教育活动和各类型教育活动的目标也会呈现必要的递进性和系统性。

例如，以中班“科学”为例，上下学期的目标分别是：①

中班上学期科学目标：

(1)喜欢探索周围常见的事物与现象，并从中体会到快乐，能有顺序、有目的地进行观察；

(2)会比较事物的不同点，会按某些外部特征或某一简单规律对某些事物进行分类；

(3)能使用常见材料进行简单的小实验，有简单的猜想；

(4)能用多种方式与成人、同伴等分享和交流自己探索的过程和感受；

(5)知道季节的变化，关心、爱护自己身边的动植物，爱惜周围的环境；

(6)知道周围生活中交通工具等科技产品与人们生活的关系。

中班下学期科学目标：

(1)喜欢探索周围环境，乐于发现，能主动参加科学活动；

① 周兢等主编. 幼儿园活动整合课程指导[M]. 南京：南京师范大学出版社，2002.

(2)会学习观察方法，初步学会运用多种感官观察、比较观察，学习对物体按一定的标准进行简单分类，学习用语言、绘画等方式表达自己的感受和发现；

(3)认识自然事物、自然现象、科技产品与人的关系，关心爱护动植物和周围的自然环境；

(4)对一些科学现象感兴趣，理解它们在生活中的应用和人们生活的关系；

(5)了解季节特征，引导幼儿观察周围自然事物和现象及其变化，使幼儿获得广泛的科学经验，并能在表象水平上形成触不到概念。

在具体的教育活动实践中，教师应根据本班幼儿的年龄特点、发展水平，把不同领域的教育目标进一步分解，制定出不同年龄班不同学期的教育目标，以确保顺利完成教育任务。

(五)具体教育活动目标

具体教育活动目标是幼儿园教育目标体系的第五级目标，也是最末端的目标。它是前四级目标的终极分解形态。班级学期目标、月教育目标、周教育目标都会以一个个具体教育活动目标的形式贯彻落实。

例如：中班表演游戏“小羊和狼”，分 4 次完成。第一次游戏活动的目标确定为：

(1)熟悉角色的出场顺序，并能运用连贯语句大胆地表演；

(2)能根据自己所扮演的角色，初步学习运用表演道具装扮自己；

(3)能按意愿分组，初步学习协商游戏。

再如：集体教学活动大班科学领域活动目标：

(1)幼儿通过观看 PPT，感受“复制”的神奇，萌发探索“复制”的兴趣。

(2)幼儿充分运用各种感官，动手动脑，主动探究、体验“复制”现象，探索关于复制的科学经验。

幼儿感知、体验“复制”的特征，了解“复制”在生活中的应用。

通过分析幼儿园不同层级的目标，可以总结出幼儿园教育活动目标体系的特点如下：

第一，具有明确的层次与层级性。五级目标由抽象到具体，由统一到多样，层层分解，步步落实。

第二，具有系统性和全面性。纵向看，逐级分解，层层细化；横向看，目标体系既涵盖了对幼儿体、智、德、美全面发展的总体预期，又明确了健康、语言、社会、科学、艺术五大领域从认知、技能到情感态度各维度的具体指标，各级目标相辅相成，相互促进，保证全体幼儿的全面发展。

第三，具有递阶性和连续性。各级目标之间由易到难、由总到分，递进发展，逐步提高；同时五级之间连贯一致，呈现出阶段性的延续和螺旋上升的连续和递进。

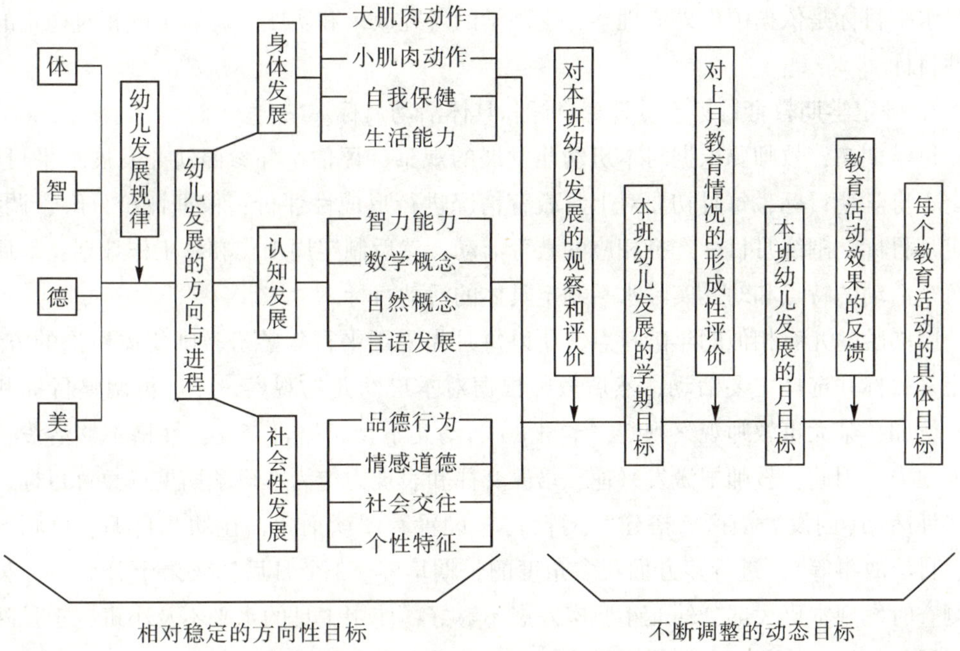

图 8-2　幼儿园教育目标层级关系图解

(六)五级目标的分解

五级目标在纵向和横向都是紧密联系，逐步分解的。具体分解步骤如下：

1. 将教育目标转化为幼儿发展目标。

幼儿教育的根本目的在于促进幼儿发展，发展是检验教育成效的重要标志。以往在确定目标问题上，常常重视社会的需要，而忽略幼儿发展需要。教育者往往按社会需要主观强调教师应该教什么，幼儿应该学什么，而不注意幼儿需要什么，因而研究教材教法多，研究幼儿发展少。为了扭转这一倾向，教师应将注意力从“内容、形式、方法”引向幼儿发展，更全面地了解、把握幼儿发展的特点、规律和水平，这样，五个领域十九个项目便构成了幼儿发展的目标框架。

2. 分解幼儿发展的水平目标。

幼儿发展具有共同规律和相似年龄特点，但幼儿发展也存在明显的个体差异。若按年龄分解制定目标极易使教师工作形成“一刀切”、“齐步走”的现象。因此，依据幼儿发展的一般规律，将目标分解为幼儿发展水平目标，第一领域的发展均由低到高分为五个水平层次。例如，大肌肉动作发展分为八个项目(走、跑、跳、钻爬、投掷、平衡、综合动作技能、操节队形)。其中“跑”的动作，五个层次水平是会一个跟一个自然地跑；会手脚协调地向指定方向跑；会变换方向跑；会听信号变速跑；会灵活躲闪跑。

水平目标是依据国内外心理学、生理学的研究成果和实践经验制定的相对稳定的方向性目标。

3. 确定学期教育目标、月教育目标和具体活动目标。

每学期初，教师要依据对本班幼儿发展的观察、评估，并参照幼儿发展水平目标，确定本班学期目标，每月初要对上月教育情况进行形成性评价；根据评价分解、调整、制定月目标；围绕月目标选择相应的教育活动，然后制定周工作和月工作计划；最后根据每个活动的特点和幼儿实际水平制定具体的活动目标。

因同龄幼儿有相似的年龄特点，所以每月先采用平行年龄班教师集体讨论的方式，确定月目标并选择主要活动，然后教师根据对本班幼儿的观察、评价再调整目标和活动。例如，某大班教师观察判断，本班 80 名幼儿不善于语言交往，性格不够活泼，缺乏表现力。因此，教师把激发兴趣、培养交往和表现力作为本班学期重点教育目标，设计多种活动(创设表演区、搭建“小舞台”，设置看图谈话角，让幼儿自编、自画、自讲、自演故事等)，进行多方面、多角度的长期培养。3 个月后，效果十分显著。某中班测查时发现本班大部分幼儿小肌肉发展不够好，使用工具的水平不及小班，于是降低目标层次，加强培养，也取得明显成效。

同时，在制定每月工作计划时，也必须强调事先确定月目标，再围绕月目标选择教育活动内容。例如，小班入园第一个月，重点目标是“消除分离焦虑”，促进幼儿从家庭向幼儿园愉快过渡。围绕此目标，便可安排“我爱幼儿园”的主题活动，通过“愉快的第一天”，“大带小游戏”，“参观幼儿园”，“大家一起玩”，布置“幼儿园是我家”等活动，使幼儿很快熟悉环境，稳定情绪。

可见，月目标在诸目标中，显得非常突出和重要，因为它在上自学期目标，下至周、日目标中起到中枢作用。

学期、月及活动目标，是依据于反馈不断调整的动态目标。目标的探索和目标结构的建立，促使教师逐步增强目标意识，学会以幼儿发展的实际水平为依据确定目标，选择内容，从而克服工作中的盲目性、片面性、随意性，较为有效地促进幼儿整体和谐发展。

三、教育活动目标的设计

(一) 教育活动目标设计的要求

1. 重依据。

幼儿园教育活动目标设计应依据幼儿的年龄特点、发展水平和学习需求和《幼儿园教育指导纲要》《3—6 岁儿童学习与发展指南》《幼儿园工作规程》等纲领性政策法规。

体现有法可依，幼儿为本。

2. 求全面。

幼儿园教育活动目标设计应在突出重点的同时体现幼儿体、智、德、美全面发展和认知、技能、情感态度等多维度，并有机整合。

3. 可操作。

教育活动目标是教育活动的预期结果，对教育活动起着导向和激励作用。因此目标设计应具体、明确、可操作，能具体指导和调控活动过程。

4. 可检测。

教育活动目标为教育评价提供依据，应能客观反映教育活动的预期结果和幼儿预期达到的学习结果。因此，切忌空洞、笼统。

(二)当前幼儿园教育活动目标设计的常见问题

1. 表述不一致，主体混乱。

无论采用哪种表述方式，目标表述的行为主体必须前后统一，避免出现"主体不统一"的现象。如，中班健康活动"白白的牙齿"的部分目标为：(1)知道刷牙的好处，学会正确刷牙的方法。(2)鼓励幼儿养成每天早晚刷牙的良好习惯。其中的主要问题在于目标(1)从幼儿角度表述，而目标(2)从教师角度表述，显然是不正确的。

2. 目标当中的目的和任务抽象笼统。

在教育实践中，有些教师只是照抄照搬，把学年教学工作计划的要求当作具体的某一教育活动目标，这就混淆了各层次目标的作用。例如："发展幼儿的观察力、想象力、口语表达能力、逻辑思维能力""提高幼儿的欣赏力、感受力和表现力""培养幼儿活泼开朗的性格"等，这些提法多是指向人的基本素质，而人的基本素质的培养往往需要长期的教育与影响才能形成，一次教育活动是很难改变的。因此，这类目标不宜作为具体的教育活动的目标。

3. 目标的语言描述不够简单明了，拖泥带水。

例如，大班健康活动"我的牙齿"的具体目标：(1)认识牙齿，了解牙齿的功能。(2)知道饭后不刷牙、睡前不刷牙、含糖睡觉会导致蛀牙，使牙齿痛。(3)认识乳牙、恒牙，消除幼儿对换牙的恐惧感。其中目标 2 的表述就拖泥带水，可将其改为"初步了解龋齿形成的原因"。

4. 不同纬度混乱交叉，表述不够准确。

部分教师语言表述混乱，缺乏整体思考。如，语言活动"蚂蚁飞上天"的目标原为：(1)通过讲述，促进幼儿乐意在集体面前表达自己的想法，并能认真倾听同伴讲述。(2)启发其独创性思维、发散性思维和批判性思维，激发幼儿好奇心和丰富的想象力，丰富词汇：飘荡、飞来飞去、叽叽喳喳。显然这两个目标比较混乱，目标(1)中将情感态度类目标和动作技能目标混杂在一起，我们可将其重新整理分类，改为：(1)掌握词汇“飘荡”“飞来飞去”“叽叽喳喳”的运用。(2)能认真倾听同伴的讲述。(3)乐意在集体面前表达自己的想法。

(三)幼儿园教育活动目标表述

1. 教育活动目标表述形式。

按照幼儿在活动中的不同反应，可以将幼儿园教育活动目标的表述分为行为目标表述与表现性目标表述两种。

行为目标，指在教育教学过程结束后幼儿所发生的行为变化。

在幼儿园的教育实践中，行为目标表述能使教师更加清楚自己的教学任务，在教育活动结束后，也能让教师准确判断目标是否达成。行为目标的表达方式一般有如下句式：“知道……”“理解……”“学会……”“区分……”“把……配对”“对……进行分类”等。基础知识和基本技能方面的目标采用行为目标比较有效，指导性强，也容易评估学习效果。而情感态度方面的目标则难以用行为目标表述。

表现性目标，指幼儿在参与活动中所产生的个性化表现。

由于幼儿在具体的教育情境中的行为表现难以预测，而且每个个体的表现各不相同，因此教师很难预先规定其发展变化的结果。针对这种情况，表现性目标能更好地解决问题，它追求的不是幼儿反应的同质性，而是反应的多元性。如“海底世界”的活动，如果从表现性目标的角度设计，教师关注的就不是“幼儿能够说出海底世界鱼的种类”，而是“讨论海底世界有趣的事情”或“表达对海底世界的喜爱”等。表现性目标在一些欣赏、艺术创编或复杂的智力活动的目标表述中效果较好。

相对而言，以幼儿为行为主体表述的目标指明了幼儿通过学习应该达到的发展要求，突出了幼儿的主体地位，表现出对幼儿个体经验及发展的关注，体现了尊重幼儿、以幼儿发展为本的教育思想。同时，发展目标可使教师转变观念，更多地关注活动中幼儿的行为和表现。如今，越来越多的教育者主张从幼儿发展角度出发制定活动目标。

2. 幼儿园教育活动目标表述的要素。

幼儿园教育活动目标表述的要素包括：行为主体、行为动词、行为条件、行为达成程度。

行为主体：由谁完成教育活动预期的行为(着眼于教师、着眼于幼儿)。

行为动词：即可用以表述幼儿所预期形成的具体行为，如：复述、讲出、列出、指出等。

行为条件：让幼儿产生预期行为的特定限制或情景。幼儿预期行为是在怎样的条件、时间、背景等情况下产生的。

行为达成程度。幼儿通过活动应达到的水平。

案　例

大班科学活动《好玩的魔术》活动目标：

1. 观看魔术表演，感受魔术的神奇，愿意对魔术进行探究。通过模拟魔术表演，体验成功的乐趣。

2. 充分运用各种感官，动手动脑，主动探究魔术的秘密。

3. 积极探索魔术中蕴含的科学原理，初步感知“麦比乌斯圈”的基本特征，了解其在生活中的运用。

第二节　幼儿园教育活动的内容设计

一、幼儿园教育活动内容的含义

幼儿园教育活动内容是实现幼儿园教育活动目标的载体和对象，是从活动目标出发要求幼儿获得的知识、技能和行为经验的总和。

幼儿园教育活动内容必须以教育活动目标为依据并服务于教育活动目标，保持与目标的一致性；同时，幼儿园教育活动内容不仅仅包括学科的知识和技能，还包括幼儿在学习过程中应该形成的态度、价值观及其相应的行为方式。

幼儿园教育活动内容从纵横两个维度具有一定的广度和深度。幼儿学习内容的范围是幼儿必须达到的知识、技能和行为经验知识的广度，学习内容的深度则是幼儿必须达到的知识、技能和行为经验的程度和质量水平。幼儿教育是基础教育的组成部分，是终身学习的起始、启蒙阶段，因此幼儿园教育活动内容的广度是广泛而综合的，其深度上是粗浅的。

幼儿园教育活动内容主要包括四类经验：

1. 关于周围世界(包括自己)的浅显而基本的知识经验。
2. 关于基本活动方式(包括认识活动)的行动经验(“做”的经验)。
3. 关于发展智力、提高各种基本能力的经验。
4. 关于对待世界(包括自己)和活动的态度，即情意方面的经验。

二、幼儿园教育活动内容的选择与组织

《纲要》改变了过去统一规定课程内容的做法，在课程内容的编排和选择上赋予了

幼儿园、教师、家长以及幼儿更多的权利，为他们提供了更大的自主空间。

那么，不同园所、不同班级该如何选择和组织幼儿园的教育活动内容呢？

幼儿园教育活动内容有三种取向：教育活动的内容即教材、教育活动内容即幼儿的学习活动和教育活动内容即幼儿的学习经验。这三种不同取向对活动内容的关注点各不相同。

在编制幼儿园课程时，可以选取不同内容取向的教育活动进行组合，从而使不同取向的教育活动在课程体系中相互兼容，取长补短，达成学科知识、学习活动和学习经验之间的平衡。

但是，在具体的教育活动设计中，教育内容的取向只能选取一种，并且与教育活动目标的取向一致。

在高结构化的幼儿园教育活动设计中，比如幼儿园集体教学活动，通常教育活动内容即教材。相对强调教师的作用，相对强调幼儿知识技能的获得，强调教育活动的结果。设计者会以幼儿需要获得的知识技能为优选点，内容具体、固定，也强调学科逻辑。

而在低结构的教育活动设计中，比如幼儿园区域活动、游戏活动等，通常活动内容即幼儿的活动或经验。相对强调幼儿的能动作用，强调幼儿自身的发展，强调教育活动的过程。设计者会以幼儿在活动中获得的经验为优选点，活动内容因此具有可变性、选择性和生成性。

可以看出，随着教育活动结构化程度的提高，教育活动内容的选择和组织会逐渐可变和不确定地转变为具体和固定。如图 8-3 所示：

幼儿园教育活动内容趋向具体、固定 →

游戏活动　低结构化教学活动　高结构化教学活动　完全结构化教学活动

← 幼儿园教育活动内容趋向变化

图 8-3　幼儿园教育活动内容的选择与组织的基本趋向性

由此可见，幼儿园教育活动内容设计是一项较复杂的工作。包括幼儿园教育活动内容选择和组织两方面。

(一) 幼儿园教育活动内容的选择

《纲要》第三部分组织和实施中明确指出，教育活动内容的选择应遵照本《纲要》第二部分的有关条款进行，同时体现以下原则：既适合幼儿的现有水平，又有一定的挑战性；既符合幼儿的现实需要，又有利于其长远发展；既贴近幼儿的生活来选择幼儿感兴趣的事物和问题，又有助于拓展幼儿的经验和视野。

1. 既适合幼儿的现有水平，又有一定的挑战性。

幼儿园教育活动内容的选择应从幼儿已有经验和现有的能力水平出发，遵循各年龄段幼儿在认知、情感态度、能力、个性和社会性发展方面的一般规律，选择适宜的活动内容，保证活动内容既能与幼儿已有经验相适宜又能有利于幼儿主动建构新经验，从而促进幼儿在能力范围之内难易适度地挑战“跳一跳摘果子”。

苏联著名心理学家维果斯基的“最近发展区”理论告诉我们：至少可以确定儿童有两个发展的水平，第一个是现有的发展水平，表现为儿童能够独立地、自如地完成教师提出的智力任务。第二个是潜在的发展水平。即儿童还不能独立地完成任务，而必须在教师的帮助下，在任何活动中，通过模仿和自己努力才能完成的智力任务。这两个水平之间的幅度则为最近发展区。幼儿园教育活动内容选择应该是恰好地服务于幼儿“最近发展区”，促进幼儿的发展。

2. 既符合幼儿的现实需要，又有利于其长远发展。

幼儿教育是面向未来的奠基教育，从幼儿终身学习与发展的角度而言，幼儿园教育活动内容既要符合幼儿的现实需要，又要有利于其长远发展。

活动内容应该能全面反映幼儿所处的当下生活和社会现实，满足幼儿适应现实生活所必需的认知、情感态度、能力、个性和社会性发展需求。

同时，活动内容应该由浅入深、由易到难、由具体到抽象，具有递进性、连续性，使幼儿每一次当下活动都是下一次活动或下一阶段活动的奠基，有利于幼儿的后续学习和长远发展。

3. 既贴近幼儿的生活来选择幼儿感兴趣的事物和问题，又有助于拓展幼儿的经验和视野。

幼儿园教育活动内容的生活化，要求我们关注幼儿的兴趣和需要；要求我们将知识、技能及品德还原为幼儿的经验，要求我们关注幼儿自己的生活，关注幼儿感兴趣的生活。当教育活动内容追随幼儿的生活和经验，幼儿的经验会受到真正的重视，幼儿的学习与他们的真实生活紧密地联系在一起，幼儿就会调动全部的智慧、情感、意志去研究、去探索、去发现、去尝试，并有效地去同化外部世界，构建新的认知。因此设计活动时，教师首先应考虑活动的内容是否来源于幼儿的生活，是否是幼儿在生活中常见的或曾经经历过并且留有深刻印记的事物和现象。

案 例

下雨的时候

1. 听雨活动。

一个炎热夏天的午后，教师正带着幼儿活动，忽然天空中出现了乌云，不一会儿便黑云翻滚，天色很快暗了下来。有幼儿看到了这一切，跑来告诉老师："天空中有许多黑云。"老师说："是啊，天空中有这么多黑云，你们说下面会发生什么？"幼儿七嘴八舌地议论开来。教师把幼儿带到活动室，让他们安静地倾听外面发生了什么。这时，有幼儿听出："外面好像下雨了，有雨滴的声音。""雨点很大，但不急。""听，现在雨好像下大了，滴滴答答，声音听起来很快。""现在雨更大了，声音连成一片，好像千军万马奔过来了！"幼儿热烈地猜测着，好奇地向外张望。

2. 观雨活动。

教师带领幼儿来到走廊上，让幼儿看雨："哇，好大的雨呀，雨丝都连成了一片，好像天上在倒水。""看，地面上！好像数不清的女孩正在旋转着她们的舞裙！""看，小草更绿了，因为它喝饱了。""小蚂蚁慌慌张张地爬到走廊里来了！"这时，有的幼儿把手伸到雨中，"雨水真凉快呀！"雨开始慢慢变小。

3. 玩雨活动。

"想不想到雨里去玩玩？"孩子们欢呼雀跃起来。大家站在走廊边兴奋不已地伸出双手接雨，叽叽喳喳地高声议论。接着幼儿拿起雨伞，有的披上塑料桌布，有的干脆什么也不用，冲到雨里，一会儿他们脱掉鞋子，卷起裤腿，光着脚丫在雨中奔跑、嬉戏起来……

4. 说雨活动。

回教室更换衣服以后，教师和幼儿围坐一团，"现在请你们谈一谈在雨中的感受吧。""雨水真凉快，淋雨很舒服。""雨滴打到脸上有点疼。""雨水打到伞上很有力，像打鼓一样咚咚的响，我花了好大的力气才撑住雨伞。""我尝了尝，雨水有点咸。""我在雨中走的时候，感觉脚下滑滑的。"

5. 模雨活动。

教师请幼儿用身体和动作模仿和表现他们刚才所看到的雨。幼儿不但创作了表现小雨、中雨、大雨的不同姿态和动作，他们还发明了用嘴模仿声音，敲打脸部和身体、膝盖，手势表现以及用动作和身体同时表现下雨时的情景和状态，形象、丰富、有趣而生动。

6. 画雨活动。

幼儿用颜料、彩笔、海绵、棉签、牙刷等各种自选材料，用自己喜欢的方式表现刚才雨中的情景。

上例中，教师把自然环境和现象作为幼儿学习和探究对象。雨是孩子们司空见惯的事情，但幼儿对于雨的感知和认识只是笼统的、不经意的。教师利用下雨这一契机，把它生成为系列的教育活动内容，并通过巧妙的设计和安排，通过听雨、观雨、玩雨、说雨、模雨、画雨等系列活动感知、体验和表达，主动建构起关于“雨”的认知经验，同时促进了幼儿情感态度、动作技能等全面发展。

(二)幼儿园教育活动内容的组织

《纲要》强调：幼儿园的教育内容是全面的、启蒙性的，可以相对划分为健康、语言、社会、科学、艺术等五个领域(也可作其他不同的划分)。各领域的内容相互渗透，从不同的角度促进幼儿情感、态度、能力、知识、技能等方面的发展。教育活动内容的组织应充分考虑幼儿的学习特点和认识规律，各领域的内容要有机联系，相互渗透，注重综合性、趣味性、活动性，寓教育于生活、游戏之中。

如艺术领域活动内容：

1. 引导幼儿接触周围环境和生活中美好的人、事、物，丰富他们的感性经验和审美情趣，激发他们表现美、创造美的情趣。

2. 在艺术活动中面向全体幼儿，要针对他们的不同特点和需要，让每个幼儿都得到美的熏陶和培养。对有艺术天赋的幼儿要注意发展他们的艺术潜能。

3. 提供自由表现的机会，鼓励幼儿用不同艺术形式大胆地表达自己的情感、理解和想象，尊重每个幼儿的想法和创造，肯定和接纳他们独特的审美感受和表现方式，分享他们创造的快乐。

4. 在支持、鼓励幼儿积极参加各种艺术活动并大胆表现的同时，帮助他们提高表现的技能和能力。

5. 指导幼儿利用身边的物品或废旧材料制作玩具、手工艺品等来美化自己的生活或开展其他活动。

6. 为幼儿创设展示自己作品的条件，引导幼儿相互交流、相互欣赏、共同提高。

由此可见，幼儿园教育活动内容的组织应体现情景化、过程化、活动化、经验化的原则。即：

情景化——教育活动内容隐含在活动环境材料、活动氛围之中，将活动内容转化为活动的情景，从而在潜移默化中促进幼儿学习与发展；

过程化——教育活动内容分解到教育活动全过程，使幼儿在参与活动的过程中，丰富自己的经验，主动建构相关的认知、情感态度与行为技能；

活动化——教育活动内容以幼儿参与的活动作为载体，活动既是幼儿教育活动内容呈现的形式，也是幼儿教育活动内容实施的途径。

经验化——幼儿园教育活动内容的组织注重幼儿的经历、感受、体验，而不仅仅是静态的学科知识，更应该是动态的、行动性的、建构性的认知、情感态度与行为技能。

案 例

潜江市机关幼儿园苗苗班第四周工作计划

时间：3月1日—3月5日

<table>
<tr><th>内容</th><th>星期</th><th>一</th><th>二</th><th>三</th><th>四</th><th>五</th><th>家长工作</th></tr>
<tr><td rowspan="2">学习活动</td><td>上午</td><td>社会：
我的妈妈真能干</td><td>故事：
蓝色的树叶</td><td>数学：
送小动物回家</td><td>语言游戏：
猜动物</td><td>综合：
妈妈的节日</td><td rowspan="2">1. 协助完成全家福及幼儿个人照片的收集。
2. 引导幼儿了解初春周围环境的变化。</td></tr>
<tr><td>下午</td><td>数学：
实物分类</td><td>歌曲：
好妈妈</td><td>剪贴：
圆圆的苹果</td><td>歌表演：
好妈妈</td><td>手工：
给妈妈的礼物</td></tr>
<tr><td rowspan="3">户外活动</td><td>上午</td><td>感统训练：
跳羊角球</td><td>投掷：
给动物喂食</td><td>感统训练：
旋转</td><td>纵跳触物：
摘果子</td><td>手眼协调练习：拍皮球</td><td rowspan="3">早操活动指导重点：
1. 在教师的带动下乐于参加早操锻炼。
2. 熟悉早操基本动作及规则要求。</td></tr>
<tr><td>下午</td><td>平衡游戏：
过桥</td><td>游戏：
狼来了</td><td>感统训练：
抛接球</td><td>爬行游戏：
小乌龟找家</td><td>感统训练：
布袋跳</td></tr>
<tr><td colspan="6">观察与指导：1. 重点观察幼儿在球类活动中的兴趣点。
2. 引导幼儿较专注地倾听游戏要求，在游戏中建立遵守规则的意识。</td></tr>
<tr><td rowspan="3">游戏活动</td><td>上午</td><td>结构游戏
餐前：
讲故事</td><td>生活活动
餐前：
欣赏动画片</td><td>美工游戏
餐前：
蔬菜中的营养</td><td>区角游戏
餐前：
猜猜我是谁</td><td>生活活动
餐前：
听故事</td><td rowspan="3">材料投放与环境创设：
1. 投放户外活动自制材料。
2. 全家福布置在主题墙上。</td></tr>
<tr><td>下午</td><td>娱乐游戏
餐前：
阅读活动</td><td>创游
餐前：
智力游戏</td><td>结构游戏
餐前：
游戏评价</td><td>散步
餐前：
音乐欣赏</td><td>创游
餐前：
夸夸我自己</td></tr>
<tr><td colspan="6">观察重点：1. 游戏中重点观察幼儿能否按要求取放玩具。
2. 出现争抢玩具情况时幼儿表现的态度及运用的语言。</td></tr>
<tr><td rowspan="3">生活活动</td><td rowspan="3">指导重点</td><td colspan="6">晨间：鼓励个别幼儿大胆开口向老师问好。</td></tr>
<tr><td colspan="6">生活环节：1. 进餐保持安静，知道不能大声地发表自己的意见。
2. 引导幼儿不站在床上穿脱衣服，逐步建立幼儿的安全意识。</td></tr>
<tr><td colspan="6">离园：稳定幼儿情绪，在老师的协助下，检查自己的衣物整理情况。</td></tr>
</table>

分析：

在此周安排表上，可以看出，教师对幼儿一周教育活动内容的组织安排在横向上的多样性、关联性，在纵向上的阶梯性、递进性。

第三节　幼儿园教育活动方法设计

一、幼儿园教育活动方法的含义

幼儿园教育活动方法是指在教育活动中，为实现活动目标和活动任务所采取的活动方式、途径和手段等行为方式。它包括教师的引发组织方法和幼儿的学习方法。

活动方法体现一定的教育观、儿童观，它服务于活动目标和活动任务的要求，是师幼双方共同完成活动内容的手段，是教育活动中师生双方行为的体系。

幼儿园教育活动方法内在的本质特点是：

1. 幼儿园教育活动方法体现了特定的教育、教学的价值观念，它指向实现特定的活动目标要求；

2. 幼儿园教育活动方法受到特定的活动内容的制约并服务于活动内容；

3. 幼儿园教育活动方法受到具体的活动组织形式的影响和制约。

二、幼儿园教育活动方法的分类

幼儿园教育活动方法大致分为口语类、直观类、实践类三种。

（一）口语类

口语类方法是指以师生语言交流的方式讲解知识、交流经验、传递信息、沟通认识、组织活动，帮助幼儿获得间接知识经验的一种方法。主要包括讲解法、谈话法、讨论法。

1. 讲解法是教师用幼儿能理解的语言来解释和说明某事某物的方法。要求清晰、准确、生动形象、富有感染力和启发性。

2. 谈话法是通过口头问答的形式，启发幼儿积极思维的教育方法。谈话是由教师提出问题和幼儿回答问题组成，也可由幼儿提出问题，教师回答。

3. 讨论法是幼儿在教师引导下围绕某一话题为解决某个问题而进行探讨、互相启发的一种教育方法。有二人讨论、小组讨论、全班讨论三种。其优点在于能更好地发挥幼儿的主动性、积极性，有利于培养幼儿独立思维能力、口头表达能力，促进幼儿整合和运用知识经验。

（二）直观类

直观类的方法指的是通过运用直观手段，引导幼儿获取感性认识、帮助幼儿获得直接经验的一种方法。主要包括示范法、演示法。

1. 示范（或范例）法是教师通过示范操作和讲解帮助幼儿获得知识、技能的一种方法。例如教师通过自己或幼儿的动作、语言、声音或通过图画、剪纸和典型事例，引导幼儿进行模仿学习等。运用中要注意：动作示范要选择好位置，方便全体幼儿观察学习，示范动作要慢一些，而且要清楚准确，并适当加以解释。通常伴随生动形象和简洁明了的语言讲解。

2. 演示法是通过展示各种实物或直观教具，使幼儿通过观察获得感性认识的方法。要求演示目的明确，演示呈现过程便于观察。

（三）实践类

实践类的方法指的是以幼儿实践活动为主要学习行为的一类方法，实践类方法强调幼儿的亲自参与、操作和实践。主要包括观察法、游戏法、操作练习法、实验探究法、参观法、调查法、表达法。

1. 观察法。

观察法是指幼儿在教师的引导下，有目的、有计划地感知客观事物的主要特征、变化的方法。包括个别物体观察、比较性观察、长期系统性观察等形式。观察活动可以是幼儿主动的、自发的，也可以是教师专门组织的。

2. 游戏法。

游戏法是指采用游戏的形式进行教育活动的方法。它是幼儿园教育活动的基本方法和形式，也是最受幼儿喜爱的活动方法。常用于幼儿园一日活动的各类活动中。

3. 操作练习法。

操作练习法是幼儿通过操作练习活动，获得感性认识和体验、理解巩固知识、掌握相关技能的方法。

4. 实验探究法。

实验探究法是指教师提供给幼儿进行发现的活动材料，幼儿通过自己的实验探究尝试过程，自行发现问题和解决问题的方法。重在引发幼儿的兴趣和内在探究动机，有利于幼儿主动性和积极性的发挥，有利于幼儿智力、创造力的发展，还能丰富扩大幼儿的经验，并使经验易于拓展、迁移和运用。

三、幼儿园教育活动方法的运用

幼儿园教育活动方法是实现幼儿园教育活动目标的具体手段。活动方法的选择与教育活动对象、活动类型、活动目标、活动内容等因素密切相关。往往随着活动对象、活动目标、活动类型、活动内容的不同而呈现出不同的选择需求，也受到教育观、儿童观、课程观的发展而不断呈现新的变化趋势。教育活动应讲究活动方法，但是又没有固定的模式和固定的方法。如何选择适宜的活动方法保障活动的高效是一项考验教师专业素养的设计工作。

幼儿园教育活动方法的选择和运用应注意：

1. 根据教育活动目标选择活动方法。
2. 根据活动对象选择活动方法。
3. 根据活动内容选择活动方法。
4. 多种方法配合，灵活运用。

如：艺术领域音乐欣赏活动《金蛇狂舞》的活动目标：

1. 喜欢音乐活动，体验乐曲中热烈欢腾的气氛。
2. 能根据歌曲节奏匹配歌词，并大胆地参与表演。
3. 学习在倾听儿歌时发现乐曲里 ABA 的结构。

活动方法：观看闹新春舞狮、舞龙灯的视频(多媒体交互法、观察法、讨论法)分段播放和整体播放音乐，谈话交流音乐结构段落、节奏、情绪等(谈话法、演示法、讲解法)，随音乐进行舞狮舞龙表演(游戏法、操作练习法)。

第四节　幼儿园教育活动方案设计

《幼儿园教师专业标准(试行)》第十一条关于幼儿教师专业能力的要求明确指出：幼儿教师应具备“制定阶段性的教育活动计划和具体活动方案”、“在教育活动的设计和实施中体现趣味性、综合性和生活化，灵活运用各种组织形式和适宜的教育方式”的教育活动的计划与实施能力。

那么，规范设计并编写幼儿园各类教育活动方案，就是幼儿教师必备的专业基本功之一。

教师需要承担的幼儿园教育活动方案设计包括：幼儿园班级学期计划、月计划、周计划、半日活动计划、具体活动计划(含生活活动、游戏活动、区域活动、集体教学活动)等。

一、幼儿园教育活动方案设计原则

幼儿园教育活动方案是为实现教育活动目标，教师从幼儿实际情况和发展需要出发，对教育活动进行的规划。

幼儿园教育活动方案设计应遵循科学性、针对性、整体性、可行性等基本原则：

1. 科学性原则。

幼儿园教育活动方案设计应在《纲要》和《指南》的关照下进行。教师应深刻领会《纲要》和《指南》的精神，将每一次教育活动方案设计看成是实现幼儿园保教目标、帮助幼儿获得有益的学习经验、培养幼儿良好的学习品质、促进幼儿身心全面和谐发展的幼儿园课程实施的有机组成部分，合理安排活动内容、活动时间和活动进程，用科学的规划方案指导活动的实施。

2. 针对性原则。

幼儿园教育活动方案设计应真正从幼儿实际出发，根据幼儿的年龄特点、发展水平、已有经验、兴趣爱好和学习与发展需求，尊重幼儿发展的个体差异，顺应幼儿的学习方式和特点，有的放矢地选择活动内容和活动策略，因材施教，动静交替，合理安排一日活动，最大限度地支持和满足幼儿通过直接感知、实际操作和亲身体验获取经验的需要，促进幼儿全面和谐发展。

3. 整体性原则。

幼儿园教育活动方案设计应关注幼儿学习与发展的整体性。儿童的发展是一个整体，要注重领域之间、目标之间的相互渗透和整合，促进幼儿身心全面协调发展，而不应片面追求某一方面或某几方面的发展。

4. 可行性原则。

幼儿园教育活动方案设计是教育活动实施前的科学预设和必要准备，应从教育活动组织实施的需要出发，设计出教育活动必需的、切实可行的活动方案，从活动目标拟定、活动内容选择与组织、活动环境资源的准备与利用、活动方式方法的运用到活动进程安排，一切以人为本，从需要出发，用适宜的活动内容、恰如其分的活动方式方法、将活动目标落实到环环相扣的活动进程，为幼儿园教育活动实施提供切实可行的可操作的活动计划。

二、幼儿园教育活动方案设计规范

（一）幼儿园班级学期计划方案设计

幼儿园班级学期计划设计，是对本班上（下）学期班级教育工作的整体规划。包括本班幼儿教育工作规划和班级管理工作规划。

班级学期计划应全面规划本班本学期生活活动、游戏活动、集体教学活动、区域活动等教育活动和包括环境创设、家园共育、安全卫生等在内的班级管理工作。

案 例

中三班第二学期计划

一、班级情况分析

在春暖花开的日子里，我们迎来了中班的第二学期。本学期我们班共有36名幼儿，其中新增4名新生，如今班上有男孩26名，女孩8名。经过中班上学期为期半年的幼儿园生活，大部分幼儿能很快习惯幼儿园的生活，只有个别幼儿在头几天情绪不稳定，伴有哭闹、不睡觉的现象。由于刚在家过完暑假，不少幼儿在家的依赖性开始增强，而且活动中比较散漫，常常有在活动中或进餐中说话的坏习惯。但在前半学期的生活和学习中，孩子各方面的进步比较明显。本班幼儿平时能注意自身卫生，安静进餐，餐后主动漱口、擦嘴巴；午睡时自己穿脱衣物，整理自己的被子；积极参加各个活动等。沈开来小朋友的自理能力较差；周昱小朋友今年有点骄傲，在各方面都不是特别积极；吴杨小朋友的动手操作能力较差，而且依赖性太强。我们将针对幼儿的不同特点与需求进行教育和指导，让他们能更好地成长。

本学期我们还将开展环境教育工作，我们把环保教育渗透在日常生活学习中。首先将环保教育与教育教学相结合，使原有材料和环保教育进行有机结合。如：常识教育中学习空气、水、电、声音、花草树木、纸等知识，并结合降低噪音，减少污染，节约水电，爱护绿化等方面的教育。在日常环保教育中，我们要求幼儿不在教室吵闹，洗完手及时关好笼头，不乱丢垃圾，不在草坪上走，不破坏绿化等。让幼儿在时时处处都注意环保，做一个有心人。

二、学期总目标

根据《规程》精神与新《纲要》的指导思想及幼儿园的工作计划，结合本班幼儿的实际情况，遵循幼儿身心发展的规律，体、智、德、美、劳等方面全面发展，全面提高综合素质，养成良好的文明礼貌习惯、生活卫生习惯和学习习惯，使幼儿能健康快乐地成长。

三、具体目标

(一)健康

1. 身体健康，在集体生活中情绪安定愉快。
2. 喜欢幼儿园的集体生活，乐于参与老师指导下的各类活动。
3. 养成良好的生活卫生习惯，有基本的生活自理能力。
4. 能进一步认识人体的主要部分，了解其功能及保护方法。

5. 喜欢参加体育活动，初步养成运动的习惯，愿意到大自然中去锻炼身体。

6. 利用大型和小型多样运动器械，开展绳梯锻炼活动，学习有秩序地收拾运动器具，在做走、跑、跳、钻、爬、攀登、投掷、平衡等动作和体操时轻松协调。

(二)语言

1. 关心周围生活中常见的标记及理解含义。

2. 能认真倾听他人说话，不插嘴，不随便干扰别人，有良好的倾听习惯。

3. 能主动有礼貌地与老师、同伴交谈，情绪愉快，喜欢阅读图书，欣赏和表达文学作品的内容和情景。

4. 正确理解文学作品的内容，欣赏作品的语言，感受作品的丰富和优美，会用语言、动作、表情表示对作品的理解。会独立背诵诗歌，比较完整地复述故事，在教师指导下进行故事表演。

5. 会看多幅图片和情景表演，在观察的基础上，学习掌握图片和表演的过渡，并讲述整套图片的情景表演的内容，能用完整连贯的语言，回忆讲述生活趣事或围绕主题进行谈话，能在各类讲述中学习运用新词。

6. 知道能用比较完整的语句讲话和回答问题，声音响亮，速度适中，会用较多的名词、动词、代词、量词、形容词，理解运用常用的副词、连词、重叠词、反义词。

(三)社会

1. 能和同伴友好地玩，知道要玩同伴的玩具时，必须征得同伴的同意。

2. 初步养成爱长辈、爱老师、同伴、亲友的情感。

3. 初步养成爱国、爱家乡的情感。

4. 关心和了解社会生活及各项社会规则，初步形成良好的生活习惯，并能遵守一日生活常规。

5. 学习大胆地表达自己的愿望或意见，愿意承担力所能及的自我服务劳动。

6. 初步养成诚实、助人的良好品德。

(四)科学

1. 观察周围动植物的生长变化。

2. 能有顺序地观察个别物体，能用比较的方法一一对应，比较明显不同的事物。

3. 知道四季的名称及显著特点。

4. 了解生活中的科技产品及与人们的关系，能正确安全地使用简单的工具做小实验和小制作。

5. 能用多种方式表达自己的发现，并与成人同伴交流过程和结果。

6. 在日常生活中，认识并运用上、下、前、后等方位，理解并运用昨天、今天、明天等表示时间的语语。

7. 愉快地参加计算活动，对周围环境中数和形感兴趣。

8. 认识1~10的数字，学习默数，目测群数。

9. 认识时钟，会看正点、半点。

10. 在集体活动中，能听清老师的要求，自己选择数学小组活动，愿意在同伴面前讲述自己的操作活动的过程和结果。

(五)艺术

1. 喜欢参加音乐活动，有较好的听音乐、看表演的习惯，体验与同伴共同参与音乐活动的过程的快乐。

2. 能用好听的声音，用不同的速度、力度较有表情地唱歌，初步唱准2/4拍，3/4拍的歌曲，吐字清楚，能跟着音乐的前奏或间隔整齐地开始和结束。喜欢唱歌，并喜欢在集体面前唱歌，注意自己的歌声与集体的相一致。在教师的启发下，根据歌曲的内容编动作表演，学习为熟悉、工整的歌曲续编或改编部分歌词。

3. 按音乐的节拍和变化，学习简单的上、下肢结合的基本动作，模仿动作和舞蹈动作，随音乐的速度和力度的变化变换动作，在联想的基础上学习运用自己已掌握的动作和知识经验改编舞蹈的部分象征性的动作。

4. 学习掌握木鱼、铃鼓、沙球等乐器的演奏方法，学习根据乐曲的性质、曲式结构和乐器的音色，选择相应的节奏和乐器为音乐伴奏，能集中注意力看指挥，养成良好的取、放、收乐器的习惯。

5. 喜欢参加美术活动，有欣赏美和表现美的愿望。

6. 学习运用图形组合的方法表现物体的基本部分和主要特征，能围绕主体安排画面，确定和处理主体与添画的位置及上下、左右的关系，具有一定的独创性。

7. 认识多种颜色，有目的地选用颜色，并能小面积涂色。

8. 能正确使用多种手工工具和材料，喜欢用折、剪、贴等玩法和捏、粘接等泥塑手法进行简单的造型。

9. 初步理解和感受作品主体形象的造型美、色彩美，并学习讲述自己对作品的感受，能积极关注周围生活中具有美感的事物。

10. 乐于参加艺术化环境的活动，感受创造美的快乐。

四、具体措施

1. 户外活动。

学会徒手操和圈操各一套，发展动作的协调性。

(1)利用废旧材料制作活动器材，并自由选择，对体育有浓厚的兴趣。注意个别差异，体弱的幼儿可以选择一些合适的活动，保证每天2小时的户外活动。

(2)学习简单的自我保健方法，能注意安全。

2. 教育活动。

坚持用普通话与幼儿进行交流，引导幼儿多练习讲话，会说普通话，能主动参与听说活动，不断丰富幼儿的词汇，纠正幼儿发音。

(1)充分运用直观焦距，创设情景，提高幼儿学习的兴趣。

(2)运用多种感官充分协调幼儿的积极性、主动性，并采取集体活动和个别小组活动相结合的方法，既面向全体，又注意个别差异的教育。

3. 劳动。

(1)继续培养值日生，从简单的收拾玩具到帮助老师或同伴做事。

(2)通过穿衣、穿鞋、整理床铺的活动发展生活自理能力，培养自己喜欢的事情自己做。

(3)通过餐前准备和餐后把自己的餐具放在指定的地方，提高幼儿的自理能力。

(4)引导幼儿参与自然角和种植园的管理工作，教育幼儿关心集体，培养从小爱劳动、爱清洁的好习惯。

4. 家长工作。

(1)每月定期更换家长园地的内容，鼓励家长参与，共同关心幼儿的成长。

(2)经常与家长保持联系，动员家长关心幼儿在园的情况，家长的配合可以提高课题研究的质量。

(3)定期召开家长会，欢迎家长参与幼儿园的一日活动，向家长开放一到两次半日活动，定期做好家访工作。

5. 环境创设。

(1)组织幼儿参与班级的环境创设。

(2)根据幼儿的发展和兴趣、要求开设各种区域，并为幼儿提供丰富的材料，培养幼儿的动手能力。

(3)建立良好的师生关系、同伴关系，共同保持班级清洁，有新意。

6. 日常生活。

(1)养成正确的坐姿、保护幼儿的视力。

(2)培养幼儿良好的饮食习惯、卫生习惯，不挑食、偏食，并能安静地入睡。

7. 游戏活动。

(1)为幼儿创设良好的生活环境，保证幼儿活动的时间。

(2)为幼儿提供一些材料和半成品，充分利用废旧材料制作玩具，建立各个活动区域，让幼儿有充分的自由活动机会，提高幼儿的交往能力。

8. 环保教育。

(1)通过实践活动，让幼儿懂得怎样充分利用水资源，并在日常生活中形成节约用水的好习惯。

(2)结合“植树节”、“世界地球日”等节日，开展参观种植园、《开花树》等活动引导幼儿爱护花草树木。

(3)动员孩子和家长收集废旧材料，进行亲子玩具制作展的环保活动。

(4)加强和社区的合作，让环保工作走向社会。

五、每月活动安排

1. 二月份。

(1)做好开学工作，稳定幼儿情绪。

(2)开展主题活动“我是中国人”，并结合“元宵节”进行节日教育。

(3)巩固和加强幼儿平时的行为习惯，如正确的洗手方法、进餐习惯、加强文明教育，做一个有礼貌的好孩子。

2. 三月份。

(1)开展主题活动“我们醒来了”，并结合“三八节”、“植树节”进行节日教育和环保教育。

(2)加强养成训练和安全教育工作。

(3)欢迎家长来园参加家长会，做好沟通工作。

3. 四月份。

(1)开展主题活动“有用的交通工具”。

(2)加强幼儿的养成训练。

(3)向家长进行半日活动开放。

(4)组织进行幼儿广播操比赛。

4. 五月份。

(1)开展主题活动“和动物交朋友”，准备庆祝“五一劳动节”的节目，进行节日教育。

(2)加强养成训练的工作。

(3)进行亲子活动。

(4)辅导组织幼儿进行命题画比赛。

5. 六月份。

(1)开展主题活动“你快乐我快乐”，结合“六一儿童节”进行节日教育，辅导幼儿进行幼儿歌舞表演比赛，庆祝节日。

(2)加强安全教育工作。

(二)周、月计划设计

幼儿园周(月)计划设计，是对本班一周(月)教育活动的整体规划。

“幼儿园教育的原则是合理地综合组织各方面的教育内容，并渗透于幼儿一日生活的各项活动中，充分发挥各种教育手段的交互作用。

以游戏为基本活动，寓教育于各项活动之中。

幼儿园一日活动的组织应动静交替，注重幼儿的实践活动，保证幼儿愉快地、有益地自由活动。

幼儿园日常生活组织，要从实际出发，建立必要的合理的常规，坚持一贯性、一致性和灵活性的原则，培养幼儿的良好习惯和初步的生活自理能力。组织教育活动应根据不同的教育内容，充分利用周围环境的有利条件，以积极运用感官为原则，灵活地运用集体活动与个别活动的形式，为幼儿提供充分活动的机会，注重活动的过程，促进每个幼儿在不同水平上的发展。”①

幼儿园周(月)计划方案应全面规划本班幼儿一周(月)内生活活动、游戏活动、集体教学活动、区域活动等教育活动和包括环境创设、家园共育、安全卫生等在内的班级管理工作。如下表：

案　例

中四班春季第8周　周计划②(4月8日—4月12日)

生活活动	1. 春季是传染病多发季节，教师指导幼儿按六步洗手法认真洗手，防止病从口入。 2. 户外活动时，指导个别爱出汗的幼儿休息一会儿，以防感冒。 3. 用餐时，指导幼儿正确的吃饭姿势，特别提醒幼儿不要端着盘子吃饭，养成良好的用餐习惯。 4. 通过生活中的各个环节，指导幼儿养成节约的意识。
区域活动	重点指导：美工区、科学区、建筑区 1. 通过制作对称花瓶，使幼儿掌握对称画技巧。发展幼儿的动手能力。 2. 教师引导幼儿通过进行守恒实验，使幼儿感知到水的守恒。 3. 教师引导幼儿通过各种瓶瓶罐罐的搭建，提高幼儿的搭建技巧。

① 《幼儿园工作规程》，中华人民共和国教育部令第39号。

② 深圳特雷新幼教集团《幼儿园工作计划汇编》，2009年。

续表

集体教学活动	周一	语言活动《瓶子医生》	社会活动《交通规则我遵守》
	周二	语言活动《龟兔赛跑》	艺术活动《大象打喷嚏》
	周三	科学活动《弹簧玩具》	健康活动《瓶子娃娃》
	周四	社会活动《瓶子搭建的世界》	科学活动《兔宝宝买镜子》
	周五	健康活动《小小通气孔》	艺术活动《瓶瓶罐罐交响曲》
户外活动	学习游戏：《巧投易拉罐》 目标：1. 学会单手低位投掷的动作，发展投准能力。2. 探索投罐的多种方法。 复习游戏：《老狼几点了》《老鼠坏东西》《喂小动物》《踏石过河》《拦住小白兔》		
环境创设	1. 师生共同丰富主题墙饰《瓶瓶罐罐》。 2. 在图书区投放《乌鸦喝水》《司马光砸缸》《渔夫和瓶子》等绘本供幼儿阅读。 3. 在美工区投放各种各样的瓶子供幼儿装饰。 4. 让幼儿大胆地表现自己，让小伙伴发现自己的优点。		
家长工作	1. 亲子一起收集各种各样的瓶瓶罐罐带到幼儿园，与大家分享。 2. 对未来园幼儿及时打电话与家长沟通。 4. 通过家校互动平台与家长沟通。 5. 亲子协作，继续收集有关节约的图片、照片及文字等。		

案　例

小一班11月工作计划①

班级情况分析	由于秋末冬初天气干燥，幼儿容易上火，所以为幼儿增加了饮水的次数和饮水量。 他们对周边环境的变化感兴趣。他们喜欢形象鲜明的歌曲，并能发出表情、动作的反应。
本月重点	1. 鼓励幼儿多喝白开水，培养他们主动喝水的习惯。 2. 培养幼儿良好的生活和学习的习惯。 3. 引导幼儿观察和讨论，使幼儿感受到季节的变化。

① 江汉艺术职业学院教育集团《幼儿园工作手册》，2012年。

续表

教育活动目标	健康	1. 喜欢吃健康的食物。养成盥洗的习惯。 2. 喜欢做模仿操，在走跑跳投的游戏中，能平稳地控制自己的身体。 3. 养成良好的睡眠习惯，逐步学会按次序穿脱衣服和鞋袜。 4. 会玩球、沙包、小车等多种中小型运动器材。
	语言	1. 愿意用语言与别人交往，喜欢应答。 2. 喜欢听故事、儿歌，理解其大意，愿意跟读儿歌，复述简短的故事。 3. 喜欢和成人一起看图书，能自己一页一页地翻看图画书。发现、指认、讲述画面中感兴趣的人或物；有爱护图书的意识，初步学习收放图书。
	社会	1. 会自己选择活动，做自己能做的事情，感受独立做事的快乐和满足。 2. 初步学会轮流，体验规则的作用，初步养成遵守规则的意识。 3. 愿意与同伴交往和游戏，知道同伴的名字，初步学习与同伴分享。 4. 认识经常接触的成人，感受他们对自己的关爱，初步懂得尊重为自己服务的人。
	科学	1. 关注周围的事物和现象，对它们感兴趣，有好奇心，喜欢探索。 2. 积极运用多种感官感知周围事物，进行自发的探索活动。 3. 对事物简单的数量、时间和空间等特征感兴趣。 4. 通过感知、操作，比较 2~3 个物体间常见量的差别。 5. 感知四季最明显的特征以及下雨、下雪等自然现象，体会自然与人的关系。
	艺术	1. 对生活中各种声音感兴趣，尝试探索身体、自然界、乐器等发出的声音。 2. 喜欢参与音乐、美术活动，在活动中感到快乐和满足。 3. 喜欢在生活和游戏中模仿事物的形象和动态。 4. 喜欢操作易于使用的美术工具和材料，逐步掌握他们的用法，进行自我表现。
家园共育		1. 鼓励幼儿在家里多喝白开水。 2. 请家长配合，在家里培养幼儿做到饭后擦嘴、漱口的良好习惯。
环境创设		1. 开设幼儿作品展示墙。 2. 投放幼儿操作的彩泥。

（三）半日活动方案设计

在幼儿园实际工作中，各年龄班的教师配备通常是“两教一保”，教师通常承担着半日活动的组织工作。因此，幼儿园教师的“备课”就不仅仅是设计集体教学活动方案，而是对其当班时段的半日活动进行整体规划。

半日活动方案是对包含着集体教学活动、游戏活动、区域活动、生活活动在内的上午或下午教育活动进行整体规划的活动设计工作。

案 例

大班半日活动方案①

一、早餐及晨间活动

活动目标：1. 能保持桌面清洁。2. 能用舒服的声音与同伴交流。

活动准备：积塑、图书、胶线、豆子等。

活动过程及指导：

提醒幼儿进餐后收拾桌面，重点指导先璐。

室内活动自由选择，提醒幼儿用舒服的声音说话。

二、早操活动

活动目标：1. 在教师的提醒下做好早操前的自我着装检查。

2. 在走、跑过程中通过目测调整与同伴距离。

活动准备：音乐、棍棒。

活动过程及指导：

1. 观察幼儿早操准备情况，并提醒幼儿解便，检查鞋带、衣物等。

2. 通过语言、眼神、动作等激发、调动幼儿情绪，重点指导先璐、黄晓珂有精神地做操。

3. 走、跑时提醒幼儿注意调整与同伴距离。

三、分组学习活动：下落的物体

设计思路：落叶是秋季的典型特征，孩子们不仅观察到落叶的现象，而且关注叶子下落的姿态，同时也对日常生活中其余物体下落的不同姿态予以了极大关注。于是教师运用“落叶”这一问题情境激发幼儿探究欲望，设计了学习活动“下落的物体”。教师提供丰富、典型的活动材料，引发支持幼儿主动探究、观察，在与材料的相互作用中获得有关物体下落这一科学现象的感性认识，注重引导幼儿与同伴协商、合作，共同获得成功和愉悦的情感体验。

活动目标：

1. 能大胆尝试、观察、发现不同物体扔到空中后的下落情况，体验科学探索活动的乐趣。

---

① 江汉艺术职业学院《幼儿园班级管理实训手册》，2010 年 3 月。

2. 能与同伴协商、合作，尝试用简单符号进行记录。

活动准备：核桃、叶子、纸、绸帕、丝带、铃铛、鸡毛、纸蜻蜓；记录纸、笔。

活动过程：

1. 引导幼儿参观材料并设疑，激发幼儿探究愿望：

(1)将物体扔高后会怎样？都会掉下来吗？请幼儿尝试。

(2)幼儿操作，鼓励幼儿将各种物体向上扔高并仔细观察。

(3)幼儿总结、交流操作情况，激发新的探究兴趣。

2. 引导幼儿观察不同物体的下落情况并进行记录，教师巡回观察，必要时给予指导。

(1)幼儿分组，先协商分工，然后再去试一试、看一看这些东西是怎样掉下来的？并将观察情况进行记录。

(2)幼儿分组探究，教师鼓励幼儿大胆尝试，启发幼儿多观察，多比较。

3. 幼儿交流讨论探索情况。

活动延伸：户外探索"下落的物体"。

四、喝水

活动目标：1. 解便后能在老师的提醒下扎好裤子。2. 能有序地进行盥洗和取放杯子。

活动过程：1. 重点提醒小伟、峰峰整理衣裤。2. 重点提醒峰儿、天天找到自己的位置，不推挤朋友。

五、户外活动

活动目标：

1. 听到信号后能快速做出相应反应。

2. 能灵活地躲闪追捉和钻，动作协调。

3. 体验与同伴合作进行户外活动的快乐。

活动准备：绳辫、皮球、粘粘球、飞镖、跳绳等。

活动过程：

1. 准备活动：动颈、动腕、动腰、动腿。

2. 体育游戏：老鹰捉小兔，突出强调听信号后快速站成圆圈，搭成树林。

3. 分散活动：重点指导幼儿在玩球、绳辫、粘粘球时与同伴合作游戏。

4. 放松活动：气息调整，重点放松下肢。

(1)观察幼儿收拾玩具情况，重点提醒张济科、吴佳峰将玩具放入筐内。

(2)提醒幼儿解便、洗手、喝水。

六、游戏活动

活动目标：

1. 尝试与同伴协商分工，合作游戏。

2. 体验与同伴友好合作的快乐。

问题估计：1. 取放材料和布置场地时分工不明确，主要表现在手工区。2. 分工后，对自己承担的任务不能坚持完成，主要表现在建构游戏中。

活动准备：开放各活动区材料。

活动过程：

重点观察手工区和建构区的分工合作情况；

通过提问了解幼儿分工情况；

观察幼儿分工后的游戏情况，鼓励幼儿坚持完成自己的任务，提示有困难的幼儿向同伴寻求帮助。

七、餐前活动：游戏评价

活动目标：能用较流畅的语言大胆地在集体面前表达自己的感受。

活动过程：1. 如建构区分工合作有较大进步，参观“建筑工地”，请幼儿进行介绍游戏情况，增强幼儿分工合作意识。2. 幼儿讲述自己在游戏中与同伴玩得最高兴的事。

八、午餐

活动目标：1. 在教师提醒下合理掌握进餐速度。2. 能注意保持桌面清洁，进餐后能把自己面前收拾干净。

活动过程：1. 提醒幼儿进餐后收拾桌面。2. 激发全体幼儿食欲，重点提醒昊儿细嚼慢咽，提醒可可、佳媛、小宇注意力集中，一口接一口吃饭。

分析上例可以看出，这是一个按一日活动流程为序设计的比较详尽的半日活动计划，从中可以归纳半日活动方案设计的要点如下：

1. 每一个活动环节有具体、可操作的小目标，从目标出发选择和组织活动内容。

2. 把半日活动的安排看成一个整体，即在一段时间内，对某一内容进行系列化探索和表现，丰富和加深了幼儿对学习内容的认识和体验。

3. 将完成教育目标的活动灵活自然地渗透到幼儿一日生活的各个环节中，让幼儿在自然状态下获得发展。

4. 把握不同类型活动的时间比例，给幼儿自主学习探索、发展个性留下一定的时间和空间。

5. 在活动时间与活动形式上，考虑集体活动、小组活动、个别活动各有其作用，一般情况下，其时间比例可以为 1∶2∶3，老师可根据幼儿的年龄特点进行必要的调整。

6. 幼儿每天的户外活动时间日托不少于两小时，全托不少于三小时。注意室内活动与户外活动相结合，满足儿童的兴趣与学习、发展需要。

（四）具体活动方案设计

幼儿园具体教育活动包括游戏活动、生活活动、区域活动、集体教学活动等。下面仅以集体教学活动为例分析具体活动方案设计：

案　例

大班科学领域活动：好玩的魔术①

【设计意图】

孩子们对魔术有一种与生俱来的浓厚兴趣，表现出极大的好奇，在平时的自由活动时间总是自发地聚集在一起模仿魔术师玩魔术小游戏活动。因此，我从幼儿兴趣出发设计了本次《好玩的魔术》科学探究活动。旨在引导幼儿通过观看魔术表演和模拟魔术表演的活动，激发幼儿对魔术中科学原理的探究欲望和动手操作的兴趣，带领孩子们感受神奇的魔术，积极引导幼儿充分运用各种感官，动手动脑，主动探究魔术的秘密，并通过自己表演魔术的方式来表达探索的结果，最后通过设疑结束活动，激发幼儿继续探索的兴趣。

【活动目标】

通过观看魔术表演，感受魔术的神奇，愿意对魔术进行探究。通过模拟魔术表演，体验成功的乐趣。

充分运用各种感官，动手动脑，主动探究魔术的秘密。

积极探索魔术中蕴含的科学原理，初步感知“麦比乌斯圈”的基本特征，了解其在生活中的运用。

【活动重点】探索魔术的秘密，初步感知魔术中蕴含的科学原理。

【活动难点】通过幼儿自己动手和对比观察来初步感知“麦比乌斯圈”的基本特征。

【活动准备】

教具：剪刀、彩纸、两色操作纸环道具；两圆套在一起的纸圈一个。

学具：人手两份红色的纸、人手两份不同颜色的纸圈、剪刀每人一把。

【活动过程】

导入：谈话引入活动，表演魔术引起兴趣。

---

① 湖北省首届师范生教学技能竞赛优秀教案，执教：江汉艺术职业学院王小永。

通过谈话引导幼儿回忆已有生活经验：

小朋友们，你们看过魔术表演吗？在哪看的？是谁表演的？

教师表演套圈小魔术，引发幼儿的兴趣。幼儿观看魔术表演。

今天老师就来做魔术师，给我们的小朋友表演一个魔术。小朋友看，老师手上有两个环子，一根绳子，现在老师把环子套到绳子上，拉一下。能不能拉动啊？请小朋友们拉一拉。现在老师拿出魔巾盖好，展现老师的魔法啦。拉开魔巾请小朋友看怎么样啦？

二、老师表演拉线小兔魔术，引导幼儿探索小兔子魔术的秘密。

刚才老师给小朋友表演了一个魔术，小朋友们想不想再看老师表演一个呢？

1. 教师表演拉线小兔子魔术，幼儿观看。

小朋友看老师手里拿了什么？现在老师要把这张红纸变成一只小兔子。先撕出小兔子的一只耳朵，再撕出另外一只耳朵。把中间的部分往后折，然后撕掉。相信吗？老师可以让小兔子的耳朵动起来。拿出老师的魔法针线，从小兔子的耳朵穿过来，轻轻地拉，小兔子的耳朵怎么样了？再拉另外一只耳朵看看怎么样了？

2. 幼儿猜一猜：小兔子的耳朵是怎么动起来的呢？

3. 幼儿第一次操作，教师引导幼儿探索拉线小兔子魔术的秘密。

老师给小朋友准备了许多材料，小朋友自己也去试试吧！

小朋友的兔子耳朵有没有动起来啊？老师请一位小朋友到前边来和老师的小兔子对比一下，小朋友发现了什么秘密呢？老师为什么把大拇指藏在后边？为什么做拉线的假动作？

魔术就是先把秘密藏起来，然后做一个假动作表演给观众看。

4. 幼儿第二次操作，进行拉线小兔子魔术表演。

小朋友都发现了秘密，请小朋友再去试试。

小朋友都学会了，现在表演给身边的伙伴看。

老师要请几个小魔术师来前边给小朋友们表演一下。

三、引导幼儿探索纸圈魔术的秘密。

小朋友们做魔术师的感觉怎么样啊？小朋友想不想再试一次呢？

1. 出示纸圈引导幼儿猜测：拿剪刀沿线把纸圈剪断，纸圈会变成几个？

老师的手里有一个纸环，中间还有一条线，老师沿着线把纸环剪开，小朋友想想会变成几个圈呢？

2. 教师操作，幼儿观察：用剪刀沿中间剪断，变成一个大圈。

老师来剪一下，看看到底会变成几个圈？小朋友看，变成了一个大圈。

幼儿尝试剪不同颜色的两个圈，通过对比发现其中的秘密。

这到底是怎么回事呢？老师不告诉你们，请小朋友自己动手去发现其中的秘密。

四、引导幼儿了解麦比乌斯圈的神奇。

刚才那种神奇的圈就叫做“麦比乌斯圈”。这么神奇的圈都可以做什么呢？现在请小朋友和老师一起看看吧！

1. 请幼儿观看PPT视频，感受麦比乌斯圈的神奇。

2. 请幼儿观看麦比乌斯圈在生活中运用的PPT，激发幼儿创造美好生活的愿望。

刚才我们看完了神奇的麦比乌斯圈的作用，小朋友以后也利用麦比乌斯圈的原理做出更多对人们有意义的东西吧！你们有没有信心？

五、结束：出示两个相连的圈，通过设疑激发幼儿继续探索的兴趣。

小朋友看老师手里有两个连在一起的圈，这又是怎么剪出来的呢？请小朋友下去自己试一试吧！

【活动延伸】将魔术材料投放到科学区、表演区，鼓励幼儿区域活动中进一步探索，并以记录表的形式总结探究发现。

【活动反思】

本次科学探究活动，从幼儿兴趣出发，设计中突出科学活动注重幼儿探究欲望的激发和探究能力的培养这一核心价值，通过观看魔术表演、模拟魔术表演、观看视频课件、参与话题讨论等活动，积极引导幼儿充分运用各种感官，动手动脑，主动探究魔术的秘密，并通过自己表演魔术的方式来表达探索的结果，在设疑中结束活动，激发幼儿继续探索的兴趣，基本达成了预期活动目标。

活动延伸环节幼儿区域活动的进一步探索活动还应该增加探索材料的多样性。

从上例可以看出，规范的幼儿园集体教学活动方案包括：活动名称、活动对象、设计意图、活动目标、活动重点、活动难点、活动准备、活动过程、活动延伸、活动反思等要素。

1. 活动名称——要求突出活动的内容特征、激发幼儿活动兴趣。

2. 活动对象——标注本活动适宜的幼儿年龄班(小、中、大班)。

3. 设计意图——对活动生成情况和活动设计指导思想进行简要说明。

4. 活动目标——一般采取行为目标表述，语言简练地表述与幼儿已有经验和实际水平相一致的、体现其“最近发展区”学习需求的三维目标(认知、情感态度与动作技能)，要求全面、具体、可操作。

5. 活动重、难点——在对活动内容分析的基础上，找准与活动目标匹配的知识点、体现领域核心价值的重点、对幼儿而言具有挑战性的难点和促进幼儿全面发展的整合点。

6. 活动准备——知识经验准备(幼儿的生活经历、经验预知)，活动环境资源准备(主题墙创设、场地环境布置、教学具准备等)，活动中教师配班准备等。

7. 活动过程——活动环节步骤安排、活动形式、活动方法等，通常应有序地呈现教学活动的每个环节和步骤安排，通常在格式上采取简练概括的小标题来表述；详细说明活动中每个环节和步骤的具体组织策略，尽可能详尽地反映出每个环节的具体活动内容、操作方法和要求标准；设计出活动中教师的导语、过渡语、讲解、提问等教学语言。

8. 活动延伸——将集体教学的学习内容延伸到生活活动、游戏活动、区域活动等一日生活之中，使集体教学活动的学习得以在一日生活其他活动中强化、拓展和迁移，并实现幼儿园教育活动的整合性。

9. 活动反思——活动实施后对集体教学活动进行理性分析，总结经验，找出不足，提出改进意见和建议。

此外，幼儿园具体教育活动还有区域活动、游戏活动、家园共育活动、运动会、郊游远足活动等，活动方案的设计规范大致相同。但是，与集体教学活动相比，因其活动形式及其活动特点的差异，活动过程设计和活动方法设计等各有不同，由于区域活动、游戏活动活等结构化程度较具体教学活动低，因此活动过程设计更强调幼儿的自主性、创造性、娱乐性。

本章小结

幼儿园教育活动设计是幼儿园教育活动实施的前提和依据，是幼儿园教师的专业基本功之一。

幼儿园教师应在《纲要》和《指南》观照下，以促进幼儿的学习和全面发展为根本目的，从幼儿的实际水平和发展需求出发，运用系统方法，将学习理论与教学理论等原理转换成对活动目标、活动内容、活动方法和活动策略，设计出有效的教育活动方案，用以指导教育活动实践活动。

幼儿园教育活动设计应遵循科学性、针对性、整体性、可行性等基本原则，掌握一定的设计规范，并在活动设计实践中不断总结、不断提升，不断追求教育活动设计的独创性和个性特色，逐步形成自己的教育风格。

思考与练习

1. 什么是幼儿园教育活动目标？联系实际谈谈幼儿园教育活动目标的意义。

2. 如何理解幼儿园教育活动目标体系？教育活动目标设计的要求有哪些？

3. 幼儿园教育活动内容选择和组织应遵循的原则有哪些？自选案例分析评价教师对活动内容的选择与组织。

4. 幼儿园教育活动方法有哪些？请为中班科学活动《奇妙的磁铁》设计活动方法。

5. 分组完成幼儿园班级学期计划、月计划、周计划。

6. 自选活动类型，设计一份具体教育活动方案。

第九章　幼儿园教育活动实施的组织与指导

本章学习目标

- 理解并掌握幼儿园教育活动实施的基本原则；
- 掌握幼儿园教育活动实施中活动环境创设的原则和策略；
- 掌握科学高效地组织一日活动的策略。

本章内容引言

幼儿园教育活动的实施是教育活动设计的执行和落实，是实现教育活动目标的关键环节。

幼儿教师应遵循活动实施的基本原则，通过创设适宜的学习环境，科学合理地安排幼儿一日活动，与家庭、社区密切合作，有效促进幼儿全面和谐发展。

学习本章，你将会理解幼儿园教育活动实施的基本原则，掌握幼儿园教育活动实施的组织策略。

第一节　幼儿园教育活动实施的基本原则①

幼儿园教育活动实施是为实现教育活动目标，以教育活动设计为前提和依据，组织幼儿开展相应的教育活动，将活动方案付诸实践的过程。

对于教育活动实施的理解应从三个维度进行：

一是从活动目标的维度，它是在众多复杂性中求得调和和平衡的过程。

因为幼儿园教育活动彼此关联紧密，前后衔接，在对活动方案的实施中，应对活动

① 赵玉惠主编. 幼儿园活动教程[M]. 北京：高等教育出版社，2004.

目标进行纵向和横向的分析，确保达到纵向上的连贯、递进和一致性，横向上的互补、渗透和拓展性。

二是从活动执行的操作维度，它是采纳、调适与应用活动方案的再创造过程。

因为幼儿园教育活动的实施过程，是教师组织幼儿根据活动设计方案开展教育活动的实践过程，活动设计方案必然成为活动组织的依据，但是，活动实施过程不是对活动方案的“依葫芦画瓢”。它要求教师在活动中既要执行活动方案，又要根据幼儿的兴趣变化、活动表现和反馈信息，对活动组织及时调控和灵活应变。

三是从活动效果的维度，它是落实教育活动课程思想以创造教育活动新文化的过程。

每一次教育活动的实施，都是对教育活动教育思想的贯彻和落实，而实践活动的效果分析又会反过来形成新思想、新方法、新的教育活动文化，为幼儿园课程改革提供依据，推进课程改革的深入。

教育活动是由不同的对象、不同的情景和不同的环境条件所构成的一个复杂而动态的活动。活动本身的复杂性决定了组织与实施活动过程的复杂性。这种复杂性表现为影响活动实施的多种因素，而在一系列因素中，教师、幼儿和环境是最主要的三大要素。

幼儿园教育活动的实施过程是教师创造性地开展工作的过程，是教育活动设计的执行和落实，也是实现教育活动目标的关键环节。

幼儿园教育活动的实施过程是教育者与儿童平等对话和交流的过程，是体现教师的教育理想和观念的过程，也是教师教育行为显现和作用的过程。教师对教育、对儿童以及对自身的正确认识和理解将通过外显的教育行为在活动的组织与实施中影响到教育的效果。

幼儿园的教育活动是教师以多种形式有目的、有计划地引导幼儿生动、活泼、主动活动的教育过程。

从确定和实现幼儿教育活动的目的任务来看，教与学是一个双边活动过程，既受社会发展的客观需要制约，又受人类的认识规律和幼儿身心发展规律制约，是一个复杂的有规律的过程。

为了使幼儿园教育活动符合教育教学的客观规律、符合幼儿身心发展的客观规律，保证教育活动质量，圆满实现幼儿教育目标，在教育活动实施过程中，必须遵循一定的基本原则。并且确保基本原则贯穿于幼儿园教育活动的全过程，指导教育活动的各个方面。具体内容如下：

（一）发展性原则

发展性原则指幼儿园教育活动要能促进幼儿的全面和谐发展，即智力、体力、道德、意志、情感等的发展，使幼儿从现有的发展水平向最近发展区发展。

可以从以下三方面理解发展性在原则：

1. 发展性原则要求我们充分认识到儿童的发展是一个整体。

要注重领域之间、目标之间的相互渗透和整合，促进幼儿身心全面协调发展，而不应片面追求某一方面或几方面的发展。

2. 发展性原则要求我们要尊重幼儿发展的个体差异。

幼儿的发展是一个持续、渐进的过程，同时也表现出一定的阶段性特征。每个幼儿在沿着相似进程发展的过程中，各自的发展速度和到达某一水平的时间不完全相同。要充分理解和尊重幼儿发展进程中的个别差异，支持和引导他们从原有水平向更高水平发展，按照自身的速度和方式到达《指南》所呈现的发展“阶梯”，切忌用一把“尺子”衡量所有幼儿。必须面向全体幼儿，把体、智、美全方面发展教育贯穿于幼儿园的各项活动之中。

3. 发展性原则要求我们让教育活动走在幼儿发展前面，引导幼儿的发展。

只有走在发展前面的教育才是良好的教育，即教育活动不应跟在幼儿发展的后面或在已达到的发展水平上进行，而应在没有完全成熟但是正在形成的心理功能的基础上进行。

我们必须在充分了解幼儿已有知识和理解能力、智力水平的基础上提出“略为超前”的适度教育要求，把幼儿发展的可能性与积极引导幼儿发展二者辩证地结合起来。即是，既不宜低估或迁就幼儿的年龄特点，错过发展的机会；又不可揠苗助长，超过发展的可能性，这样才能使幼儿在最近的发展区获得尽可能的发展和提高。

发展性原则要求我们在教育活动中应该做到：

1. 深入了解全体幼儿的一般情况、发展水平和发展潜力，并对其作出正确的估计。

2. 活动内容深浅难易要适当，充分考虑幼儿的可接受性。一般应有一定的难度，略高于现有发展水平，又不超过发展的可能性，要求幼儿经过一定的努力才能掌握。

3. 由浅入深、由易到难、循序渐进地安排教学内容，要求幼儿不断努力，从而促进幼儿不断发展。

4. 综合运用各种活动方法，并不断加以改进，按照知识的逻辑顺序和幼儿认识能力在发展的最近区域进行教学，使幼儿利用已有的知识去获得更多的新知识，同时发展智力。

5. 照顾个别幼儿的情况，因材施教，量力而行，使每个幼儿都能在原有的基础上获得最大限度的发展，由现有发展区域向最近发展区域过渡。

6. 重视教材、专利法的科研和改革，促使幼儿积极地、主动地开展智力的、情感的独立活动，以达到幼儿个性的全面发展和智力水平的迅速提高。

(二) 趣味性原则

趣味性原则是指在教育活动中要寓教于乐，活动内容、活动形式和活动过程的安排符合幼儿的兴趣需要，能引起幼儿浓厚的学习兴趣，激发幼儿学习的积极性和求知欲，使幼儿在愉快的气氛中，带着喜悦的、好奇的、求知的情绪，全身心地投入到活动中去，获取最近发展区的经验和全面发展。

运用趣味性原则要求我们在教育活动中应该做到：

1. 选择符合幼儿特点的、幼儿感兴趣的活动内容，以引起幼儿的活动兴趣，并通过启发诱导使之进一步转化为学习的内在动力，从而激发幼儿学习的主动性和积极性。

2. 以游戏为基本活动，采取灵活多样的教育活动组织形式，寓教育于各项活动之中。要根据幼儿的年龄特点选择和指导游戏，因地制宜地为幼儿创设游戏条件，尊重幼儿选择游戏的意愿，使他们始终保持积极的情绪状态，将幼儿生活活动、游戏活动、集体教学活动、区域活动等有机组合、相互渗透、相互配合，共同促进幼儿的全面发展，让幼儿在动静交替的不同类型的教育活动中始终保持对教育活动浓厚的活动热情。

3. 根据活动内容和幼儿实际，恰当地、灵活地运用活动多样化的活动方法，充分利用实物、模具、电化教育、生动形象的语言动作、不同的操作材料和游戏材料等增加活动的趣味性，以激发幼儿观察感受、操作探究、获取知识的技能的兴趣。

4. 创设良好的教育活动环境，充分发挥教育活动环境作为隐形课程的教育影响作用，以不断变化的和教育活动密切关联的丰富的活动环境，刺激幼儿的求知欲、好奇心，调动幼儿对于与活动环境密切互动的浓厚兴趣，为幼儿在各类活动中与环境的多元互动提供物质和精神的保障。

5. 教师以饱满的热情、浓厚的兴趣、艺术性的启发引导去感染幼儿、鼓舞幼儿、调控幼儿，促进幼儿良好的学风的形成和学习兴趣的保持。

(三)主体性原则

所谓主体性原则，一般来说就是承认、重视并坚持主体在实践和认识活动中的地位和作用的原则。

幼儿园教育活动的主体性原则是指在教育活动中，承认、重视并坚持幼儿作为活动主题在教育活动中的地位和作用的原则。

在幼儿园教育活动中，幼儿就是自己学习和发展的主体，他们都有主观能动性、创造性。我们的活动要求、教育影响都必须通过幼儿一定的生理、心理的过程，以幼儿自身的认知结构和活动为中介，才能转化为幼儿的知识经验体系和幼儿的能力、个性特征。每个幼儿都以他自己的方式去理解和接受教师对他们的影响，并且每个幼儿都以他们独特的方式对我们教师的教育影响作出反应。比如，在我们在组织教育活动时，有的幼儿很认真地参与，有的幼儿不愿意听，不愿意学，甚至有的幼儿在我们教师很认真地组织活动时，他们还在睡觉或注意力不集中，这不但不能说明他们不是自己学习的主体，相反正说明了他们是自己学习和发展的主体——这是他们能动性的表现，是他们根据自己的经验和需要选择我们教师对他们所施加的教育影响。幼儿成为或者没有成为教师所期望的“好孩子”，那都是幼儿主体性的一种表现形式。

因此，在教育实践中，我们应该做的、能够做的是如何尊重幼儿的主体地位，如何把幼儿当作真正的主体来对待，而不是如何去“让”幼儿成为主体。

主体性的培养，不仅是教育幼儿的手段，更是幼儿教育所追求的一个目标。

教育活动中我们要面向全体幼儿，尊重幼儿主体，将每个幼儿都当作其学习的真正主体面向全体幼儿，尊重幼儿主体，使每个幼儿都能成为各种教育活动的“主角”。

主体性原则要求我们做到：

1. 教育活动要符合幼儿身心发展的规律要求并促进他们身心的健康发展。

2. 活动过程中，要注意调动幼儿学习的内在积极性、主动性、能动性。

反对单纯依靠严厉的纪律制度、奖惩制度来迫使幼儿学习，因为这样的学习并非真正主体性的学习，并且它还会有许多不良的后果，如使幼儿把学习当作负担，久而久之逐渐讨厌学习等。

3. 教育活动要适应并促进幼儿个性的发展。

为此，我们要给幼儿以一定的选择权利，我们的活动要个性化。多将一些主动权交给幼儿，使他们能根据自己的需要、兴趣、爱好、特点和其他条件，选择适合自己的活动内容和活动方式方法，实现自己个性、主体性的发展，从而使教育活动目标由外在强制的力量转化为幼儿主体能动追求的东西。

4. 要为幼儿创造一个宽松的、和谐的学习环境。既保证幼儿教育活动的物质环境带给幼儿安全、卫生和审美愉悦，又保障幼儿在轻松、愉悦、民主、友好的氛围中获得积极的心理影响。

在教育活动中，切忌教师“一言堂”。要允许幼儿发表自己的意见并给之以机会；在这种环境中，幼儿的行为和想法不会招来成人或其他小朋友的种种非议，使幼儿感到轻松、愉快。

此外对幼儿的犯错误或失败应多一点宽容。因为幼儿年龄小，经验不足，能力有限，犯错误或失败是难免的，如果我们对犯错误或失败的幼儿缺乏宽容之心，当他们犯错误或失败时，对他们施以严厉的处罚，这将会扼杀幼儿的主体性（如主动性、创造性等）；另外，我们还应该认识到，犯错误或失败也是幼儿成长必须经历的一个过程，犯错误或失败本身就是幼儿的学习内容和途径。

5. 鼓励幼儿创造性地学习。

我们倡议，不管怎么“高明”的教师都应该想办法给幼儿留下一个具有诱发批判精神和创造性的形象——“老师说的不一定都对”，防止幼儿产生“盲从”心理和行为。

但是幼儿园教育活动的主体性原则绝不意味着对幼儿“放羊”和“放任”，而是承认并尊重幼儿的主体地位，在教育活动中，不断地、有目的、有计划地发展幼儿的主体性。因此教师的主导作用不但不能因为坚持主体性原则而被“弱化”，而且还因此更显得教师主导的重要和艰巨。

如教师在组织幼儿进行故事《龟兔赛跑》表演游戏时，当孩子对故事已经非常熟悉，并且能够熟练地进行表演时，教师引导幼儿分组来创编不同的故事结局进行表演，在创编故事不同结局和进行表演时，无论是故事中的对话、动作、表情、神态还是故事中角色的分配、服装道具的选择都是由幼儿通过小组讨论自主完成的，这才充分地体现出幼儿为游戏活动的主体，才是幼儿真正的游戏。而教师这时应该是参与者、合作者、引导者。

当幼儿在小组讨论如何创编故事的结局、分角色、选择道具进行装扮时，不能因为体现了幼儿为主体，就从一个极端走向另一个极端，完全放手不管，教师要进行认真的倾听、细致的观察和指导。分别到每一组去倾听幼儿的讨论，适当地加以指导，比如：当孩子编出兔子睡着之后，小乌龟爬到它身边把它推醒，并提醒它快跑时，最后乌龟和小兔子共同跑到比赛终点，教师要适当地引导幼儿想一想小乌龟会做哪些动作？会说什么？怎样说？小兔子又会做什么动作？说什么？怎样说？等等。当孩子在分角色发生矛盾，大家都想要演迷路的小鸟，不想演小兔子时，教师适当地参与角色，来扮演小兔子，这时既满足了孩子的愿望又适当地做了小兔子的示范表演，充分发挥了教师的主体作用，真正体现了教师是教育活动的参与者、合作者、引导者。

(四)实践性原则

实践性原则是指在幼儿园教育活动中，教师要以幼儿的实际活动为基点，创设各种情景，组织各种活动，使幼儿在原有的发展水平上，通过与物体相互作用的操作活动及与教师和同伴的交往活动，使各方面的能力都得到训练和提高。

在幼儿园教育活动中，幼儿身心每一个方面的发展都离不开幼儿自身的实践活动。在实践活动中，幼儿的各种感官充分协调地运动，大脑也处于积极的活动状态，通过各种感官接触外界事物首先得到的是对事物表面特征及外部联系的认识，即感性认识。

随着实践活动的继续，在对外界事物的感性认识积累到一定程度时，就会从感性认识上升到理性认识，即形成对事物本质及内部联系的认识。但从感性认识上升到理性认识，认识活动并没有结束，从实践中得到的理性认识还必须作用于实践，在实践中接受检验。同时，人们对于一个复杂事物的认识往往不是一次就可以完成的，由于受主客观条件的限制，需要反复实践、反复的实践、反复认识。

实践性原则既贯穿于幼儿园教育活动的各个方面，又贯穿于幼儿园教育活动的始终。

实践性原则要求我们在教育活动中应该做到：

1. 在组织幼儿参加各项活动和日常生活活动中，应根据幼儿身心发展的特点，向幼儿提出一定的要求，使幼儿在活动中反复练习、反复训练、反复实践。

2. 既要相信幼儿，放手让幼儿进行操作实践活动、交往活动，又要进行必要的、恰当的组织与指导，以促进幼儿在活动中不仅积极参与实践活动，并且掌握实践活动方法，在多种感官参与的实践活动中感知体验，动手动脑，获得认知、情感态度、动作技能与各种能力的全面和谐发展。

3. 为幼儿提供丰富的物质材料、实践活动环境，提供充分的活动时间并做好时间的分配，提供他们与环境材料、与同伴、老师交往的机会，为幼儿的实践活动提供必要的物质和精神支持。

4. 鼓励幼儿在实践活动中发挥主动性、积极性和创造性，使实践活动真正成为幼儿个性全面发展的途径和手段。

（五）整合性原则

整合是指在一个系统内把不同类型、不同性质的事物根据一定的需要加以组合，使各要素整体协调、相互渗透，成为一个优化的整体，产生超过所组成的事物各自功能的整体功能。

幼儿园教育活动实施的整合性原则是指在教育活动实施体系中，将教育活动目标、活动内容、活动资源、活动类型、活动方法等整体协调、相互渗透，有机组合成为一个优化的整体，从而产生教育效益的最大化和最优化。

整合性原则要求我们在教育活动中应该做到：

1. 整合教育活动目标。

尽管幼儿园教育活动相对划分为五大领域，但是，在教育活动实施过程中应将五大领域的教育目标和体、智、德、美全面发展目标对应起来，并对活动目标进行跨领域的、有机的整体规划，使每一类教育活动、每一次教育活动都能成为促进幼儿全面和谐发展的必要途径。

2. 整合教育活动内容。

以教育活动目标整合为前提，对教育活动内容进行领域之间、活动类型之间的相互渗透和有效衔接，在教育活动内容的选择和安排上从幼儿园课程整体建构需要出发，充分考虑幼儿的学习特点和认识规律，将幼儿全面发展教育内容整合到幼儿一日活动之中，注重活动内容的整体综合性，从而最大限度地帮助幼儿获得有益的学习经验，促进幼儿全面发展。

3. 整合教育活动资源。

《纲要》强调开放教育理念，十分重视教育资源的开发和利用。要求幼儿园“应与家庭、社区密切合作，与小学相互衔接，综合利用各种教育资源，共同为幼儿的发展创造良好的条件”；“充分利用自然环境和社区的教育资源，扩展幼儿生活和学习的空间”。根据这一理念，我们要树立开放的教育资源观，在开展幼儿园教育活动中，要致力于开发和利用幼儿园、家庭、社区丰富的教育资源，积极主动地在教育活动中进行园内、外各种教育资源的多形式整合，以实现园内、外教育资源使用综合化和最优化。遵循挖掘、拓展、整合的原则，努力开发和利用各种教育资源，探讨各种教育资源在教育活动过程中的合理整合与利用，以及各种教育资源整合与利用的有效方法，为幼儿的发展创造良好的条件。如：中班开展“春天”主题活动中，幼儿对探索动物秘密感兴趣，幼儿在家利用家庭空间资源，在家长指导下饲养、观察小动物，如小蝌蚪、小乌龟等，从中了解小动物生长的特征与生活习性，还与家长一起利用家庭信息资源和时间资源的优势，收集各种有关春天的资料、图书、图片。家长发挥自身文化资源优势指导幼儿看这些图书、图片资料，回答幼儿的疑问。这一系列活动中，家长自身及家庭中各种教育资源通过整合与幼儿园主题教育需求产生了积极互动，从而实现了探究目标，丰富了幼儿认知，发展了幼儿能力，激发了幼儿爱探究、爱父母、爱家庭的情感。如："六一"节大班开展"时装表演"活动，活动前幼儿与家长一同看书、找资料，了解服装的种类，一同设计服装，利用家庭信息、家长时间等资源，制作节日服装，而后参加"六一"时装表演，使幼儿在与家长一同收集资料、制作服装及参与时装表演全过程中获得成功的体验，还增进了亲子情感。这一系列活动中多种教育资源的整合，使幼儿园与家庭拉近了距离，在连续互动的同时又加深了家长与幼儿园的情感沟通，使家长感受到孩子的成长，从而增强家长与幼儿园配合的主动性，也促使幼儿园与家庭的教育资源整合更加和谐。

4. 整合教育活动类型。

幼儿园教育活动是教师以多种形式有目的、有计划地引导幼儿生动、活泼、主动活动的教育过程。幼儿园教育活动在幼儿一日活动中通常以生活活动、游戏活动、区域活动、集体教学活动等活动形式组合呈现。教师应科学、合理地安排和组织一日生活，因时、因地、因内容、因材料灵活地将幼儿园教育活动的五级目标以恰当的活动类型、有机的组合方式构建幼儿一日活动。确保一日活动类型的多样性和各类活动之间的彼此衔接和渗透。

5. 整合教育活动方法。

幼儿园教育活动常用的方法有口语类(如讲解、谈话、讨论等)、直观类(如示范法、演示等)、实践类(如观察、游戏、操作练习、实验探究、参观、调查、表达等)，在教育活动实施中，应根据活动目标、活动内容、活动类别灵活选择和运用，用多样化、最优化的组合方式，运用各类活动方法服务于教育活动。

(六)保教结合原则

保教结合原则是指在教育活动中，教师要树立保教并重的思想，把保教和教育有机地结合起来，使幼儿在健康成长的同时增长知识和技能；发展智力的同时形成良好的品德和行为习惯，身心得到全面发展。

保教结合原则不仅是我国幼儿园教育方针在幼儿园教育活动实践中的具体体现，也是我国幼教工作者长期工作经验的总结，是促进幼儿身心全面健康发展的基本原则。

保教结合原则贯穿于幼儿园教育工作的各个方面和各个环节，贯穿于幼儿园教育教学活动的始终。因此，在幼儿园教育活动中，必须把二者有机地结合起来。在幼儿园各项具体教育活动中，始终坚持保教结合的原则，既要注意在教育活动过程中加强对幼儿的保护，也要注意发挥日常生活活动的教育作用。

保教结合原则要求我们在教育活动中应该做到：

1. 树立全面发展的教育思想，增强保教结合意识，在工作中坚持保教并重，不可偏废。在教育活动实践中既要发挥生活保育中的教育作用，又要发挥教育活动中的保育作用。要把保育和教育有机地结合起来，贯彻到幼儿园各类教育活动的各个环节和整个过程中去，以实现保育和教育共同的目标。

2. 在教育活动中时刻注意加强对幼儿的保育工作：

(1)科学合理地安排幼儿活动，注意活动的持续时间、方式方法和强度、难度，给幼儿创造良好的活动环境和充足的自由活动机会；

(2)密切注意教育教学环境的安全和卫生，合理调整活动室的照明、通风、保暖，幼儿坐、立、动作、阅读和书写的姿势，以及活动区、活动过程中房屋等建筑物、建筑材料、玩具、剪刀、铅笔等的安全和卫生；

(3)加强教学过程的管理，对教学过程中偶然出现的问题及时处理。教育活动中配班教师和保育员密切配合主班教师观察幼儿，及时为教育活动的开展和活动中幼儿的需要提供必要的帮助，为教育活动保驾护航。

以上是幼儿园教育活动中应遵循的基本原则。每一个原则都不是孤立存在和单独起作用的，它们是相互联系的，并在整体上发挥着作用。因此，幼教工作者对待这些原则，必须要在正确理解各项原则的实质和它们之间相互关系的基础上，结合各园、各班、各类、各个具体教育活动的特点和幼儿年龄特征，正确地、创造性地运用，使其在完成教育活动目标、提高教育活动质量、促进幼儿身心全面发展等方面发挥出应有的作用。

第二节　幼儿园教育活动实施的组织策略

《指南》明确指出，幼儿园实施《指南》应把握以下几个方面：1. 关注幼儿学习与发展的整体性。儿童的发展是一个整体，要注重领域之间、目标之间的相互渗透和整合，促进幼儿身心全面协调发展，而不应片面追求某一方面或某几方面的发展。

2. 尊重幼儿发展的个体差异。幼儿的发展是一个持续、渐进的过程，同时也表现出一定的阶段性特征。每个幼儿在沿着相似进程发展的过程中，各自的发展速度和到达某一水平的时间不完全相同。要充分理解和尊重幼儿发展进程中的个别差异，支持和引导他们从原有水平向更高水平发展，按照自身的速度和方式到达《指南》所呈现的发展"阶梯"，切忌用一把"尺子"衡量所有幼儿。

3. 理解幼儿的学习方式和特点。幼儿的学习是以直接经验为基础，在游戏和日常生活中进行的。要珍视游戏和生活的独特价值，创设丰富的教育环境，合理安排一日生活，最大限度地支持和满足幼儿通过直接感知、实际操作和亲身体验获取经验的需要，严禁"拔苗助长"式的超前教育和强化训练。

4. 重视幼儿的学习品质。幼儿在活动过程中表现出的积极态度和良好行为倾向是终身学习与发展所必需的宝贵品质。要充分尊重和保护幼儿的好奇心和学习兴趣，帮助幼儿逐步养成积极主动、认真专注、不怕困难、敢于探究和尝试、乐于想象和创造等良好的学习品质。忽视幼儿学习品质培养，单纯追求知识技能学习的做法是短视而有害的。

幼儿园教育活动作为贯彻落实《指南》实施途径，在执行过程中，应时刻以《指南》精神为指导，采取科学的组织策略，引导幼儿在主动感受、体验、探究、分享等活动中获得经验和发展。下面从创设适宜的幼儿园教育活动环境、科学高效地组织幼儿一日活动两方面分析幼儿园教育活动实施的组织策略。

一、创设适宜的幼儿园教育活动环境

案 例

翩翩飞来像蝴蝶

今天的语言活动内容是秋天的儿歌《片片飞来像蝴蝶》。活动前，我采了许多槐树叶，又大肆渲染地画了一幅《秋天落叶图》，特意选了造型特别的黄色杏叶和红色枫叶，那一片片从树上飘落的红叶、黄叶，远远看去，像极了翩翩起舞的蝴蝶。我把画用布幕藏起来，以制造悬念。

活动时间到了，孩子们像小鸟一样飞进活动室，对黑板上挂着的布幕好奇极了，一个个瞪大眼睛伸长脖子，好想立刻知道那后面的秘密。看着他们的神态我心里可高兴了。

首先我拿出事先采好的槐树叶，请他们和我一起玩秋天落叶的游戏，看着槐树叶一片片地离枝，再从我的手中悠悠荡荡地飘落于地，孩子们惊喜异常，雀跃地玩起秋天落叶的游戏。霎时间，教室里落叶飘飘，满教室的兴高采烈。

看着他们兴奋、快乐样子，我也深受感染，我们一起讨论：刚刚玩的落叶像什么？孩子们七嘴八舌地描绘起来，我趁热打铁，转身揭下黑板上的布幕。“哇塞！”孩子们惊呼出声，“老师，这画好美！”“老师，这画里的落叶好像蝴蝶！”于是我即兴讲述着画里的意境，然后很有感情地朗诵了一遍儿歌，在孩子们浓厚的兴趣下开始了儿歌学习环节。这首对孩子们来说显得有些长的儿歌，孩子们在创设的情境之下轻松理解，并很快学会了。最让我惊喜的是他们诵读中表情丰富、手舞足蹈的表达！

分析：本次活动，教师事先准备了各种落叶作为活动材料，并用槐树叶、黄色杏叶和红色枫叶制作了一幅《秋天落叶图》用布藏起来。

活动开始环节，用“秋天落叶”的游戏导入活动，活动室里“落叶飘飘”，仿佛进入一个落叶飘荡的秋天世界，此情此景大大地激发了幼儿的学习欲望；基本环节，变出奇妙的《秋天落叶图》帮助幼儿感受儿歌意境。整个活动，幼儿身临其境，情绪饱满，并将游戏和观察获得的感性经验带入儿歌学习，活动效果自然事半功倍。可见幼儿园教育活动环境创设直接关系到活动的效果。

(一)幼儿园教育活动环境创设的含义和意义

幼儿园教育活动环境是支持与影响幼儿园教育活动的一切外部条件的总和，是教育活动必要的组成部分。

它是教师根据教育活动目标，着眼于幼儿身心发展需要，配合教育活动内容而精心创设的适宜的教育活动条件。

同时它也是幼儿园的隐性课程，具有美育、教育的双重功能，是幼儿园内涵建设的外在体现。

“环境是重要的教育资源，应通过环境的创设和利用，有效促进幼儿的发展。”我们要“提供健康的、丰富的生活和活动环境，满足孩子多方面发展需求。使他们在快乐的童年生活中获得有益于身心健康发展的经验。”①

幼儿园教育活动环境创设的意义是重大而深远的：

1. 促进幼儿身心健康发展。

一是促进幼儿身体发展。在教育活动中，我们为幼儿创设的安全、卫生、健康的活动环境能促进幼儿身体的正常发育。例如：活动室的清洁、采光、室温、空气流通质量和健身运动设施设备等，都为幼儿身体健康与发展提供了必要的保障。

二是促进幼儿心理健康发展。幼儿的心理健康发展，离不开与周围事物的相互作用和影响。幼儿期，各种心理过程都具有明显的具体形象性和不随意性。感知觉逐渐发展和完善，比较容易感知生动、形象的事物和现象；随意水平较低，易受外界刺激影响而转移观察目标；幼儿的情感易激动变化、外露而不稳定，常受外界情境支配和周围人情绪的影响。所以，教育活动中应根据幼儿心理特征创设良好的物质环境和宽松、友爱、民主、和谐的精神环境，给予幼儿积极、正面的影响。

2. 促进幼儿认知发展。

认知是指人们获得知识或者应用知识的过程，幼儿认知能力的发展是指其感知觉、记忆、想象、思维等认知过程及其品质的发展。幼儿园教育活动环境包括了主题墙、活

① 《幼儿园教育指导纲要(试行)》，国家教育部 2001 年 7 月。

动墙、区角、规则卡、天花板装饰等，而每一种事物对于幼儿认知能力的发展都起着促进的作用，也辅助着幼儿在幼儿园的一日生活。

根据行为主义心理学家华生的观点，人的行为就是“刺激—反应联结，通过刺激可以预测反应，通过反应可以预测刺激”。幼儿的认知是在与周围环境相互作用的过程中不断发展的。幼儿园教育活动环境作为幼儿发展的一种刺激条件，可以有目的地塑造幼儿的某些行为习惯。一旦幼儿园环境创设具有明确的指向性，就可以影响或促进幼儿特定方面的发展。例如，在区角活动中，教师通过地板上的小脚印提示该区角的活动人数，这种地面的创设就是对幼儿行为的预期，即暗示进入该区角人数与小脚印数相一致。显然，在这种情况下，环境就能替代教师的指导语，成为行为习惯的提示。

根据幼儿的学习兴趣、内容，可以将学习内容或成果展示在幼儿园的走廊、教室内，或是在环境中创设问题情境等，通过环境来激发幼儿的兴趣，呈现学习内容，延伸学习活动，从而发挥其介入功能。

例如，在开展“我们的动物朋友”的主题活动中，孩子们把自己和家长一起搜集来的有关动物的图片、模型等分门别类整理后，展示在教室的四周，让人仿佛置身于动物世界之中，从而激发了幼儿自主探索的欲望。此外，孩子们用各种材料，如小石子、砖块、贝壳、木块等，在户外场地上铺设了形态各异的小路，孩子们通过用脚踩、用手摸来感知光滑、粗糙、宽窄、长短等，在与周围环境、材料的相互作用中有效地引发了幼儿自主活动的愿望，从而激发他们学习和探究的兴趣与愿望。

3. 促进幼儿社会性的发展。

所谓儿童社会化，是儿童在一定的社会条件下逐渐独立地掌握社会规范、正确处理人际关系、妥善自治，从而客观地适应社会生活的心理发展过程。幼儿社会性的发展是在一定的环境中实现的。

幼儿与幼儿、幼儿与教师、幼儿与物体之间的交流少不了环境的支持与介入。幼儿园环境的诸多方面，如环境布置的内容及其营造的氛围、活动空间的安排及活动材料的投放等，会通过影响儿童在交往过程中的情绪状态、交往对象的数量等来影响幼儿社会性的发展。例如，幼儿园的教室内分隔成大小不同的区域便于幼儿在人数不同的小组中进行合作式学习，使幼儿与同伴之间的沟通、竞争与合作更容易一些，也便于教师进行观察、倾听和记录；区角内的各种工具、材料和设备放在幼儿触手可及的地方，让孩子们在那里选择自己喜欢的材料，用自己喜欢的姿势自由自在地、全神贯注地进行探索、学习；在幼儿园的楼梯下、走廊尽头或是教室的一角设置私密空间，满足幼儿到这个小空间里安静地休息，或与同伴谈心，使内心得到一种释放或安慰，等等。就像马拉古兹所言：“教育乃是由复杂的互动关系所构成，也只有‘环境’中各个元素的参与，才是许多互动关系实现的决定性关键。”

另外，幼儿在与教师、同伴、家长共同创设环境的过程中，幼儿与同伴进行交流、合作，表达自己在遇到困难、疑问时的沮丧、郁闷，以及完成任务后的喜悦等，幼儿在这一过程中逐渐地了解人际交往的规范和技巧，进而逐步适应社会生活。

(二)幼儿园教育活动环境创设的原则

目标性原则、适宜性原则、参与性原则、经济性原则、开放性原则。

1. 目标性原则。

幼儿园教育活动环境既是幼儿园教育活动的必要准备，又是幼儿园教育活动不可或缺的构成要素。因此创设活动环节应从活动目标出发，根据活动目标和活动内容创设适宜的活动环境，让环境材料服务于活动目标，服务于活动内容，并作为教育活动的构成要素和隐性课程，有目的、有计划地对幼儿进行生动、形象、直观和综合的信息刺激和教育影响，激发幼儿的求知欲、好奇心，帮助幼儿获得感性经验，促进幼儿的全面发展。

2. 适宜性原则。

不同年龄阶段，幼儿身心发展存在着年龄差异。环境创设必须适应不同年龄幼儿的特点，通过不同层次的环境和不同的材料来达到教育目的。即使是同一年龄段的幼儿，在感觉、兴趣、能力等方面也存在很大差异，教师要注意到这些差异，适应这种差异。好奇、探究是幼儿的天性，如果环境布置总是一成不变，不仅不能给孩子以新鲜感，久而久之也会使孩子的主动性、积极性随之下降。因此，创设新鲜的、动态的与幼儿发展需求相一致的环境是幼儿教育的艺术之一。

幼儿正处在身体、智力迅速发展以及个性形成的重要时期，有多方面的发展需要。幼儿园环境创设应与幼儿身心发展的特点和发展需要相适宜。如：幼儿天性好奇，有强烈的探索愿望，教师就应为幼儿创设问题情境，使幼儿能学习发现问题、解决问题，提高思维水平和动手能力；幼儿知识经验少，需要学习感性知识，如需要感知雨，就应给幼儿准备雨伞或雨衣、雨靴，下雨时，幼儿可以在雨中散步；需要感知春天，就应组织观察活动，让幼儿观察春天的动物、植物、人们生活、生产方式的变化；幼儿需要阅读，就应提供各种各样的图书，开阔他们的眼界。处于不同年龄阶段的幼儿，其身心发展特点和需要表现出不同的年龄特征，即使同一年龄阶段的幼儿，在兴趣、能力、学习方式方面都存在很大差异。环境创设应适应幼儿的这种差异。如：小班幼儿喜欢玩平行游戏，(即幼儿各玩各的，彼此玩的游戏相同)，提供的玩具就应该同品种的数量多一点，中大班象征性游戏水平较高，提供的玩具材料可以是一物多用的；幼儿的小肌肉动作发展较差，可提供一些穿珠、拼插、剪贴等方面的材料，让幼儿进行练习，有的幼儿大肌肉动作发展差，就可以提供脚踏车、攀登架等，让幼儿进行练习。幼儿的身心特点和发展需要还会随着其年龄增长而发展变化，因此环境创设不是一次就可以完成的，它是一个设计→实施→修正→再实施→再修正的螺旋式发展过程。

3. 参与性原则。

陈鹤琴先生指出：“通过儿童的思想和双手布置的环境，可使他对环境中的事物更加了解，也更加爱护。”环境创设特别是室内环境创设，应充分让孩子参与，征求孩子的意见。让孩子参与设计、提供材料与作品、参与布置，然后利用环境进行幼儿的主动活动。虽然孩子参与环境创设比教师本人独立完成费时费力，但就其教育效果来说，更能够提高孩子的兴趣和创造性，增强其责任感和成就感，也有助于对幼儿进行爱惜劳动成果的教育。

环境创设的过程是幼儿与教师共同参与合作的过程。教育者要有让幼儿参与环境创设的意识，认识到幼儿园环境的教育性不仅蕴含于环境之中，而且蕴含于环境创设的过程中。教师应将幼儿参与环境创设融入课程，以便对幼儿有针对性地进行教育。如某次幼儿谈话活动，起初的主题是环保问题——乱扔垃圾的问题。后来，谈话延伸到计划外的新话题——“北京申奥”，孩子们对这个话题很感兴趣，教师意识到这个话题的教育价值，于是引导幼儿讨论，决定在墙壁上制作“奥运主题墙”并制订了计划。孩子们请爸爸妈妈找相关资料，制作奥运标志、田径场、环形跑道、看台等，画出了各种表情形态的观众和运动员，并进行了设计评比。这个活动通过幼儿集体构思、游戏、调查、制作和家长参与等过程，使教师由单纯的知识传授者变成了观察者、倾听者、合作者、决策者，幼儿由单纯的倾听者变成了计划者、参与者，充分认识到了自己的能力，意识到了自己是环境的主人，人人出谋划策，个个承担一份责任，真正展示和发展了任务意识、有目的学习知识和技能的能力，以及分工合作、讨论、决策的能力和发现、解决问题的能力。

4. 效用性原则。

效用性原则是指创设幼儿园环境应考虑不同地区、不同条件园所的实际情况，做到因地制宜、因陋就简。贯彻这一原则具体要做到少花钱多办事，还要注意把钱花在刀刃上，花在有利于幼儿的发展上，而不能不顾本地区、本园的实际情况，盲目攀比，追求形式。幼儿园的环境创设实质上是人力、物力、财力、精力在教育上的投资，因此要讲求投资效益，力求以最少的投入获取最多的产出。

这就要求克服以往的形式主义和只求拥有、不求使用的现象，力求做到一物多用、一地多用、一室多用，使每一设备设施都最大限度地发挥其使用价值。

幼儿园应发扬艰苦奋斗的精神，勤俭办教育，给幼儿提供物质条件时，应以物质条件对幼儿发展的功能大小和经济实用性为依据，如：图书架主要是放置图书，供幼儿阅读的，可取几根木条，做成可以放书的许多小格，钉在墙上，幼儿易拿易放，又不占地方，墙边再放几把小椅子，幼儿看书也方便。这样做，节钱省料实用，何乐而不为呢。此外，根据本园需要，就地取材，一物多用，也能够少花钱，多办事，办好事。

5. 开放性原则。

开放性原则是指创设幼儿园环境时应把大、小环境有机结合，形成开放的幼儿教育系统。通过大小环境的配合，主要是与家庭、社区的合作，互相取长补短，同心协力，在一个开放的系统中，去培养适合新时代要求的幼儿。

充分发挥幼儿园、家庭、社会三方面的教育功能，在做好园内工作的同时，营造和谐的园外环境。通过多种形式主动与家长联合，对家长进科学育儿知识的培训，使之配合幼儿园教育，也可以请特殊岗位(如交警、记者等)和有特长的家长到幼儿园给孩子们讲课。在保证安全的前提下组织社会实践活动，多带孩子到大自然、到健康有益的活动场所参观学习、接受教育。

利用开放的教育环境对幼儿进行教育，是教育者应该树立的大教育观。因为科学技术发展所带来的信息量给幼儿的刺激可以说是全方位的，幼儿的成长受到多方面的影响。脱离幼儿园园外环境进行园内封闭式的教育成效是有限的。因此，幼儿园不能关起门来办教育。如，幼儿园要求幼儿学习基本的生活自理技能，有的家长却常常忘记了这个教育任务，幼儿在家自己穿鞋袜，家长认为孩子穿得慢，耽误大人的时间，于是包办代替帮幼儿穿上，孩子愿意自己做，说在幼儿园也是自己做的，家长却说："幼儿园有幼儿园的一套，你这是在家里!"一句话就把幼儿园好的教育影响抵消了。

面对外界环境的复杂影响，幼儿园应采取积极的态度，主动与外界结合，让家庭、社区成员更进一步了解幼儿和幼儿园，使幼儿园教育获得家庭、社区的支持和配合，有针对性地对幼儿进行教育，同时，也促使家长和社区成员从教师那里学习到教育知识和技能，改善自身的教育观念和行为。

幼儿园与家庭、社区合作的一般做法是：一方面选择、利用外界环境中有价值的因素教育幼儿，另一方面要控制与削弱消极因素对幼儿的影响。当然每个园、每位教师也有自己独特的做法，但重要的是要把与家庭、社区结合的活动纳入幼儿园教育过程之中。这方面的例子很多，如：请交警来园模拟操作，给幼儿介绍交通安全知识；让家长制作一盘反映幼儿一天典型生活的录像；带领幼儿参观附近市场(街市)，等等。更为重要的是要摸索出一整套策略和做法，在幼儿园、家庭、社区之间形成长期、稳定的合作关系。

这些原则贯穿于环境创设的各项工作之中，对环境创设的每一步都具有指导作用。在环境创设的过程中，只有认真贯彻这些原则，才能更好地发挥环境的教育价值。

(三)当前幼儿园环境创设的误区

1. 重观赏，轻教育。

幼儿园环境固然要体现孩子的特点，但更重要的还是要有教育意义。很多幼儿园只图表面上的漂亮、花哨，而忽视了环境的文化内涵和教育意义，环境创设千篇一律，没有明确具体的目的。甚至有些环境设计由于色彩和内容的不适，引起孩子烦躁不安的情绪。

2. 重教师，轻幼儿。

环境创设教师动手多，孩子动手少。从成人角度出发多，从孩子角度出发少。往往是教师费了很大工夫，也费了不少钱，但对孩子的影响却不大。

3. 重购置，轻创造。

很多幼儿园，特别是经济条件较好的幼儿园，过分追求与城市园的一致，墙饰材料、教具玩具、室内设施外面买得多，自己做得少，成品材料多，半成品材料少，高档次材料多，废旧材料少。

4. 重静态，轻动态。

环境设计静止不动的多，活动的、可更换的设计少。往往是墙饰一劳永逸，孩子作品一贴多年。

5. 重物质，轻精神。

只看重幼儿园物质环境的创设，忽视了人际关系的建设，忽视了师德师风的培养，忽视了园风班风的形成。

造成这些问题的原因主要有两个方面，一是幼儿园教师缺乏幼儿园环境创设的相关理论素养，二是缺乏幼儿园环境创设的动手操作能力和创新意识。只有从理论修养和实操能力两方面提高，才能保证走出误区，为幼儿创设适宜的教育活动环境。

(四)幼儿园教育活动环境创设的策略

幼儿园教育活动环境创设的内容包括物质环境和精神环境两大类。具体内容如图9-1所示：

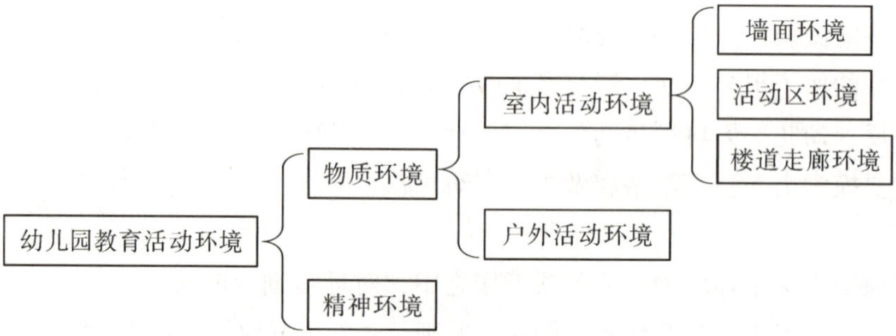

图 9-1　幼儿园环境创设的内容

1. 室内活动环境创设。

(1)创设有准备的、促进幼儿发展的班级墙面环境。

班级墙面环境承载着展示作用——成为展示幼儿成功的作品、主题学习的过程、发现的记录、对生活关注的天地；材料作用——成为幼儿学习的操作材料、表达表现的背景；资料作用——成为幼儿学习的内容和资料库，如图片展览、示意图、步骤图、行为规范图等；对话作用——成为幼儿互动的舞台。根据墙面环境信息，幼儿亦步亦趋地进行着表达和交流。

表 9-1　活动室墙面环境创设内容及设计要点①

名称	主要内容	主要功用	设计形式参考
主题栏	本班特色活动或某主题明确活动：游戏、某领域、英语、识字等。	作为班级特色活动和主题活动的辅助、延伸活动区。在日常生活中强化幼儿的学习行为。	运用多种材料，灵活多变，可供幼儿操作。
亲子栏	本班幼儿及家庭活动内容展示。	根据幼儿形象思维特点，由远及近地培养幼儿爱爸爸妈妈，爱家庭成员的情感。	幼儿及家庭成员的照片；幼儿及家庭成员常用的，喜爱的物品；幼儿对家庭成员或家庭成员对幼儿的描述。
生日栏	本班幼儿的生日。	增强幼儿的自我意识；养成幼儿关心他人的习惯，增进小伙伴之间的情感交流；强化班中的温馨氛围。	可由幼儿选择自己喜爱的吉祥物作为生日栏设计的原型。可同时展示本学期生日的幼儿，也可分月展示；在每个孩子的生日吉祥物下设置口袋，装其他人送给的祝福(图或字)。
作品栏	幼儿的各种作品。	增强幼儿的自信心；培养幼儿爱护自己和他人的劳动成果的品质；加强幼儿之间的交流；培养幼儿对美的鉴赏能力。	不随意修改幼儿的作品；艺术地布置在合适的位置；和幼儿共同修饰或装饰布置。
出勤栏	每日本班幼儿的出勤情况。	培养幼儿遵守时间的观念；训练幼儿自己翻“出勤卡”，自觉告知他人的习惯；从多角度养成幼儿关心伙伴的良好品质。	“出勤卡”应是活动的，供幼儿操作的； 一般设置在班级活动时的入口处，便于幼儿入园、离园自己翻卡； 设计应新颖、生动、形象，可用不同颜色或图案区别性别或年龄。
评比栏	对本班每一个幼儿的各方面发展做出的肯定评价；幼儿对教师的评价或关心。	培养幼儿的自信心和判断是非的能力；培养幼儿关心他人的品质；建立师生之间情感沟通的形象直观的渠道；配合教师的其他教育手段，强化幼儿的正确行为。	可以和幼儿共同设计和选择各种评比图示，并做成活动的，方便移动。

① 四川省幼儿教育师资培训中心．幼儿园环境创设[M]．成都：四川教育出版社，2003.

续表

名称	主要内容	主要功用	设计形式参考
新闻栏	展示幼儿自己、教师、家长收集的信息或新闻。	训练幼儿的观察、思维及创造能力等； 培养幼儿关心周围客观世界的兴趣，开阔视野； 增强幼儿与外界的沟通。	以幼儿自己的新闻内容为主，并尽可能展示幼儿的原始作品； 考虑每个部位的活动性，因为要随时更换。
作息栏	能为幼儿理解的，本班一日活动环节中的主要的、相对稳定的环节内容。	培养幼儿的“主人翁”意识； 培养幼儿的时间观念； 培养幼儿对识字的兴趣。	将要展示的主要生活环节用生动有趣的图案加上环节所需时间表示出来； 可设计成可更换的活动。
值日栏	本日担任值日生幼儿的情况。	加强幼儿的服务意识； 培养幼儿的胆量、自信心和责任感； 训练幼儿相关技能。	展示的幼儿照片或幼儿自画像应醒目、突出。
记录栏	对季节气候、每日气象的观察记录。	培养幼儿对周围事物的兴趣； 训练幼儿的观察力和记录描述的能力； 丰富幼儿的有关知识经验；增强幼儿的环保意识。	师生共同设计各种气候标志； 应是活动可操作性的。
交流栏	老师信箱、各小组信箱、私人信箱。	尊重幼儿的隐私，保护幼儿的发言权； 增加师生、生生之间的交流机会；乐意用自己的方式与人交流。	“信箱”应挂在便于幼儿取放的地方； 引导幼儿合理地管理“信箱”。

概括起来，班级墙面环境创设的关键是：抓住三个栏，突出主题墙。

①家园联系栏

家园联系栏是架起家园沟通的桥梁，是展示幼儿园保教工作的一个窗口，更是家园进行教育交流的一块活动空间，它能密切幼儿园与家庭之间的联系，起到家园互动双赢的作用。内容应是多角度、多方面的。比如：活动通知、育儿知识介绍、主题活动安排、幼儿在园情况反馈、家园配合的内容、家长论坛、家长经验介绍等。根据以上内容可以取各种有趣的栏目名称：家教天地、生活风采、亲情家园、旅游风向标、教育网吧、每周看点、爱的小屋、我的收藏、明星宝宝、透视角……

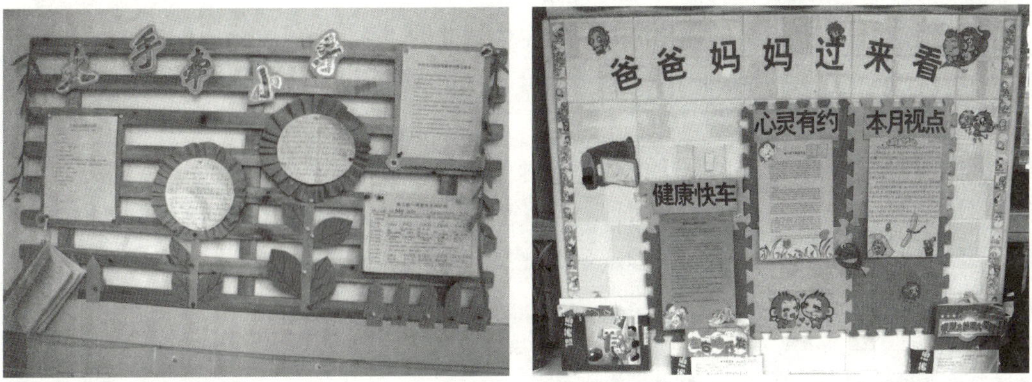

图 9-2　家园联系栏图例

②幼儿作品栏

幼儿作品栏是通过幼儿作品的艺术性展示与呈现，激发幼儿的艺术成就感，引发幼儿对艺术作品的欣赏和创造的激情和兴趣，并感受到小组合作的魅力。

幼儿作品栏应是丰富多彩的幼儿作品展示。比如：绘画、涂色、折纸、剪纸、手工制作等，尽量全方位地展示幼儿多姿多彩的美术活动。

幼儿作品栏的表现方式应形式多样。既有每个幼儿单独作品展，也可以鼓励幼儿自由组合搭配，提倡几个好伙伴一起合作，将伙伴们的作品组合创造出一幅出色的作品。还可以鼓励孩子和父母一起进行亲子制作，教师收集整理后布置在作品栏。

幼儿作品栏还应勤更换，经常带给孩子新感觉，激发他们的自信心和成就感，同时对下一次的活动充满期待。

图 9-3　幼儿作品栏图例

③幼儿评比栏

幼儿评比栏是通过墙面专栏展示对全体幼儿的行为表现评价，用肯定的方式树立并表彰正面典型，以激励和调控幼儿的良好习惯养成。

幼儿评比栏应有丰富的评比内容。对全体幼儿的生活、学习活动中各个方面进行评价和评比，树立各类榜样。让每个孩子都有被肯定的一面，着眼于每个孩子自身的进步与成长。

幼儿评比栏应有更多的评价主体，教师、幼儿和幼儿家长都应该参与评价活动。

幼儿评比栏应注重评比的及时性，变一周评一次为一周多次、随机评价。

还可以创设全园评比活动，形成班级比拼赶超的良好局面，增进班集体的凝聚力，培养良好班风。

图 9-4　幼儿评比栏图例

④幼儿园的主题墙

幼儿园的主题墙作为环境的重要组成部分，是为幼儿开展主题活动提供必要的活动情境、展现幼儿主题学习内容和活动过程、促进幼儿对主题活动进行经验迁移和拓展的窗口。

幼儿园的主题墙创设应沿着主题开展的脉络呈现，沿着班级墙面同一方向进行循环利用，记录着幼儿们活动的足迹和经验的建构过程。因此，主题墙创设过程是一个动态的过程，墙面的布置随着活动的展开而逐步产生、发展和完善。

主题墙创设的过程包括：主题活动前、主题活动中、主题活动后三个阶段。

活动前：主题活动整体框架上墙→告知幼儿及其家长→设计板块内容→共同收集主题资源，创设主题情境；

活动中：填充与调整板块内容→借助主题墙开展相关互动→做好多样化过程记录；

活动后：过程记录资料分类整理→过程记录资料及时上墙→主题资源向活动区延伸。

主题墙创设要发挥良好的教育功能，应注意：体现为达成主题活动目标服务的理念，保障主题墙与幼儿的积极互动，给予幼儿美的熏陶和审美愉悦，发挥活动后续延展功能。

主题墙创设策略小贴士一：应将幼儿在主题活动中的一些作品及时地展现布置出来，借助主题墙促进幼儿与主题之间的交往，促进幼儿与幼儿之间的交流，结合作品进行欣赏、展示和交流。如：主题墙“我看到的年味”，新年到了，圣诞树上挂满了小朋友制作的新年礼物，还有他们亲手剪的窗花、手工制作的鞭炮等。孩子的作品虽然显得粗糙、稚拙，却凝聚了孩子们的纯真心愿和创造力。

主题墙创设策略小贴士二：主题活动学习资源呈现应做到三维互动，即教师、幼儿、家长之间的三方互动。教师邀请家长与孩子共同收集相关资料，并给予家长和孩子充足时间，使收集资料成为孩子与家长学习的过程，“家园合作，同向同步”。例如：在“我的成长档案”主题中，家长不仅收集照片呈现孩子的成长过程，讲述照片里孩子的故事，在我们展出后，家长们互相欣赏、相互诵读给孩子听，增进了同伴间的相互理解。又如：主题活动“我的家乡”，教师在主题即将开展之际，即发出班级小公告，让幼儿与家长一起了解自己的家乡，搜集有关家乡的名胜古迹、自然景观、人物等图片，再通过制作厦门地图——快乐鹭岛行——我可爱的家——家乡的特产几个小版块展开主题墙饰的创设。让家乡的自然、风土人情、文化资源于无形中走进了孩子们的心中。

主题墙创设策略小贴士三：注重记录与表达。

墙饰的内容和表现形式应有利于帮助孩子们梳理和提升关键经验，促进教育目标的实现，墙饰的内容是在孩子们充分经历和体验的基础上形成的，是以个人的学习、表达和记录为基础的。如：主题活动“我要上小学了”，在这个主题里，大班幼儿就要上小学了，对小学充满期待和好奇。通过参观小学生活，感知小学生的作息特点、学习方式，了解小学生的基本行为要求，对小学生活有了一些感性的认识，及时以拍照、绘画等方式记录观察对象；通过毕业照、化装舞会、毕业画展，表达了自己对幼儿园的依依不舍之情。通过此次活动的开展，孩子们培养了收集信息的能力、学会了按计划做事，尝试了如何做一名小学生等。

班级环境中，除了主题墙，还有班级中发挥其他作用的常规墙饰与功能区墙饰。值日生工作、天气预报、图书管理等都属于常规性活动，创设好常规性墙饰，既能有利于幼儿常规的培养，又能减轻老师每天都去提醒幼儿的负担。盥洗室、睡眠室、更衣室都是功能区，此墙饰的创设给幼儿以提示的作用。例如：节约用水、正确洗手示意图、依次排队等环境创设，发挥环境的隐形教育作用，幼儿会自然去模仿，利用合理的空间或墙面进行布置，有利于幼儿在日常活动中养成良好的行为习惯和生活习惯。

老师们也可以根据自己班级情况，设置涂鸦墙、问题墙、心情墙等，发挥每一面墙潜藏的教育功能，实现“让幼儿与每一面墙壁对话”的环境创设理念。

(2)创设符合幼儿发展水平的、激发幼儿自主活动的区域活动环境。

活动区的种类涵盖幼儿身心和谐发展的各个方面，满足幼儿在生活中产生的对各种活动探索的需要。通常有角色区、表演区、语言区、数学区、科学区、美工区、建构区、阅读区、操作区等。

1)活动区角设置的要点

①数量适宜

每班设 5~8 个，这些角、区要能同时容纳下所有的幼儿游戏活动。

小班：刚入园阶段，让幼儿带最喜欢的玩具，设立“玩具家”、“宠物角”——再逐步加入绘画区，手工区，语言区等。设置小班区角时要考虑简易性、直观性、操作性、娱乐性。

中班：在借助成品材料的基础上，还应多增设一些半成品材料，同时应增加活动区的种类，如商店、理发店等。

大班：大班幼儿可以通过事物的表象找出事物的本质特征，因此在区域的设置上应更丰富，更多样化。

②分割分明

活动区界限明确，可以利用桌子、玩具架或积木、纸箱，或者吊饰作为分隔物。吊饰高度要高于儿童的身高，以便于儿童观察全局和教师观察儿童。

③开放呈现

开放的活动区，有利于儿童了解都有哪些活动可供选择。一个主题游戏可以混合在几个活动区域进行，可以随意选择区域活动，也可以中途变换活动的内容，还可以在一个游戏中玩出多种花样。如儿童离开娃娃家去搭积木，或从娃娃家出来“买菜”，“带孩子”看病，去“加工厂”上班等。

④合理规划

根据每一区的特点和本班实际情况来具体安排。图书区活动较安静，可以考虑安置在安静的采光好的活动室一角或者是封闭的小阳台；美工区因为要洗手、取水，可以靠近水源；积木区和结构游戏区可以尽量靠拢，铺上地毯减少噪音，同时便于幼儿结合起来玩，植物角和科学区有很多材料可以共用，可以相邻；音乐区和表演区会发出较大声音，应设置在远离安静活动的地方，尽量独立，以免干扰其他区域的活动；角色游戏区可以安置在活动室内的任何地方。但各个角色区之间来往应该是方便的。

⑤标志生动

每个活动区要有明显的标志，使每位幼儿清楚有哪些区角活动及活动区所在的位置。活动区的标志应根据幼儿年龄特点进行设计：大班可采用汉字写出活动区的名称或让幼儿根据自己的兴趣绘制标记；中、小班可采用生动形象的图画表示活动区名称。利用绘画的方式，将活动中的规则画出来，写下来，提醒幼儿按规则做事的良好习惯。

⑥人数限制

每个区角要有人数限制，避免拥挤。根据幼儿的不同年龄采取不同的方法来控制人数。如：用脚印、靠垫、头饰等作标志。

⑦材料丰富

玩具材料应该合理组织，严格分类、摆放，玩具柜上要有相应的标记，用完后各归其位，便于下次使用。新出的物质材料应放在显眼的地方，以便吸引幼儿。

图 9-5　活动区环境创设图例

2)活动区角的材料投放要点

《纲要》指出：活动材料应“有利于引发、支持幼儿的游戏和各种探索活动，有利于引发、支持幼儿与周围环境之间积极的相互作用”。因此，活动材料的投放应体现目标性、丰富性、层次性、可探索性、趣味性和多变性。

目标性是区域活动实施中首先考虑的问题。教师在材料的提供、教师的指导等方面要与区角活动目标保持一致。同一内容，各年龄班制定的活动目标各不相同。如科学区里的“磁铁”，中班的目标是能发现磁铁和了解磁铁能吸住铁的特征，培养幼儿探索的兴趣，发展幼儿的观察力、语言表达能力和思维能力；大班的目标是能利用磁铁与一些辅助材料制作简单的玩具，培养幼儿的制作能力。

丰富性是指投放材料的内容丰富，数量充足。

层次性是指同一种类型的材料应具有不同的难度，使不同水平的幼儿都能进行探索，体验成功。

可探索性是指材料要引发幼儿独立思考和想象；教师的指导要避免直接指导，应让幼儿与材料相互作用，自己探索，积累经验。

趣味性是指材料投放符合幼儿的要求，满足幼儿的愿望，幼儿感兴趣，并能积极主动地参加活动。

多变性是指在幼儿区角活动过程中关注他们的活动情况和需求变化，及时调整材料。

例如：小班瓶盖配对游戏。

第一次：教师收集了一些都是旋的瓶子，主要让孩子学习旋的方式以及瓶盖的配对；

第二次调整：过一段时间，发现孩子基本上都会了，于是调换了其中的一些瓶子，增加了不同的打开方式；

第三次调整：教师根据主题制作了一棵新年树，将这些瓶子挂在新年树上，告诉孩子只有一个瓶子里有礼物，孩子从开始的每一个瓶子都打开到越来越聪明，只听声音，只要找到有声音的才打开。

第四次调整：教师发现了孩子的捷径于是再次更换策略，在每一个瓶子里都装上东西，让其发出声音，但只有一个瓶子里真正装着宝贝。

(3)创设展示性的楼梯过道、公共走廊环境。

整个园所应有统一规划，使整个楼道环境具有一致性、呼应性、艺术性、教育性等。楼道环境的布置可以体现园所文化、幼儿行为养成、温馨提示、利废利旧的小制作展等，总之形式多样。

把楼梯设置成“会说话”的展示长廊，让幼儿每天在上下楼梯时潜移默化地接受各方面的教育；还可以展示幼儿美术作品及参加各类活动的照片，开辟“我与大师在一起”等专栏，每月推选几幅幼儿的作品与大师的作品放在一起，以示最高奖赏，让孩子们从中发现自己、了解自己，体验成功、找到自信。

幼儿园各班级在突出自身门口设计和装饰的同时，还要同走廊的整体布置相一致。

同年龄段的班级在同一层楼时，可将各班级组织起来，共同创设和布置符合这一年龄阶段幼儿身心特点的环境。

图 9-6　走廊环境创设图例

如果条件允许，幼儿园可在走廊较开阔的地方，设计小型的活动区，对全园或者全楼层的幼儿开放，充分利用园内环境的开放空间。小班走廊设置“学习检验区”，投放每月小班幼儿为解决有关生活自理、小肌肉动作发展等方面问题而需要用到的操作材料，让家长进行检验。中班走廊，可以创设娃娃家、影剧院、便利店、自选商场等，形成颇具特色的“角色一条街”，并打破班级之间的界限开展活动，让孩子与更多的同伴交往；大班走廊则可以被分隔成多个活动空间，例如“小鲁班工作室”、“科技室”、“民间工艺室”、“创意工作室”、“亲子书吧”、“图书制作室”、“诗歌创编室”、“故事表演剧场”、“图书医院”等，为大班幼儿提供更多与同伴或成人交流信息、创造性解决问题的自由空间。

2. 幼儿园户外活动环境创设。

户外活动是幼儿一日生活中的重要组成部分。《规程》明确指出：幼儿园户外活动时间每天不少于 2 小时，其中，户外体育活动时间不少于 1 小时。作为支持幼儿户外活动的环境创设理所当然十分重要。

通常情况下，幼儿户外活动有三类：户外体育活动、户外综合游戏活动和户外体验活动。

创建户外活动环境，应尽量做到科学规划，应充分满足并支持幼儿开展户外体育活动、户外综合游戏活动和户外体验活动，“幼儿园的空间、设施、活动材料和常规要求等应有利于引发、支持幼儿的游戏和各种探索活动，有利于引发、支持幼儿与周围环境之间积极的相互作用”①。因此，幼儿户外活动环境应包括自然生态环境、田径区、攀爬区、平衡区、大型玩具区、小型体育器材区、园艺区、种植区、养殖区、综合游戏活动区等。

户外活动环境创设的一般要求如下：

（1）在安全、卫生的前提下充分地绿化、美化和自然化。

（2）保证幼儿有足够大的活动场地：每位幼儿的活动空间不少于 2 平方米。

（3）创设良好的户外活动条件和活动材料，满足幼儿户外活动需求。活动器材包括木制的爬梯、橡胶轮胎网、悬桥、绳索、秋千、通道、滑梯、沙池、水池、水槽、种植园、饲养场、山坡和大型玩具区和其他综合游戏材料等。因地制宜，利废利旧，为幼儿创设一个安全的、生态的、适用的、丰富多彩又富于儿童情趣的户外活动环境。

案例鉴赏

“最儿童视角”——曙光幼儿园生态化童趣化户外环境

在森林深处，有一所为想象力而建的幼儿园——重庆市沙坪坝区曙光幼儿园。

① 《幼儿园教育指导纲要（试行）》，教育部，2001 年。

这里的孩子有着惊人的创造力。他们用真的木头搭房子，在灌木迷宫里捉迷藏，捉蝌蚪、玩泥巴……木头、鹅卵石、墙壁，哪里都是画布；树枝、芦苇杆、狗尾巴草、松果，什么都是素材。自己管理时间，自己制订计划，自己搭配衣服，自己整理东西，自己修理玩具……

木头、绳子、鹅卵石、沙、水、墙壁、树枝、狗尾巴草、松果、蔬菜……什么都是他们想象、创造的素材。在丰富的户外活动环境中，他们学会了自己找伙伴，自己找空间，自己找创意，自己找原材料，自己计算时间、完成创作、整理归位等一系列高难度动作。

曙光幼儿园的户外活动环境打造就是向大自然要材料，不追求浮华。转山、拜访大树，树枝、芦苇杆、狗尾巴草、松果……大自然有着最丰富的材料，只要你用手艺人之心去发现、去创造，一切都可以化腐朽为神奇。信手拈来，什么都是可以创造的素材。

欢乐谷
小农场
食育坊

图 9-7

在创设健康的、丰富的物质活动环境的同时，幼儿园还应当积极构建健康的精神活动环境。幼儿园的精神环境主要是指幼儿园中的人际关系和情感氛围，它是幼儿亲身感受到的、影响幼儿在幼儿园生活的每一个人的态度和行为，能折射出教师的教育理念、教育行为、家园关系、幼儿园办园理念、园风。

《纲要》明确指出："教师的态度和管理方式应有助于形成安全、温馨的心理环境；言行举止应成为幼儿学习的良好榜样。"

《幼儿园教师专业标准(试行)》也要求："建立良好的师幼关系，帮助幼儿建立良好的同伴关系，让幼儿感到温暖和愉悦，建立班级秩序与规则，营造良好的班级氛围，让幼儿感受到安全、舒适。"

教师在与幼儿的交往过程中，要掌握以下与幼儿沟通的基本技能和要点：

※尊重、平等、亲切的态度；

※积极主动地与每一个幼儿交往；

※真诚认真的倾听；

※温柔适当的肢体语言；

※自然亲切的交流方式；

※发自内心的微笑。

幼儿的发展是在教育活动中实现的，也是幼儿在与环境、材料、同伴和教师等多方交互作用下实现的。创设一个丰富多彩的、多功能多层次的、具有选择自由度的环境，让每个孩子有机会接触符合自身特点的环境，用自身特有的方式同化和吸收外界，保障幼儿在丰富多彩的环境中根据个体需要选择环境，以个体特有的方式与环境相互作用，从而促进每个幼儿富有个性的发展。

二、科学高效地组织一日活动

著名教育学家陶行知指出："全部的课程包括全部的生活，一切课程都是生活，一切生活都是课程。"

幼儿的一日生活构成幼儿园课程，幼儿园课程通过幼儿一日活动得以实施。

科学合理地组织好幼儿的一日活动，能使幼儿在有规律、有节奏的一日生活中，精神愉悦地享受丰富多彩的生活和学习，促进幼儿健康活泼的成长和全面和谐发展。

同时，通过对幼儿一日活动的组织指导，教师可以全面、深入地了解每个幼儿的兴趣爱好、能力、特长、个性等，便于因材施教，促进每个幼儿实现个性化的全面和谐发展。

科学、合理地安排和组织一日生活，应做到：

1. 时间安排应有相对的稳定性与灵活性，既有利于形成秩序，又能满足幼儿的合理需要，照顾到个体差异。

2. 教师直接指导的活动和间接指导的活动相结合，保证幼儿每天有适当的自主选择和自由活动时间。教师直接指导的集体活动要能保证幼儿的积极参与，避免时间的隐性浪费。

3. 尽量减少不必要的集体行动和过渡环节，减少和消除消极等待现象。

4. 建立良好的常规，避免不必要的管理行为，逐步引导幼儿学习自我管理。①

幼儿园一日活动的内容是丰富多彩的，也是比较庞杂的。概括地说，主要有幼儿日常生活活动、游戏活动、自由活动、单项教育教学活动和幼儿园综合娱乐活动等。

幼儿教师必须严格按照幼儿园一日活动计划、班级学期教育教学计划、班级每周逐日教育教学计划和单项教育教学计划的内容和要求，重视和加强幼儿一日活动的组织。

(一)教师应成为幼儿学习活动的支持者、合作者、引导者

幼儿园教育活动是教师以多种形式有目的、有计划地引导幼儿生动、活泼、主动活动的教育过程。

教育活动的有效性是活动实施的出发点和归宿。"幼儿有意义的学习"和"教师有意义的教学"是考量和评定幼儿园教育活动有效性的两个基本着眼点。

从"教师有意义的教学"的视角看教育活动实施，它要求教育活动应更多关注教育活动中设计者和组织者赋予的价值(即教育活动在传承文化和促进儿童发展等方面的意义)，以及教育活动在实施中的状态和实施后的目标达成度。②

教师作为活动的组织者，其教育行为(包括内部行为和外部行为)在活动的组织与实施过程中起着关键性的作用。它不仅是教师素质的外化和集中体现，也是直接或间接影响教育活动的重要因素。教师的观念、素养、教育能力水平将直接影响到活动的组织与实施进程并最终影响到幼儿的发展。

在当前儿童发展优先的价值取向下，幼儿教师多元角色的结构框架可以概括为如表9-1所示：

表 9-1　幼儿教师多元角色结构表

互动对象	功能取向	角色定位
幼儿教师与儿童	保护儿童权益 维护儿童健康 促进儿童发展	合作者 引导者 支持者
幼儿教师与家长	为家长提供便利 使家长放心满意	联络者 指导者 代理人

① 《幼儿园教育指导纲要(试行)》，国家教育部教基〔2001〕20号。

② 朱家雄. 幼儿园教育活动设计与实施[M]. 北京：高等教育出版社，2008.

续表

互动对象	功能取向	角色定位
幼儿教师与机构	维护机构利益 支持机构发展	合作者 竞争者
幼儿教师与国家	实现文化传承 维护国家稳定	代言人 执行者
幼儿教师与自身	持续专业发展 实现自身价值	学习者 反思者

随着《指南》、《规程》和《纲要》的学习与贯彻，幼儿园教师在教育观念和教育行为上已经有了一些根本性的改变。这种改变主要表现在教师对教育活动过程的直接监控减少了，对儿童活动主体意识的唤醒和促进行为增加了，流于表面的低效互动减少了，注重实效的深层互动增加了。“教师应成为幼儿学习活动的支持者、合作者、引导者。”这句话正慢慢成为每个幼儿教师的座右铭。但是，面对一个个鲜活的教育活动情境，幼儿教师对活动的组织实施仍旧会因为教育观念、教育决策能力、驾驭和调控幼儿的学习以提供有效支持的能力等方面的局限和不足而显得低效。

在幼儿园教育活动的实施过程中，教师应在《纲要》和《指南》的观照下，从本地、本园的条件出发，结合本班幼儿的实际情况，制定切实可行的工作计划并灵活地执行，科学、合理地安排和组织一日生活。“时间安排应有相对的稳定性与灵活性，既有利于形成秩序，又能满足幼儿的合理需要，照顾到个体差异。”“教师直接指导的活动和间接指导的活动相结合，保证幼儿每天有适当的自主选择和自由活动时间。”“教师直接指导的集体活动要能保证幼儿的积极参与，避免时间的隐性浪费。”“尽量减少不必要的集体行动和过渡环节，减少和消除消极等待现象。建立良好的常规，避免不必要的管理行为，逐步引导幼儿学习自我管理。”①

案例赏析

连续几天，卫生间的地面、墙上总是湿的，而且班上的其他老师也反映了这个问题。到底是怎么回事？我询问幼儿，孩子们都说不知道。我决定一定要弄个水落石出。

我开始特别关注幼儿进入卫生间的如厕盥洗全过程。上午，我站在卫生间门口看着幼儿一个一个洗手，冲洗干净之后孩子们都走了出来，结果毫无线索。

① 《幼儿园教育指导纲要(试行)》，国家教育部教基〔2001〕20号。

下午，我故意在教室里忙里忙外，大约过了2分钟，再悄悄地走到卫生间，看见张泽明小朋友两手放在水龙头上，水龙头里的水一下子冒出来，溅到了墙上、地面上，然后她两只手搓呀搓，神情专注地玩耍的她并没发觉我。我轻轻地咳嗽一声，她仍没听见，我低声问："张泽明，你在干什么呀?"她惊慌地回过头，把手伸出来对我说："我洗手呢，马上就洗好了。"说完便去擦毛巾了。

我断定她肯定不是第一次这样玩水，因为她动作连贯、反应果断，而且当老师发现她时，她应对也特别快。我的第一感觉是气愤。因为，在日常的教育教学活动中我们很在意幼儿常规培养，时时刻刻都在提醒着孩子的"节约"意识，她的这种行为真的有点让我感到了教育的失败。可是，我也很明白好奇是孩子天性，要想搞清楚孩子真正的目的，就必须控制自己的情绪，仅凭一时冲动的训斥并不能从根本上解决问题。

我把她叫到活动室的钢琴旁，轻声问询："告诉老师，在卫生间里玩水你有什么新发现啊?"原本神情紧张的她听我这么一说似乎轻松了不少，很自豪地回答说："我发现用手堵住水龙头，水花溅出来像喷泉一样，特别好看。""你是怎么把它变成像喷泉一样的?"她开始得意地讲述她偶尔发现堵住水龙头后"喷泉"从指缝中出来，然后又一次次尝试发现抹上洗手液再堵水龙头就会让"喷泉"五颜六色。我肯定了她在玩水中开动脑筋，接着问："那你有没有注意到，水珠也都溅到我们卫生间的地面和墙上啊?"她抬起头看看我，又低下头抠着衣角，满脸紧张和不安。"没关系，大声说，老师不批评你。"她这才回答："我也发现水都跑到外面了，可是我真不是故意的。"看着她紧张不安的脸，我心想：孩子的探索精神我们应理所当然要给予鼓励和赞赏。但由于年龄小的关系，她在尝试的过程中根本无暇顾及玩的过程中水花四溅所造成的后果，又需要我们给予必要的引导。我点点头，随即拉起她的手："喜欢玩水挺好的。因为我们可以一边玩一边观察一边研究它哟。不过，总是这样偷偷用卫生间的水龙头玩水，玩得不过瘾也把水弄得满墙、满地的，破坏了环境浪费了水啊。我们想想有没有好办法既能痛痛快快地玩水又能不浪费水资源不破坏环境?"其他孩子们陆陆续续地围到我们身边，大家开始兴奋地七嘴八舌地讨论起来……

由此，"奇妙的水"主题活动和区角活动开始连环生成和逐步推进起来。孩子们也在玩水的活动中更加亲水、爱水和节水。

作为幼儿教育活动的支持者，我们从情感态度上应理解并尊重孩子的愿望和需求；从行动上要创设刺激和满足孩子探索需求的环境和条件。

作为幼儿教育活动的合作者，我们从情感态度上要与幼儿达成目标一致，要平等和友善地对待每个孩子，营造彼此信赖的合作氛围；从行动上，提供应有的物质条件包括空间上的最佳配合距离以及时间上的及时有序。

作为幼儿教育活动的引导者，我们从情感态度上尊重幼儿的主体地位；从行动上通过关注幼儿在活动中的表现和反应，倾听他们的想法和感受，敏感地觉察他们的问题、困难与需要，有目的、有计划地创设丰富的互动活动环境，提供多元的交往平台和机会，不断激发幼儿的学习动机，并及时给以适宜的刺激、启发和调整，帮助幼儿实现全面和谐发展。

教育活动实施中教师的组织应从以下方面入手：

1. 以关怀、接纳、尊重的态度与幼儿交往。耐心倾听，努力理解幼儿的想法与感受，支持、鼓励他们大胆探索与表达。

2. 善于发现幼儿感兴趣的事物、游戏和偶发事件中所隐含的教育价值，把握时机，积极引导。

3. 关注幼儿在活动中的表现和反应，敏感地察觉他们的需要，及时以适当的方式应答，形成合作探究式的师生互动。

4. 尊重幼儿在发展水平、能力、经验、学习方式等方面的个体差异，因人施教，努力使每一个幼儿都能获得满足和成功。

5. 关注幼儿的特殊需要，包括各种发展潜能和不同发展障碍，与家庭密切配合，共同促进幼儿健康成长。

(二)幼儿应成为教育活动的主体和学习发展的积极能动者

从“幼儿有意义的学习”视角看教育活动实施，它要求教育活动应更多地关注教育活动中幼儿所能得到的价值(即活动对幼儿发展等方面的意义)，以及教育活动在实施中的状态和实施后的主观满意度。

幼儿园教育活动旨在促进幼儿的全面和谐、有个性的发展。在组织和实施教育活动过程中，教师必须时刻把握和牢记幼儿是教育活动的第一要素。做到一切为了孩子、为了一切孩子、为了孩子的一切。具体而言，教师应当时时关注幼儿的需要，分析幼儿的行为表现和情感态度，了解并顺应幼儿的学习方式、学习特点和学习规律，从而采取适宜的策略帮助幼儿实现发展。

幼儿发展的问题，是幼儿教育最根本的问题。幼儿园教育活动实施的全过程都是围绕这一最根本的问题而展开的。

幼儿是怎样发展的？

如何看待幼儿的发展？

怎样才能有效促进幼儿的发展？

只有明确而清醒地认识围绕幼儿发展的一系列问题，才能在教育活动中坚持“以人为本”，有效促进幼儿的全面发展。而正确认识幼儿是幼儿发展问题的最大本源。

资料链接

不，一百种是在那里

（[意]罗里斯·马拉古齐）

孩子，是由一百种组成的。

孩子有一百种语言，

一百双手，一百个想法，

一百种思考、游戏、说话的方式。

一百种，总是一百种倾听、惊奇、爱的方式。

一百种歌唱与了解的喜悦。

一百种世界等着孩子们去创造，

一百种世界等着孩子们去梦想。

孩子有一百种语言，

但是他们偷走了九十九种。

学校和文化把脑袋与身体分开。

他们告诉孩子：

不要用双手去想，不要用脑袋去做。只要倾听不要说话，了解但毫无喜悦，

只有在复活节与圣诞节的时候，才去爱和惊喜。

他们告诉孩子：

去发现早已存在的世界，而一百种当中，他们偷走了九十九种。

他们告诉孩子：

工作与游戏、真实与幻想、科学与想象、天空与大地、理由与梦想，不是同一国的。

因此他们告诉孩子，一百种并不在那里。

孩子说：不，一百种是在那里。

马拉古奇以诗意的语言揭示了世界上许多国家教育中存在的问题，即教育总是以科技理性去规范孩子，割裂理性和感性、工作与游戏、现实与梦想的关系，泯灭孩子的想象和创造，使他们的个性丧失原本具有的完整性、多样性，使他们丰富多彩的生活变得枯燥、乏味。我们只有理解并欣赏儿童的一百种语言，才能探索儿童、发现儿童、教育儿童以及向儿童学习。（选自屠美如的《向瑞吉欧学什么》）

我们可以试着从以下三个方面理解幼儿①：

1. 幼儿是独立的、自主的。

幼儿期是生命个体在认知、情感、人格等方面迅速发展的重要时期。每一个幼儿作为社会个体都是独立的、自主的，这种独立和自主表现在他们的认识活动、学习活动、游戏活动、日常生活活动等各个领域。同时，每一个幼儿都是一个可发展的个体，他们会不断地向周围环境进行探索，以发展自己的各种潜能，他们在活动中所表现出来的思考、判断、评价以及解决问题的能力常常超越成人的预料，甚至会给教师和成人带来启示。可见，幼儿完全应当享有自己的精神世界、生活世界和生命世界，而且其精神世界的丰富性并不亚于成人。而教师和成人，则应当认识到幼儿的独立和自主，尽可能创造一切条件和环境，满足他们的好奇、好问、探究、交往的天性，尊重幼儿的精神和情感世界，支持幼儿自主、独立、主动地学习和游戏，使幼儿真正能够健康、活泼地成长。

2. 幼儿是真实的、感性的。

杜威曾经说过："儿童的世界是一个具有他们个人兴趣的人的世界，而不是一个事实与规律的世界。儿童世界的主要特征不是什么与外界事物相符合这个意义上的真理，而是感情与同情……"从杜威的话语中我们可以读到儿童世界与成人世界的不同。对于幼儿来说，他们的世界是充满了童真、童趣与童话的感性世界。幼儿的天真烂漫、无忧无虑不仅仅表现在他们的生活世界、游戏世界里，也同样反映在他们的学习、探索和其他活动中，因为这就是幼儿真实的个性显现。因此，对于幼儿园教育活动的组织与实施，教师不仅需要从幼儿个体的发展水平、能力、经验、个性和兴趣等方面着手加以充分的关注，而且还应当认识到幼儿有与其自身个性特点相匹配的、不同的学习方式。教师在组织幼儿的学习和探究活动时，应当尊重幼儿的真实个性，让幼儿通过真实的情境、真实的生活进行体验性的学习，而不是以理性思维的方式向幼儿传递事实或规律。

3. 幼儿是能动的、创造的。

现代教育观认为，学习过程中的儿童不是一个被动的接受者，而是一个积极主动的参与者。幼儿在教育活动过程中是一个主动参与、互动交流并积极建构的主体，其主体行为具体表现在他们的探索、发现、判断、交流、表达等一系列活动中，从中可以看到他们身上所蕴涵的独立、自主、能动和创造的潜能。作为教师，必须认识到幼儿的这些潜能，在活动的组织与实施中，充分调动一切手段途径、利用一切可能性因素和条件为幼儿营造一个有助于他们积极发挥自身的能动性和创造性的环境，让幼儿在主动大胆的尝试和创造性表现中实现和体会成功。

(三)构建积极多元的互动关系

幼儿园教育活动中，幼儿与活动环境、活动材料、活动内容、活动同伴和教师之间多元的互动关系及其互动质量，决定着幼儿的学习和发展。

因此，我们应充分重视活动中的多元互动。

① 黄瑾主编. 幼儿园教育活动设计与指导[M]. 上海：华东师范大学出版社，2007.

近年来，随着学前教育改革的不断深入，幼儿园教育活动中的互动现状逐步得以重视和推进。但是，仍存在不少问题：

1. 幼儿的主体地位在互动中没有得到足够的重视。

在幼儿与活动环境、活动材料、活动内容、活动同伴、教师之间，无论是互动的发起环节还是互动的过程之中，幼儿仍多处于被安排、被调控、被指令的地位。偶尔幼儿体现出主动互动的信号，或者被忽略或者也不能得到应有的回应。

2. 互动的内容表现出明显的上行型互动和下行型互动相结合的特点。

一般来说，幼儿发起的互动，内容上多是下向上的请求、征询许可、展示汇报、寻求帮助和指导、告白和告状等，极少平行的、同等水平的活动内容；而由教师发起的互动，其内容多是要求、指令或提醒、约束纪律、询问、生活照顾和帮助。可见目前幼儿园教育活动的互动仍明显地重规则性、问题性和少情感性。

3. 互动的性质有待改善。

互动的性质是互动过程及其特点的综合概括和体现。目前，幼儿园教育活动中的互动更多地停留在反馈消极的或积极性不高的状态。

那么，怎样建构积极有效的多元互动呢？

案例赏析

在“蟹”的主题生成中，师生有效互动的三种方式①

国家教育部颁布的《纲要》要求我们在幼儿园一日活动中，要“尊重幼儿身心发展的规律和学习特点”，“促进每个幼儿富有个性的发展”。我们体会到，要实现这些教育要求，就必须正确处理好幼儿学习活动中的师生互动关系，使幼儿的学习更有价值，使幼儿的发展更有意义。

在“蟹”的主题生成活动中，我们尝试着用不同的师生互动方式来推动幼儿的探索活动。

1. 幼儿自发生成主题时的“顺”。

幼儿来自不同的家庭，有着不同的生活环境，他们的兴趣、经验各不相同。因此，他们往往在与环境的互动中，会自发生成出许多不同的主题。而这些主题正是最能表现幼儿的需要，反映幼儿最近发展区的水平的。在这种由幼儿自发生成主题的情况下，教师应首先体现“顺”字，即顺应幼儿的活动，为他们提供有关主题的资料及活动所需的材料、时间、场地等，使幼儿按照自己的意愿进行探索。

---

① 上海东方幼儿园，华培。

例如：一位幼儿从家里带来了两只螃蟹，孩子们就围在了一起，有的用手碰一碰，有的干脆把它捉起来。看着孩子们“乱哄哄”的场面，教师并不干涉，而是以支持、欣赏的态度鼓励他们去捉蟹。在与蟹的直接接触中，孩子们产生了许多的问题，“这是大闸蟹？”“蟹的大脚最厉害吗？”“看哪，它的眼睛在这里！”“他的嘴巴在哪里呢？”幼儿就这样自发生成了研究蟹的愿望。这时，老师在教室的一角提供了图书、VCD、图片、更多的活蟹，很快幼儿投入到查找资料的研究活动中去。

在此活动过程中，幼儿表现出极大的学习积极性和自主性。他们发现问题、寻找问题答案的能力，是教师难以在其他教学中见到的，幼儿的潜能得到真正发挥。因为，此活动是幼儿自己的活动，所探索的问题是他们真正想知道的东西。

从这个例子可以看出：教师给足幼儿自由的时间与空间，提供丰富的材料，顺应幼儿的探索活动，是师生有效互动的方式之一。

2. 师生共同产生主题时的“引”。

幼儿的活动常常受到无意注意和表象性思维等特点的左右，对事物的探索往往缺乏深度。所以，在幼儿活动过程中教师要通过观察思考，找到恰当的机会，参与到幼儿的活动中，用巧妙的方法引导幼儿生成主题，体现一个“引”字。

例如：在“蟹”的活动方案中，教师发现在查资料时，大部分幼儿对蟹的外表和描述蟹的文字比较感兴趣。同时，每个孩子的观察视角有所不同。老师便大致作了一个统计：注意蟹形状的有5人，注意色彩的有8人，注意蟹足的有10人，注意生活环境的有3人。对孩子的观察引发了教师的思考：如何引导幼儿更深入地探究自己感兴趣的问题呢？教师设置了一些问题：“为什么有的蟹要把海星放在自己的壳上？”“为了伪装。”不少幼儿不假思索地答道。这一话题马上引起了孩子们的兴趣，陈涛说：“隐蟹最会伪装，当敌人来的时候，它会像石块一样，一动也不动。”夏秋冬说：“毛蟹的身上长满了黄色的毛，和沙滩上沙子的颜色一样，不仔细看是看不清的。”董婉婷说：“湖蟹的壳上沾满了一粒粒小小的壳，看上去一点也不像蟹。”幼儿一阵七嘴八舌后，教师又问：“那么蟹把自己伪装起来是为了什么？”“保护自己呀！”老师：“那么蟹除了用伪装的方法来保护自己，还有别的方法吗？”幼儿在老师的引导下对蟹的自卫方式产生了极大的兴趣，“蟹的自卫方式”这一非常有价值的主题便是师生在共同的交谈中产生的。

我们感到：在师生共同生成主题时，教师可运用观察和设置开放性问题的策略，以玩伴的身份参与活动，借助开放性的问题，与幼儿有效地互动。注意观察幼儿的一言一行，理解他们的学习方式、思维方式和行为方式，帮助他们发现新的问题，持续不断地探索下去。

3. 教师生成主题时的“助”。

在生成性活动中，由于幼儿缺乏经验，对事物的认识有限，因而探索容易停留在表面。而且，幼儿能力有限，又常常无法对事物进行深入的研究。这就需要教师“助”幼儿一臂之力，即在适当的时机进行点拨，借助当时的情景、材料，直接地提出主题，把幼儿的学习兴趣推向深入。

例如：在“蟹”的方案活动中，教师发现幼儿只注意观察蟹的外形、动态，而没有想到要深入研究蟹的内部结构。正巧，有一天，有个螃蟹死了，教师抓住了这个机会，就问幼儿：“你们想看看蟹肚子里是怎样的吗？”“想。”幼儿马上围了上来，声音中充满了渴望。当教师剥开蟹时，他们兴奋地边看边议论：“为什么螃蟹不流血呢？”“它有没有血呀？”“这个白的是鳃，鱼也有的。”在教师的提议下，幼儿开始研究起螃蟹的内部结构来。

在此过程中，教师主动出击，把幼儿的兴趣点转向研究蟹的内部结构上来。教师生成的主题之所以能被幼儿接纳，关键在于教师捕捉了随机教育的契机，并能把教师的主题变为幼儿感兴趣的问题，从而把幼儿的探索兴趣引向教师要求的方向。

案例赏析

用雪花片插眼镜①

随着孩子们在使用雪花片构建过程中对直插、方形插的掌握，我们开始引导他们插圆形了，女孩子们还把它形象地比喻为“手镯”。在集体指导了圆形的基本插法后，对那些已经掌握的幼儿，我们不断地鼓励他们展开各自的想象，根据不同的喜好，在基本形的基础上进行变通，一个“圈圈变魔术”的活动在结构区生机勃勃地开展起来了。几乎每天都有新的创意产生，太阳、大饼、棒棒糖、气球、娃娃脸、茶壶、呼啦圈、望远镜等，这些色彩鲜艳而又十分形象的作品被醒目地陈列在低柜上，每件作品都用一块小纸牌来标明它的小作者（由于是小班的幼儿，我们用一些常见的小动物图片来代替姓名，以便于他们识别）。这样的展示也给那些能力较弱的幼儿增加了模仿学习的机会。有时，还会吸引一些原本对结构活动并不感兴趣的女孩子。

① 上海宋庆龄幼儿园，陈磊。

我发现豆豆(小名，4岁，小班下期)正在结构区欣赏着同伴们的作品，这是难得的。以往，她最喜欢去的不外乎是美工区、生活区和图书区这几个角，我们也曾试图引导她到结构区参与活动，可是她要么只搭了一会儿就半途而废，要么她就干脆回答："我不想做。"

我不想放过这个机会。

我径直走了过去，拉起她的小手说："豆豆想不想也用圈圈来变魔术呀？等你搭好了，请你的小河马也很神气地站在它前面，好吗？"告诉陈老师，你想用圈圈变什么？"

"我想跟他们不一样，我要变……变眼镜，这个眼镜是给陈老师戴的。"想起来了，昨天我是戴着太阳眼镜来上班的，路上碰见了正准备进卧室的孩子们，豆豆特地从队伍中跑到我身边，说："陈老师，你戴眼镜真漂亮，我妈妈也有太阳眼镜。"哇，她还念念不忘呢！

我并没有把这句话当成儿戏，而是用一种发自内心的认真态度，侧过脸，指着自己眼睛到耳朵的距离提醒说："我这里比较长，眼镜的架子要帮我搭得长一点，否则我勾不住。"豆豆的眼睛睁得大大的，听完我的话，她点点头，乐呵呵地转身去取雪花片了。她的背影仿佛在告诉大家——今天，我要做一件了不起的"工作"。

我想以一个教师对孩子愿望的重视、对活动动机的满足来刺激她去尝试新的领域，去完成真正属于自己的作品，去体验成功的喜悦。

看着豆豆静坐在桌旁，专心地插着雪花片，我放心地离开了结构区，留给她一个独立的空间。

来到餐厅，我赶紧为生活劳动区准备自制点心的用料。

"陈老师，我两个圈都搭好了。"豆豆对我说。

我一边跟着她往结构区走，一边说："试试看，我能不能戴。"拿起她递给我的眼镜(只完了两个圈的半成品)，仔细瞧了瞧。

"这两个圈圈好像有点不一样，你瞧。"我把那两个一大一小的圈圈搁在自己的眼睛上，让她比较一下。

"哎呀！一个大，一个小。"她发现了。

"这是怎么回事呢？"

"搭得太少了。"她指着那个小圈圈说，又补充道："这个还要再插一个(雪花片)。

我以微笑表示赞同。

她拆了小圈，往里再插雪花片，(一连插了几个，反而变得太大了)我克制住自己，没有上前提醒她。这回她却并没有立刻来找我，而是自己拿起两个圈反复比较。怎么，还是有点不大对劲？她撅了撅小嘴，随后把两个圈上下叠在一起比较，这真是个好办法！我暗暗地在心里赞许着。

一个孩子来拍拍我的手，告诉我套杯又有不同的排法，希望我能去看一下。我再次离开。

没过多久，豆豆又来了。

“陈老师，我好了。”

我拿起已被连在一起的两个眼镜圈问：“你是用什么办法把它们变成一样大小的？”

“再插两片进去。”

“你的办法真好，这眼镜我戴了肯定很舒服。”

她接过“眼镜”转身回到结构区，开始插镜脚。

幼儿的个性是有个别差异的，这从区角活动中不难发现。有的孩子能够从“工作”中获得足够的动机和乐趣而无须教师干预；有的孩子则依赖性较强，常需要教师的肯定、鼓励和帮助；还有的孩子相对比较外向，社会性交往的需要较强，愿意帮助别人等。就刚才的情况而言，豆豆也许就属于第二种类型的孩子吧。我们不仅要允许班级内幼儿的发展速度、活动内容、方式的多样化，还应该有不同的指导策略和针对性，去满足不同幼儿的需要和发展。

因此对豆豆来说——在不断的鼓励中，提出不足，明确地指出问题所在，帮助她寻找原因，具体地解决问题——这种策略可能比较有效。

豆豆又来了，这回，她拉着我的手，高兴地在前面引路，我跟着她来到结构区，见到桌上的“眼镜”，马上拿起来戴上。

“我想去照照镜子，你陪我一起去，好吗？”

豆豆蹦蹦跳跳地跟着我来到了娃娃家，我蹲下身照镜子，从镜子里看到她在一旁笑嘻嘻地看着。我夸赞道：“真舒服，也很漂亮。”稍后，我又转向了她，指着镜架说：“好像这儿后面太长了，我勾不住，你还有办法吗？”

“拿掉一点。”她说。

“一次又一次地帮我修改，你真辛苦，谢谢你。”

她拿过眼镜跑回座位，我跟了过去。她比划着问：“那么，这么长够不够？”

我抚摸着她的头说：“好的，再短一些我就能勾住了。”

对孩子的肯定有多种方式。针对不同的需要和情形，除了动听的言语、肢体的亲密赞许外，也有用自己的受益及共同的分享表示接受和感谢。我提出的这种不断的、近似一丝不苟的要求，既表示对孩子劳动的一种尊重，更期望养成她良好的品格习惯，同时还能够从解决问题中得到愉悦和自信。

豆豆最终完成了她的作品。

接下去的一段时间，她到结构区活动的次数明显增加。在“圈圈变魔术”活动中，她的作品有：能竖起来的圆镜子、葫芦串、花园里的妈妈和宝宝。她的小河马也神气地站在小主人的作品前。

从上述案例赏析可以看出，要追求积极、高效的多元互动，应从两方面入手：

一方面，创设积极的多元互动条件，搭建丰富的多元互动平台，为幼儿与活动环境、活动材料、活动内容、同伴和教师之间的互动提供多样化、多层面的支撑。

另一方面，采取恰当的组织引导策略，促进幼儿与活动环境、活动材料、活动内容、活动同伴和教师之间形成积极、高效的互动。

总之，安全、愉快、宽松的外部氛围是建构积极有效互动的基本前提，教师真正担当起幼儿活动的参与者、合作者、引导者，是建构积极有效互动的必要保证，而唤起幼儿主动的主体建构的学习意识和学习行动是积极有效互动的核心和关键。

拓展阅读

从经典案例《小鸟的乐园》看瑞吉欧教育

瑞吉欧是意大利东北部的一座城市，自20世纪60年代以来，罗里斯·马拉古齐(Loris Malaguzzi)和当地的幼教工作者一起兴办并发展了该地的学前教育。数十年的艰苦创业，使意大利在举世闻名的蒙台梭利之后，又形成了一套“独特与革新的哲学和课程假设，学校组织方法以及环境设计的原则”。人们称这个综合体为“瑞吉欧·艾米里亚教育体系”。

《小鸟的乐园》是瑞吉欧的经典案例，《小鸟的乐园》这个方案最初的构想来自校园里的一池清水。在校园里放置一池清水，原意是给栖息的小鸟解渴，孩子们认为如果小鸟会口渴，也一定会肚子饿，如果它们又饿又渴的话，也许会疲惫不堪的。于是，有的孩子建议在树上搭建鸟巢，还有小鸟玩的秋千、老鸟搭乘的电梯。也有的孩子建议安置一个音乐旋转木马；还有的孩子建议给小鸟准备滑水用的小木片，让它们滑水；更有的孩子提议做个喷泉，是又大又真实的，能把水喷得高高的那一种喷泉。

于是，一个具有想象力同时也鼓舞人心的主题出现了：为小鸟建造一座真正的乐园。接着就是一个漫长的探索与实验过程，孩子们遇到了各种各样的难题。为了建一个喷泉，孩子们各自谈了自己的构思。

有一个名叫菲利普的孩子说："这是天使喷泉，我认为在这里应该有输送水的管子。水管里的水来自水道，当水流到倾斜处和进入喷泉时，水流的速度开始加快。喷水池底有一些水，也许它每年更换一次。"

一个名叫爱莉莎的女孩子认为："水来自天上，那就是雨，它从山上流下来，流入山的小洞里，最后流入山脚下的湖中，然后又有条往下倾斜的水道将水先带入另一个湖，再带入水道中。地下的通路有很多条，老鼠会喝掉一些水，但喝得很少，其余的水就流入喷泉，从喷泉的石块中往上喷出，而石块就像滑滑梯一样，让水滑下来。"

另有一个名叫西蒙尼的孩子也谈了自己的创意："我真想有一个很大的装满水的储水槽，看到没有？我们做了两个，一边一个，上方有一座天平告诉你水槽中是否有水。比如：如果天平平衡，表明水槽中有水，喷泉可以喷水；如果天平倾斜，就代表水不多了，你就得按开关处的按钮，让水槽装满水。"

经过实验，孩子们为小鸟做成了水车和喷泉，还为小鸟乐园举行了开幕式。

在瑞吉欧，这类活动就是幼儿学习的过程，这是一种师生共建的弹性课程与探索性教学，一般主题都是合乎儿童生活经验和兴趣的，并且孩子们能进行操作，活动是有意义和价值的。在探索的过程中，孩子们不断地把主题引向深入、展开广度，最后问题终于得到创造性的解决，幼儿通过自己感兴趣的方式来表现和展示其成果，如绘画、卡通、泥塑、模型、连环画等。

在瑞吉欧，教师成了幼儿的伙伴，他们倾听孩子的心声，并使孩子进入主动学习状态；同时也是向导，引导孩子们在学习中观察再观察，思考再思考。各方面的能力得以发展；教师还是记录者，他们记录了大量的第一手资料，从而了解幼儿是怎样思维的；教师还是研究者，研究如何发现既有挑战性又能使孩子得到满足的项目活动等。因此，在瑞吉欧有句名言：接过孩子抛来的球！

瑞吉欧教育体系强调：儿童的学习不是独立建构的，而是在诸多条件下，主要是在与家长和教师、同伴的相互作用过程中建构的；是在特定的文化背景中建构知识、情感和人格。在互动过程中，儿童既是受益者，又是贡献者。

强调"互动关系"和"合作参与"。"互动合作"是瑞吉欧教育取向的一个重要理念，也是贯彻在整个教育活动过程中的一项原则。"互动合作" 包括教师和学习者的互相沟通，关怀和控制的不断循环，以及教育活动相互引导的过程。互动存在的方面：

①存在于发展和学习之间；

②存在于环境和儿童之间；

③发生在不同符号语言之间；

④发生在思想和行为之间；

⑤发生在人与人之间(最重要)。

这一种对家长、教师和儿童互动、合作关系的看法，不仅使儿童处于主动学习地位，同时还加强了儿童对家庭、团体的认同感，让每个幼儿在参与活动时，都能感受到归属感和自信心。瑞吉欧多年的务实经验，证实了社会文化环境、社会认知冲突和最近发展区等理论概念的重要性，同时也可看出从皮亚杰的建构主义到以维果斯基的社会文化发展论为基础的社会建构主义的发展过程。有人认为：瑞吉欧的课程取向是：人类发展理论与社会文化环境的价值观信念及目标之间密不可分的关系，是成人与幼儿共建的深入主题的项目活动的基础。

“互动合作”的理念也表现在幼儿机构的管理方面，认为教育是整个市镇活动和文化分享。“社区应参与学校”的观念已形成具体的管理特色，表现在托儿所和幼儿园以社区为基础的管理方式上，同时，幼儿园都有“咨询委员会”传达家长与教育者的需要。市镇的托儿所、幼儿园董事会，由幼托机构中的咨询委员代表、当地的幼教行政主管、教学协调人员及选出的教育官员等人组成。

家庭和学校的互动合作，可帮助教育新方法的发展，并将其视为不同智慧汇集的要素，儿童教育责任由学校和家庭共同承担。他们深信，只有当老师与家长使用参与时，才可能带给儿童最好的经验。

本章小结

幼儿园教育活动实施是教育活动设计的执行和落实，是实现教育活动目标的关键环节。

幼儿教师应遵循活动实施的六大基本原则：发展性原则、趣味性原则、主体性原则、实践性原则、整合性原则、保教结合原则。

通过创设适宜的学习环境，科学合理地安排幼儿一日活动，与家庭、社区密切合作，有效促进幼儿全面和谐发展。

思考与练习

1. 幼儿园教育活动实施应遵循的基本原则有哪些？试结合案例说说你的理解。

2. 幼儿园教育活动环境创设的含义和意义何在？分类阐述教育活动环境创设的策略。

3. 运用幼儿园教育活动环境创设的原则分析评价见习的某一幼儿园班级教育活动环境。

4. 结合实例分析如何组织实施幼儿园教育活动。

第十章　幼儿园教育活动指导的一般技能

本章学习目标

- 明确幼儿园教育活动组织与指导技能的含义与特征；
- 理解幼儿园教育活动指导技能的分类；
- 掌握并能运用各类幼儿园教育活动指导技能。

本章内容引言

每一位有经验的幼儿教师，都知道怎么让幼儿安静下来，很快进入教学情境；懂得运用什么样的语言、语气提问和评价幼儿，激励幼儿学习；知道在什么时候出示教具效果最好；知道怎样设置教育情景，投放玩具，让幼儿在活动中达到教育目的……这些，就是我们本章要学习和掌握的内容——幼儿园教育活动的指导技能。

学习本章，你将明确幼儿园教育活动组织与指导技能的含义与特征，理解幼儿园教育活动指导技能的分类，掌握并能运用各类幼儿园教育活动指导技能。

第一节　幼儿园教育活动指导技能概述

技能，是一个心理学的概念，指个体在活动中经过反复尝试和练习而逐渐习惯了的熟练的行为方式。

幼儿园教育活动的指导过程，是教育教学的实践活动，同样存在着一定的技能，这些指导技能，是幼儿教师在长期的教学活动中总结出来的带有共性的活动指导方式和策略，是幼儿园教师用来保证教育活动顺利开展的必要手段。

一、幼儿园教育活动指导技能的含义及特征

幼儿园教育活动的指导技能，实际上就是一种教学技能，是在教师与幼儿的双边活动中所体现出来的教学指导方式。其所以叫做”指导技能”，是因为它与中小学的教学技能有着明显区别：幼儿园的教育活动是老师和幼儿在一定的教育环境中，多领域、多媒体共同作用的过程，是以活动为中介的教学过程。这种教学过程更具情境性和动态性。幼儿教师教的过程，实际表现为对幼儿各种活动具体指导的过程。因此，我们把幼儿园的教学技能，叫做指导技能，目的就在于突出幼儿园教师“导”的作用。

根据幼儿园教育活动指导技能特点，我们可以作如下定义：

幼儿园教育活动的指导技能，是指在幼儿园教育活动中，幼儿教师以活动设计为前提，以活动为中介，指导幼儿实现活动目标的基本运作方式。

幼儿园教育活动的指导技能具有适应性、情境性和操作性等几种特征。

1. 适应性。

幼儿园教育活动的指导技能适用于幼儿园各类教育活动。

幼儿教育活动有游戏活动、生活活动、集体教学活动、综合娱乐活动、区域活动等类别和类型。而我们必须掌握的指导技能，是上述教育活动中所共同具有的指导方式，这些指导方式适用于幼儿园的各种教育活动。我们必须熟练掌握这些技能，才能保证幼儿园教育活动的顺利开展。

2. 情境性。

幼儿园教育活动的指导技能是在活动的具体情境中运用的。因此具有特定的情境性。幼儿园教育活动寓于幼儿的一日活动中并以幼儿活动为中介。

幼儿园教育活动指导技能是在组织幼儿开展具体活动中表现出来的。如老师如何让幼儿进入活动情境、如何组织幼儿开展活动、如何让幼儿转换活动项目等，都需要教师自然运用特定的教学技能来完成。这种技能运用，不是固定的程式运用，没有顺序，没有主次，是随情境变化随机运用的实用性技能。我们在学习和了解指导技能时，也只能是在实践训练中，在一定的教学性情境中反复运用，才能真正掌握幼儿园教育活动的指导技能。

3. 操作性。

幼儿园教育活动指导技能是在特定教育活动情境中自然而且自觉运用的。它要求教师在特定活动情境中合理运用教学语言、体态和媒体、材料和技巧，灵活自如地进行恰当的表达、交流、刺激和引导，所以它具有操作性特征。

由于幼儿的认知水平处于动作思维阶段，幼儿园教育活动必然是直观的、愉悦的和动态的过程。这就需要幼儿教师具有表演性的语言、模拟性的教态和合理运用教学媒体的技巧性，以保证幼儿愉快、主动地参与活动，积极互动，实现活动目标。这种表演性、模拟性和技巧性都具有操作性。

指导技能的操作性特征也给我们学习掌握教育活动指导技能提出了动口动手、反复实践的训练要求。

二、幼儿园教育活动指导技能的分类

幼儿园教育活动指导技能是由多种基本技能构成的相互联系的整体。大致可分为两种基本类型：

一是幼儿园教育活动的组织技能；

二是幼儿园教育活动的语言技能；

我们只有全面了解这些技能，通过有目的的分类专项训练和结合教育活动情境进行的综合性运用实践锻炼，才能真正全面掌握幼儿园教育活动的指导技能。

(一)组织技能

组织教学，是所有教学活动中所共同具有的特性。幼儿园教育活动也同样需要组织教学。由于幼儿园教育活动是一个动态的过程，因而各类教育活动都需要经历开始部分、基本部分和结束部分三个阶段。在幼儿园教育活动过程中，幼儿一般会经历：进入学习情境—了解学习内容—参与活动—转换活动形式—结束学习活动等几个环节。幼儿园教育活动的组织技能与之相适应，由导入技能，引导技能、过渡技能、结束技能和观察技能等五种基本技能构成。

(二)语言技能

与中小学课堂教学相比，幼儿园教育活动中教师的语言运用显得十分重要。

由于“幼儿园的教育活动是教师以多种形式有目的、有计划地引导幼儿生动、活泼、主动活动的教育过程。”①尽管它是一种设计性的活动过程。但是活动中的幼儿不像上课的小学生手中有教材，幼儿获取活动信息的途径除了丰富的活动环境和教学具以外，还依赖教师在活动中的讲述、提问和评价，教师必须借助语言沟通的技能技巧帮助幼儿完成活动目标，实现学习与发展。

因此教师运用语言与幼儿实现认知和情感上的沟通，是幼儿园教师必须具备的技能。这一类技能由提问、讲述、评价三种具体技能构成。

提问技能是教师为了使幼儿产生认知需要而设计问题情境的技能，是幼儿园教育活动中经常使用的技能；讲述技能是幼儿教师用语言形式展开教学内容而具备的一种表达技能，也是语言运用中的基本技能；评价技能是实现教师与幼儿沟通的必备技能，是教师运用恰当的情绪情感和得体的分析、判断性语言调控和激励幼儿的有效策略，更是幼儿园教师语言运用中最重要的技能。

---

① 《幼儿园教育指导纲要》(试行)，教育部，2001年7月。

三、学习幼儿园教育活动指导技能的意义及要求

幼儿园教师的领域教学知识(简称PCK)是包含在学科知识中的一种属于教学的知识，是一种最适于“可教性”的学科知识，是个人教学经验、教师学科知识和教育学的特殊整合。其构成要素如下：

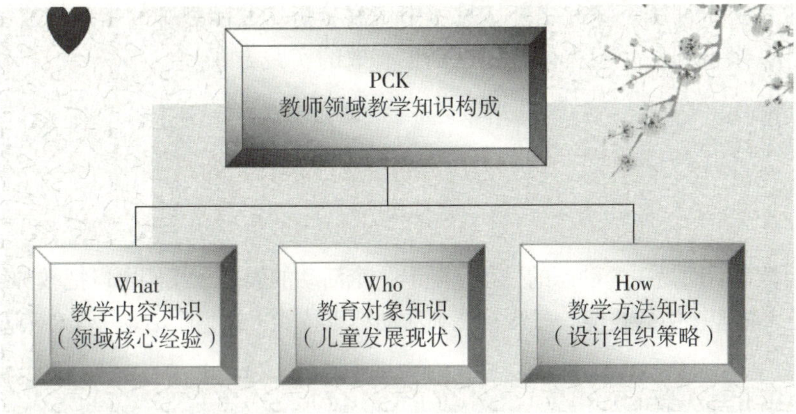

在PCK构成中三个“W”分别是：

What——领域教学内容知识(领域核心经验)；

Who——教育对象知识(儿童发展现状)；

How——语言领域教学方法知识(设计组织策略)。

所以幼儿园教师在具备了一定的专业文化知识，掌握了学前教育的专业理论，拥有一定的教育活动设计能力的同时，还应该懂得怎样运用理论知识和专业技巧，具体组织幼儿园教育活动，也就是必须解决“怎么样做”的问题。

学习和掌握幼儿园教育活动指导技能，也就是为了解决”怎样做”而安排的训练内容。通过指导技能的学习，把前面所学习的知识、技巧和专业理论，进行“合理组装”，加以融会贯通，形成具体的组织实施教育活动的指导技能，为我们有信心、有把握地走向学前教育工作岗位打下基础。

为使我们能够有效地学好教育活动指导技能，提出如下几点要求：

1. 坚持学练结合。

技能是一种动作方式，必须在训练中逐步形成。如果只学习理解，不扎实训练，只能是纸上谈兵，毫无用处。但如果不知道训练的目的和要求，机械训练也是徒劳无益的。只有既了解各种技能的作用和要求，又坚持科学的实践训练，才能真正掌握和形成具有实效的指导技能。

2. 讲究训练方法。

幼儿园教育活动指导技能由各种具体的基本教学技能组成，每一种技能又可以表现

为多种运作方式。如导入技能就有情境导入、表演导入、直观导入、悬念导入等方式。因此，我们在训练中，可以采用集中解决某类技能的方法加以训练，也可以采用对比训练的方式，还可用重复训练的方法等。方法多样，训练及时，才能形成指导技能。

3. 加强实践环节。

通过一定的单项训练，虽然对各类技能有了一定的感性认识，但这只是针对性的模拟效果，只有通过实践运用，才能检验我们是否掌握了指导技能。因此，加强实践环节，是熟练运用各种教学技能的必要手段。实践的形式主要有单项技能活动情境训练、综合技能教育实习训练。除此之外，见习中观察分析幼儿园教师的指导技能，利用暑假的社会实践，亲自到幼儿园去试教，也是很有效的实践方式。

第二节　幼儿园教育活动组织技能

幼儿园教育活动是一个动态的过程。随着一个活动的展开，我们可以把教师组织活动的技能分为导入技能、引导技能、过渡技能和活动结束技能，在整个活动中又伴有观察技能。

一、活动导入技能

(一)活动导入技能的含义、目的和要求

1. 含义。

能够引起幼儿注意，激发幼儿兴趣，使幼儿明确活动目标的活动引入方式及语言称为导入技能。

导入是活动的起始环节。精心设计的导入方式和导语，能将幼儿的注意力吸引到特定的活动之中，形成定向导入。善于导入，是幼儿教师应该掌握的基本功，也是组织好活动最重要的第一环。

2. 目的。

良好的开端是成功的一半。

恰当的导入方式和导语设计是活动起始环节必须的指导艺术。它起着吸引幼儿注意、带入活动情境、引出活动内容的作用。能使幼儿很快地进入活动应有的兴奋状态，产生强烈的活动动机，全身心地投入活动。

导入技能的目的如下：

(1)激发活动兴趣

兴趣是人积极探究事物的认识倾向。导入最重要的艺术特征是激发幼儿兴趣。兴趣的产生不外乎这样几种：或者是因好奇而感兴趣，或者是因困惑质疑而感兴趣，或者是因新鲜动人而感兴趣。幼儿有了兴趣，就能带动幼儿整个心理活动积极化，产生强烈的求知和探索的欲望。所以巧妙的导入方式和精当的导语，可以在最短的时间内调整幼儿

的情绪，激发幼儿强烈的求知欲望，使幼儿在好奇心的驱使下产生探究的意向。

(2)引出活动内容

在简短的导入中，教师常常巧妙而自然地渗透了活动目标，点出了活动的主要内容，或设疑，或暗示，或演示，或创设情景，激发探索的热情和主动性，使幼儿有目的、有意义地进入活动，并围绕特定内容展开学习与探索。

(3)带入活动情境

活动的开始，幼儿不容易做到一下子就把注意力定向集中起来。教师创设特定的活动情境，给幼儿新颖有趣的、色彩鲜艳的、活动变化的刺激，伴随简短而精彩的导语，才能把幼儿的注意力很快集中并引向某种特定的活动情境之中，从而为探索活动做好心理准备。

3. 要求。

导入的方式和导语的设计，因活动类型、活动领域、活动内容和活动目标的不同而不可能有一个固定的模式。也就是说，每个活动开始的设计都要因类型而异，因幼儿而异，因内容和目标而异。各种不同的导入类型在设计和实施中的要求基本一致：

(1)求精

导入要适度。导入本身不是活动的内容，更不是活动的重点，因此时间不宜过长，以1~2分钟左右为宜；导语力求精练简洁，集中概括，不说空话、废话，不作毫无意义的重复，点到为止，切不可喧宾夺主。

(2)求准

导入要有针对性和科学性。针对教育活动的不同类型、内容、特点和幼儿的实际，巧妙地设入导入方法和导语，且语言表义准确鲜明，线索清晰，主干突出．导语设计一要准确无误，二要规范严谨。

(3)设疑

导入要有启发性。要以生动的讲述，具体的事例，直观的演示，创设问题情境，“抖出包袱”，激情逗趣，引发深思，调动幼儿主动探索的积极性。

(4)巧妙

导入要有趣味性。导入重在引起幼儿的兴趣，从而有效地调动其活动的积极性。因此设计导入要依据活动内容力求巧妙、新颖，别具一格，既能制造悬念，又能引人入胜，富有吸引力和艺术感染力。

(二)活动导入技能的类型及训练

1. 活动导入技能类型。

怎样才能有艺术地导入新的活动情境呢？其实没有统一的万能模式，需要教师依据活动的目标和内容的性质，根据幼儿年龄特点和心理需求而灵活设计。从大量的成功的教学艺术实践中，可以归纳出以下几种常用的导入方法：

(1)直观导入

直观导入是在活动起始环节，采取先出示实物、图片、标本，或播放幻灯片、电视片等直观呈现的方式，引出内容，创设情境，激发幼儿的情感和兴趣的一种导入方式。

例一，科学活动《种子的秘密》活动导入：

教师先让幼儿展示自己带来的各种"籽"，组织幼儿观察交流说出它们的名称，然后说："大家带来的这些籽尽管名字、大小、形状、颜色各不相同，但把它们种到适宜的环境里，都能发芽、长叶、开花、结果，长成一棵新的植物体，你们知道这是为什么吗？这就是种子的秘密。"

例二，科学活动《有趣的植物》活动导入：

播放科教电视片，演示种子从孕育、生根、发芽到破土而出，茁壮成长的过程，帮助幼儿对植物的生长形成一个初步的印象，并产生继续探索的欲望。

(2)演示导入

演示导入是直接以演示实验、操作玩教具和表演的方式激发幼儿的好奇心，使幼儿产生要了解观看演示中出现的各种现象、变化及原因的强烈愿望的一种导入方式。

例一，《奇妙的空气》活动导入：

演示趣味实验"哪支蜡烛先灭"。同时点燃两支置于光滑的平面物(如盘子)上的蜡烛，用一大一小两广口瓶同时分别罩住两只蜡烛，幼儿马上会看到小瓶中的蜡烛先灭，大瓶中的蜡烛后灭，这是为什么呢？妙趣横生的小实验，奇妙的现象，激起幼儿探求新知识的欲望。

例二，语言活动《小白兔过桥》活动导入：

先组织幼儿观看由诗歌内容改编的情境表演，引出内容，从而自然地把幼儿带入活动情境。

(3)设疑导入

设疑导入是在开始活动时先设置一个幼儿感兴趣的或符合幼儿认知水平、又富有启发性的问题或矛盾，造成悬念，开启幼儿思维，引发幼儿思考和联想，起到设疑激趣的作用的一种导入方式。

例一，语言活动《会打喷嚏的帽子》活动导入：

开始活动时可先提问："小朋友，你们都戴过帽子吗？"幼儿回答后接着说："现在老师要给你们讲一个关于帽子的故事。故事的名字叫：《会打喷嚏的帽子》。咦，帽子怎么会打喷嚏呢？听完了故事你们就知道了。"

对话交流形成平等轻松的氛围，有趣的故事名称充满吸引力，"会打喷嚏"激发幼儿强烈的好奇心，为寻求究竟，幼儿自然全神贯注于整个活动。

例二，科学活动《食物到哪去了》活动导入：

开始活动时可先提问："我们每天都吃些什么食物？原来我们每天都吃了这么多食物啊！那么，吃进去的这些食物都到哪去了呢？"短短的几句话便能引发幼儿强烈的好奇心和探索的欲望，引发幼儿种种猜想和假设。

(4)作品导入

作品导入是在开始活动时，先根据活动内容和需要，讲述、朗诵与活动内容联系紧密的故事(或故事片段)、儿歌、谜语，聆听或演唱与活动内容联系紧密的乐曲和歌曲等幼儿感兴趣的艺术作品，引出内容，激发兴趣，引发联想的一种导入方式。

例一，语言活动《小蝌蚪找妈妈》活动导入：

开始活动时先出一个谜语幼儿猜："大脑袋，长尾巴，全身黑溜溜，生在春天里，长在池塘中。"幼儿竞猜后教师接着说："小蝌蚪生下来还没有见过自己的妈妈呢！今天他们要去找妈妈了。它们找到自己的妈妈了吗？它们是怎么找妈妈的？让我们一起来听听《小蝌蚪找妈妈》的故事吧。"

例二，科学活动《美丽的春天》活动导入：

开始活动时先播放歌曲《春天在哪里》，然后就歌曲内容展开讨论，引出内容。

(5)游戏导入

游戏导入是开始活动时，先用游戏的方式或游戏的口吻创设游戏情境，激发幼儿的活动兴趣和情感，让幼儿在与活动内容紧密关联的游戏中自然进入教育活动的一种导入方式。

例一，科学活动《奇妙的磁铁》活动导入：

开始活动时，先组织幼儿玩走迷宫的小游戏，给每组幼儿一块迷宫板和一个带有磁铁的舞蹈小人，利用磁铁在板下指挥板上的小人，尽快走出迷宫。游戏一开始，活动气氛十分活跃，一下子就能把幼儿的情绪引向高潮。

例二，健康活动《风婆婆和小树叶》活动导入：

开始活动时，先通过游戏化的准备活动导入。

教师是"大树妈妈"，幼儿是"小树叶"，教师带领幼儿以游戏方式进行模仿活动，在游戏情节中完成四肢的运动准备。

"太阳出来了，小树叶们快起来吧！跟大树妈妈一起锻炼去！"

小鸟飞来了，小树叶和小鸟点点头——活动头颈部。

小熊走来了，小树叶和小熊招招手——活动上肢、肩部。

小兔子跳来了，小树叶和小兔问问好——活动腰部。

小松鼠跑来了，小树叶和小松鼠捉迷藏——活动全身。

调皮的小猴来了，小树叶和小猴跳一跳——练习蹦跳。

(6)经验导入

经验导入是教师在幼儿原有的知识水平的基础上，提供新旧知识的支点，调动幼儿运用已有的知识和经验去探索新的活动，引起幼儿联想的一种导入方式。

例一，科学活动《我们身边的噪音》活动导入：

开始活动时，组织交流谈话："小朋友们每天都要听到各种声音，请你们说一说，你听到过哪些声音？""在你听到过的声音中，哪些是好听的声音？又有哪些是不好听的声音？"幼儿在教师的启发下，联系已有的经验，很快自然而然地而进入活动之中。

例二，数学认知活动《4的第一组加减》活动导入：

开始活动时，先出示4的贴绒，分合式组织幼儿碰球活动，进行"4的分合练习"，"嘿嘿，我的3球碰几球？""(教师有节奏地边拍手边问)——嘿嘿，你的3球碰1球(幼儿有节奏地边拍手边回答)"。通过反复练习4的组成，从而导入新的活动。

2. 导入技能训练。

(1)观摩一组幼儿园优秀教师的活动导入影像资料，说明其采用的导入类型，评价教师的导入技能，并以同课异构方式训练导入技能。

(2)分组进行活动导入设计并模拟试教训练。

活动名称：语言活动《猜猜我有多爱你》、健康活动《我的飞镖投得远》、科学活动《白天和黑夜》、社会活动《城市的雕塑》、艺术活动《泼水歌》。

二、活动引导技能及训练

(一)活动引导技能的含义、目的和要求

1. 含义。

活动引导技能是教师在活动过程中为保障活动顺利进行并达成预定的活动目标，所采取的一系列集中和保持幼儿注意，引导幼儿主动探索，形成良好的活动气氛的行为方式。

2. 目的。

活动引导不仅在活动的开始时进行，而且贯穿在活动的全过程。在幼儿园，活动引导是非常重要的，它既是保证活动顺利进行的关键，又有利于幼儿形成良好的学习习惯。引导技能的目的有三方面：

(1)维持幼儿的有意注意。

幼儿的注意特点是无意注意占优势，有意注意开始发展，但不稳定、不持久，容易受新刺激的影响。为了有效地吸引幼儿投入活动，教师就必须采用一定的组织方式，随时唤起幼儿的有意注意提高幼儿有意注意的持续性，把握正常的活动秩序，从而实现预期的活动目标。

(2)形成积极的活动气氛。

活动气氛是幼儿集体在活动中情绪状态的表现。积极的活动气氛所形成的具有感染性的教育情境，不仅能够促进师生之间、同伴之间关系融洽、思维活跃，而且会使幼儿的大脑皮层处于兴奋状态，产生旺盛的求知欲，从而更加主动积极地投入活动。

(3)养成良好的行为习惯。

幼儿年龄小，行为的控制能力差，活动中常出现乱哄哄的现象，影响活动的正常进行。这就需要教师根据具体情况，发挥自己的教育机智，采取相应的措施及时调控幼儿的情绪和行为，帮助幼儿养成良好的学习习惯。

3. 要求。

尊重幼儿的身心特点，充分发挥活动引导技能在保证活动顺利进行中的作用。实施中应该做到以下几点：

(1)沉着冷静。

在幼儿园教育活动中，随时都可能出现意想不到的情况。比如，在出示的玩具十分新奇，具有刺激性的时候，在让幼儿动手操作却要求不及时或不明确的时候，在幼儿探索已经熟知事物或内容的时候，在教师的组织工作欠佳或有外来干扰的时候……都有可能发生混乱现象或意外情况。这时候，教师必须沉住气，保持心理的镇静和举止的从

容，不冲动、不慌乱。因为人的机智只有在冷静沉着的心理状态下才能产生，正所谓“忙人无智”、“乱则不明”。无论发生什么事，教师都要善于控制自己的情绪，心平气和，这样才有助于果断准确地做出反映，才能处理好所面临的各种复杂问题。否则心慌意乱，缺乏信心，以势压人，敷衍应付，甚至在表情和行为上失态，不仅有损教师的形象，更重要的是影响幼儿情绪和发展。

(2)尊重幼儿

幼儿的年龄特点决定了他们的行为自控意识和能力较弱，而且每个幼儿的兴趣、爱好和个性各异。他们在活动中出现一些不良行为或违纪举动，常常并非有意识的行为，多是出于好奇、好动、好模仿的天性或缺乏良好习惯所致。教师只有充分地了解幼儿，才能根据每个幼儿的不同特点，尊重幼儿的人格，坚持正面教育，采取不同的方法加以正确及时的引导。多采用榜样、提醒、表扬等手段进行积极的暗示、启发和诱导，即使对个别行为特殊的幼儿也要以鼓励为主，耐心疏导，切记强制或惩罚。

(3)因势利导

活动中常常会随机出现一些意想不到的事件，好些都会冒出“智慧火花”，这是稍纵即逝的极好的教育契机。它要求教师必须快速作出反应，及时采取恰当措施，因势利导，化不利为有益，恰到好处地处理问题，有针对性地进行教育，并引导幼儿乘机生成学习和探索活动。反之，如果粗暴地对待幼儿，就会压抑幼儿的聪明才智，挫伤幼儿的自尊心，打击幼儿思考探索的积极性，甚至会造成幼儿的逆反心理和对立情绪。

(二)活动引导技能的类型及训练

1. 活动引导技能类型。

运用活动引导技能，是保证活动由始至终顺利进行的关键。对幼儿园教育活动而言，良好的活动氛围是实现高效活动质量的前提。

那么，什么是良好的活动氛围？

简而言之就是“活而不乱”。“活”是幼儿思维和言行应呈现积极的动态；“不乱”是活动秩序的井然和活动分寸的张弛有度。

教师的引导艺术应体现在：时刻注意唤起幼儿的兴趣和内在动机，充分调动幼儿的主动性和积极性；教师与幼儿之间轻松愉快的相互交流和相互作用；发掘幼儿的活动潜能，启发和鼓励幼儿参与活动过程，适时给予认可和赞赏。

根据幼儿园教育活动引导的功能倾向，我们把活动引导技能分为管理性引导和探索性引导两类。

(1)管理性引导

管理性引导是指对活动进程中每一环节的活动秩序和幼儿的行为方式进行调整，以保障教育活动能在良性有序的环境中顺利进行的行为方式。

管理性引导技能主要有以下两种方式：

①指令性管理。

通过语言、非语言等手段向幼儿发出命令，提出要求和任务，指示方向。

指令是管理的一个重要内容，但教育活动中的指令不是一味地行使权利和强迫行动，而是一种合作的信号和统一的指示。

指令的艺术表现在：

第一，指令要明确、具体、可操作。例如，要求幼儿观察直观教具、人人动手操作实验、进行课堂练习等，教师事先要将要求表达清楚，让幼儿明白，便于行动。

第二，善于创设指令执行的情绪或气氛。比如在操作或实验活动之后教师指示幼儿安静下来，对作品进行评议，结果幼儿由于沉浸在有趣的操作活动之中而对教师发出的这些指令并未引起注意，或反映不强，甚至不肯接受。在这种情况下，教师不要硬性要求幼儿立即执行指令，可采取提议让幼儿唱一支歌、做一个律动或教师弹一段乐曲给幼儿听等方式，转移注意，活跃气氛，然后重新发出指令，并引导幼儿执行指令。

②调节性管理。

幼儿的注意力不稳定，自制力差，活动过程中需要有各种调节，以保证教育活动向着一定的目标进行。调节的方法是多样的，主要可采取：

A. 语言吸引法：

活动中当发现有幼儿精力不集中，注意力分散时，教师可以设法用语言表达的丰富性和变化性来吸引幼儿的注意。比如变换音量、运用停顿、改变语速等办法，运用恰当都可以避免幼儿注意力分散。

B. 体态语暗示法：

教师凭借体态、表情等含蓄地、间接地给幼儿以暗示，使之接受某种心理影响。比如，活动室里吵吵嚷嚷开了锅，教师神情严肃，食指向上放在嘴前，这比使劲敲打铃鼓，甚至拍桌捶凳、高声训斥等更有效，也更能帮助幼儿良好习惯的养成。再如，活动中发现个别幼儿玩小玩具，或拉扯同伴的衣服纽扣饰品等，教师可向他投以严肃的目光暗示他。在这种方法还不能起到作用的时候，可以不动声色地走到注意力不集中的幼儿跟前，轻轻地拍拍他的肩膀，或摸摸他的头，收回他手中的玩具、轻轻捏一捏她的小手等。用非语言行为暗示，能在不影响集体或小组活动进程的情况下，集中个别幼儿的注意力，维持正常的活动秩序。

C. 表扬与批评法：

表扬是正面的“顺”式调节，能使好的行为得以强化；批评则是一种“堵”式调节，能使不良的活动行为得到遏制，代之以良好的行为。

一方面教师要及时、客观、实事求是地对幼儿好的行为与表现给予表扬；另一方面对幼儿的违纪行为可适当运用批评。但要在弄清问题的真实情况后有针对性地进行，因为幼儿的不当言行常常是认知不足和自制力缺乏引起，教师不能简单地用成人的道德标准来批评幼儿。

(2)探索性引导

良好的活动秩序是教育活动成功的前提和保障，而幼儿积极主动地参与学习和探索才是实现教育活动目标、促进幼儿发展的关键。因而教师还应该通过有效的手段，引导幼儿主动探索。其探索性引导的方式有两种：

①集中性引导。

集中性引导主要是对集体教育活动的引导。如把分散的孩子集中起来，共同活动，或在活动中组织幼儿集中观察、讨论、练习或游戏等，都有集中的艺术。比如，集体观察图片或实物，教师首先要让幼儿明确观察什么和如何观察图片和实物，并采取提问的方式让幼儿通过观察去解决；练习朗诵儿歌时，教师要采取分角色、打节奏、做动作和游戏等多种形式练习，不要让幼儿感到枯燥乏味；讲述讲解时，可利用音调、面部表情的变化和生动的语言、适当的动作来吸引幼儿，引起幼儿对重点词句和重点内容的注意，加深幼儿对内容的理解。

②分散性引导。

分散性引导是组织个别化教学的必要步骤，包括分散成小组、个人等，以便教师对不同的小群体或个体进行指导。

其艺术性表现在：

第一，分散活动前，教师要发出明确的指导性语言，如“现在，我请小朋友们 4 人一组，编一编故事结尾。一会儿，我们要请每个小组派代表来讲给全班听”。

第二，分散活动中，教师要扮演合作、支持、启发引导的角色，通过合作行为帮助幼儿掌握活动要领和技能；在活动中细心观察幼儿的操作，及时启发幼儿的操作，及时通过言语或非语言手段来指导，启发幼儿质疑和探索，培养幼儿发现问题、分析解决问题的能力。

2. 活动引导技能训练。

(1)针对幼儿在活动中可能出现的问题(如迟到、聊天、玩玩具、告状，抢玩具等不良行为)设计解决和处理这些问题的办法，并进行模拟试教。

(2)案例分析

一次数学活动中，教师向幼儿介绍“2”和“3”，随后她举例说：“亮亮今年 3 岁，他的表弟今年 2 岁。你们说是亮亮大还是他表弟大?”大家争着回答：“亮亮大。”“哥哥比弟弟大。”教师接着说：“小朋友说得对，3 岁比 2 岁大。”这时，一个叫玎玎的小孩忽然站起来说：“你们说得不对，我家三叔叫二叔哥哥，那不是 2 比 3 大吗?”“对呀，2 比 3 大。”“不对，3 就是比 2 大!”“不！哥哥比弟弟大!”大家各不相让，争了起来。班上顿时乱作一团。

如果你是这位教师，你会怎么处理这个问题呢?

三、活动过渡技能及训练

(一)活动过渡技能的含义、目的和要求

1. 含义。

幼儿园教育活动是由一系列的环节或步骤组成的。各环节或步骤之间需要衔接。

活动过渡技能就是指教师将活动有步骤地、灵活地、熟练地从一个环节或步骤引向

另一个环节或步骤，保证环节或步骤之间衔接紧凑、自然流畅的运作方式。

2. 目的。

教育活动指导是一个流动的程序。掌握环节过渡技能，运用衔接的艺术，活动过程就会富有逻辑性，从而体现一种自然流畅、水到渠成的节奏美和整体美。反之，教师不注意环节或步骤之间的自然过渡，缺乏衔接的艺术性，就会影响整个活动的连贯性和流畅性。

3. 要求。

活动环节的自然过渡艺术在于视活动内容的性质和幼儿当前活动的心理状况而灵活掌握。运用过渡技能时要做到：

(1)自然合理

在活动的进程中，相邻的两个环节或步骤之间往往有着内在的联系。要使环节过渡自然合理，教师就必须把握前后环节内容的性质，弄清前后两个环节之间的逻辑关系，并据此生成适宜前后环节或步骤之间的过渡方式和过渡语，从而使上一环节或步骤是下一环节或步骤的启发性开端，下一环节或步骤自然成为上一环节或步骤的逻辑性延伸。否则，就会因为过渡生硬、突兀产生前后脱节、拖沓或别扭，不仅不利于幼儿思维的发展，而且使活动过程缺乏逻辑性和整体美。

(2)衔接紧凑

在了解前后两个环节或步骤之间相互关系的基础上，教师还要考虑幼儿当前活动的心理状况。因为在一个环节结束时，幼儿可能仍然情绪高涨，注意力集中，也可能有些疲劳，注意力开始分散，或者感到趣味索然，情绪低落等。这就要求教师不仅要在活动方案设计中预设好过渡的方式，更重要的是要在活动组织实施的过程中根据活动的具体情况灵活掌握。切忌在衔接上拖泥带水，把本来很短暂的过渡弄得拖拖沓沓，打乱了活动的连续性。

(二)活动过渡技能类型及训练

1. 过渡技能类型。

(1)分析性过渡法

此方法主要用于前后环节的活动内容在逻辑上是推进性层次化关系的衔接。即后一环节是对前一环节的进一步深化，表现出某种层次递进性。在这种情况下，宜采用分析方法，其基本要点是：

首先讲清前一环节活动内容的基本思想含义，这是进行分析衔接的前提；接着向幼儿揭示该环节的思想和含义将要继续发展的方向，使幼儿有一种“接下来”的心理准备；然后自然地引出下一个活动环节。

分析性过渡给人一种层层深入、步步登高之感，使整个活动过程富有逻辑性和紧凑感。

例如：科学活动《种蚕豆》的活动过程可设计以下三个主要环节：

认识种子、了解蚕豆生长的过程和种植蚕豆。

这三个环节中的两处过渡实际上都属于层次化关系。

第一个环节向第二个环节的过渡设计：今天，我们认识了这么多“籽”，知道了他们有一个共同的名字叫种子。种子种到地里会生长，又会结出许多“籽”。(此时已给了幼儿有一种“接下来”的准备)种到地里的种子是怎样生长的呢？下面我们就来看看这幅《蚕豆生长图》(自然引出了第二个环节)。

第二个环节向第三个环节的过渡设计：一粒蚕豆就是一粒种子，把种子种在地里，慢慢地就会像图上画的那样长出根，抽出芽；顶出泥土，长成苗；还会开花，花谢了就会长出豆荚，蚕豆就躲在豆荚里面。现在种一粒豆，明年就可以收很多豆。小朋友，你们也想种蚕豆吗？(自然过渡到第三个环节)

(2)演绎性过渡法

此方法主要用于前后环节的活动内容在逻辑上是推论关系或具体应用关系的衔接。即后一环节是前一环节的推论或具体应用。在这种情况下，宜采用演绎性过渡法，其基本要点是：

首先要讲清前一环节所得出的一般性的结论，这是进行演绎性衔接的前提；接着向幼儿揭示该环节的结论将要推论或应用的方面，使幼儿有一种“接下来”的心理定势；然后顺势引进下一个活动环节。

例如科学活动《雨从哪里来》的活动过程设计为猜谜语、观看演示实验、讨论与猜想“雨是从哪里来的”、连图讲述雨的形成、畅谈雨的好处和坏处等五个环节。

其中第三个环节就是第二个环节的推论和应用。过渡时可以这样衔接：

刚才，小朋友们在实验中看到水受热就变成水蒸气往上升，水蒸气上升遇到冷又会变成水滴滴下来。雨的形成和实验中水变水蒸气，水蒸气又变水的道理是一样的。请你们想一想：雨是从哪里来的？

(3)转移性过渡法

主要用于前后环节的活动内容是并列关系的衔接。即前后两个环节具有不同的性质，教师要使幼儿顺着联想的思路自然地从上一环节或步骤过渡到下一环节或步骤，就需要巧妙地运用恰当的方式进行转移性过渡。转移的方式大致可分为：语言转移、材料转移和活动转移。

语言转移就是运用语言连接两个环节，包括用提问、讲解、描述等方式衔接。

活动转移就是运用活动本身，巧妙地连接两个环节。

材料转移就是借助相应的直观教、玩具连接两个环节。

例如前例科学活动《雨从哪里来》第一、二个两环节是两个并列的活动。过渡时可在幼儿猜出谜语后设问：天上为什么会下雨？雨是从哪里来的？第二和第三个环节之间也是两个并列的活动。可通过直接出示图片(一组有关“雨的形成”非顺序图)，让幼儿用排序、连线的方式来过渡衔接。

2. 活动过渡技能训练。

(1)现场观摩幼儿园优秀教师的教育活动(或观看活动录像)1~2个，说明活动采用了哪些过渡方法。并就教师的过渡技能特点进行评价。

(2)自选幼儿园教育活动内容，设计活动的步骤(不少于4个环节)，再选择恰当设计活动过渡，并分组试教和评析。

四、活动结束技能及训练

(一)活动结束技能的含义

1. 含义。

活动结束技能是教师有目的、有计划地结束一次活动、一个单元或一个系列活动时，给本次活动安排的圆满结局，并有意识地激起幼儿对下一次活动的强烈愿望的运作方式。

2. 目的。

活动结束是活动过程的最后的一步，也是活动的重要环节。切忌虎头蛇尾、紧迫收场或拖沓松散，影响活动效果。

一个精彩的结尾不仅能给幼儿留下良好的印象，还能达到以下目的：

(1)画龙点睛 巩固知识

在活动的最后环节，教师归纳、概括本活动的主要内容或指导幼儿进行反思、整理和小结，能使活动最后获得的经验得以明晰化、系统化，帮助幼儿把握活动的主要内容，加深印象，便于巩固。

(2)加强练习 反馈效果

活动结束时，恰当地安排幼儿开展适宜的实践活动，能使幼儿的经验及能力得到应用和扩展，又能使活动效果得到及时反馈，获得了调节下一个活动计划的信息。

(3)激发联想 留下余兴

人们常常用“余音绕梁三日不绝”来形容美妙的音乐带来的审美感受。完美的教育活动也同样可以给幼儿带来余味无穷的乐趣和享受。

一个具体教育活动的结束只表示探索活动暂告一段落，围绕活动的主要内容会引发新的联想和思考，生成新的认知需求，既可使幼儿的探索意犹未尽，余想不断，又能使活动的主题、内容得到进一步的扩展，具有发展幼儿思维的作用，也成为下一个教育活动必然的铺垫。

3. 要求。

(1)明确目的

每一个教育活动的结束，都要精心设计，有周密的规划和明确的目的。应紧扣活动目标、活动内容、活动情境和幼儿的认知特点选择恰当的结束方式。

(2)把握时间

活动结束要精心设计，周密考虑，时间安排要恰当。既不可在活动结尾之处故弄玄虚，拖延时间；也不可不了了之、草率收尾。否则会冲淡或损害活动效果。

(3)留有余兴

活动结束切忌轻描淡抹，平平淡淡。要努力使活动结束有声有色，有滋有味，从而在幼儿在活动最后环节获得启发，产生思考，引起回味，留下深刻印象，激发下次活动的强烈愿望。

(二)活动结束技能的类型及训练

1. 活动结束技能的类型。

(1)回应法

结尾与开头相呼应，使整个活动前后一贯，首尾相接，达到完整、圆满的效果。回应的内容应根据导入设立的悬念、问题、假设等进行设计，由悬念而释消，由问题生解决，由假设做证明。

例如：

在科学活动《家禽和家畜》的活动中，教师先以设疑的方式导入活动："一天，许多小动物聚集到公园门口，想去公园春游，可是守门员却要求家禽从1号门进，家畜从2号门进，这一下小动物们急了，原来他们不知道自己是家禽还是家畜，现在我们就来帮助它们好吗?"在幼儿了解家禽和家畜的主要特点后，就可采取请小朋友们把小动物们分别从1号门和2号门送进公园的方式结束活动。这样首尾照应，便使整个活动产生一种整体美。

(2)归纳法

教师引导幼儿动脑动手，对活动所获得的经验或能力进行归纳、小结，概括活动的主要内容，强化重点，加深印象，便于巩固和应用。

例如：

在社会活动《大家一起玩玩具》的活动结束时，教师和幼儿一起小结："今天，我们学会了大家一起玩玩具的方法，有轮流玩、一起玩、合作玩和交换玩等。今后我们在玩玩具的时候，都可以试试用这些玩法，这样我们就会得到许多快乐。"

(3)发散法

把活动的内容、主题或在活动中得到的结论进一步扩展，进行发散性思考；或让幼儿依据想象推断另外的结局，以加深幼儿对主题和结论的领悟和理解，培养幼儿的发散性创造思维。

例如：

故事《乌鸦和狐狸》是以乌鸦上当失去肉、狐狸得到肉为结尾。活动结束时，教师启发幼儿思考：乌鸦在知道自己上当以后，还能不能想办法把肉夺回来呢?于是，幼儿积极思维，展开想象与交流，纷纷设想各种办法帮助乌鸦夺回肉。这样结束，可使幼儿的学习和探索意犹未尽，余想不断，并且有助于帮助幼儿形成创新思维习惯。

(4)练习法

练习在活动中往往必不可少，即时、科学的练习，易收事半功倍之效。用练习结束活动的方法是多种多样的，可以让幼儿完成具体的操作任务或创造性的活动，还可以提出问题让幼儿进行讨论等。

例如：

在《我有一双能干的小手》社会活动结束时，给幼儿提供各类废旧材料(牙膏盒、火柴盒、蜡光纸、白纸、核桃壳、塑料绳、油泥、浆糊、剪刀、蜡笔等)进行自制玩具的创造性活动，“比一比谁的小手最能干”。

(5)游戏法

把幼儿在活动中获得的印象和经验融入游戏，使之在幼儿愉快的游戏活动中进一步深化、巩固和运用。

例如：

综合主题活动《我看到的春天》采用玩“扫落叶”游戏的结束方式：教师扮演风婆婆，用嘴吹出秋风；一部分小朋友扮演落叶，随音乐纷纷在活动室里四处飘飞，风停了，扮演落叶的幼儿蹲在地上；另一小部分幼儿扮演清洁卫士及时上前拾落叶归到箩筐中。游戏反复进行 2~3 次后结束。

(6)延伸法

在活动结束时，教师有意识地留下一定余地，使现有的活动内容与下一个活动内容发生联系，以刺激幼儿对活动内容继续观察和探索。

例如：

在科学活动《温度计的变化》的活动结束时，将活动中使用的温度计摆放在科学角中，要求幼儿在日常生活中继续观察温度计的变化，每天画下温度计的指示数，并比较一周内的气温变化。

结束的方式还有很多种，无论采用哪种方式结束活动，都要从活动的实际出发，精心设计，灵活运用，使结束成为活动过程中一个有效的收束环节。只要方式运用得当，定会发挥应有的作用。

2. 活动结束技能训练。

(1)观摩幼儿园的三个活动(或阅读三个教案)，分析教师运用的是哪种结束类型，并比较、评价它们的特点及作用。

(2)评析三个活动(或教案)的结束方式与活动目标的关系，对不合理的结束方式作出改进，并进行模拟试教。

五、活动观察技能及训练

(一)活动观察技能的含义、目的和要求

1. 含义。

观察，是有目的、有计划的知觉活动，是知觉的一种高级形式。

观，指看、听等感知行为；察，即分析思考，即观察不止是视觉过程，是以视觉为主，融其他感觉为一体的综合感知，而且观察包含着积极的思维活动，因此称之为知觉的高级形式。

活动观察技能是教师在教育活动观察中，在自然情境或预先设置的情境下，对幼儿

及其活动进行有目的的、有计划的系统观察和记录和分析，以期获得其心理活动变化和发展规律的活动指导方法。

它要求教师在活动中随时留意幼儿对各种不同的活动内容和方法的反应，悉心听取幼儿的答问，认真巡视幼儿的操作和练习活动，了解不同幼儿对各类活动的兴趣和理解程度，掌握他们的心理动态和思维动态，细致捕捉幼儿的反馈信息，及时、科学地进行分析与判断，从而生成或调整活动计划和活动策略。

2. 目的。

(1)深入了解幼儿

观察能帮助我们深入了解幼儿。

每一个幼儿都有不同的心理状态、行为表现和活动方式。教师要使自己的教育有的放矢，因材施教，就必须了解活动中的幼儿如何与同伴交往，如何与环境、材料相互作用；了解谁的语言需要练习，谁的艺术表现能力需要提高，谁需要辅导交往技能等……从而了解每个幼儿获取信息的方式，并根据幼儿的个别特点给予指导。而要了解幼儿，主要的途径就是通过教师周密细致的观察。教育大师孔子就十分注意对学生进行观察了解，他认为学生要“视其所以，观其所由，察起所安”。蒙台梭利强调：“生命本身在于运动，为了研究它，探索它的秘密，指导他的活动，就必须观察它，不带先入之见地去了解它。”①

(2)获得真实信息

观察是教师获得幼儿个体和群体真实信息的主要途径之一。

在活动中进行的观察是一种自然状态下的观察，因而获得的信息比实验性研究更具有真实典型的意义，也更能真实地反映幼儿的实际情况。观察可以使教师更加全面地了解幼儿的情感态度、认知水平、能力程度。

例如，教师在某次数学认知活动中发现某个幼儿虽然会从 1 数到 10，但却不能按照要求数出 3 块积木放进盒子里去，从这个信息教师准确分析判断这个幼儿实际上并不真正理解“3”的含义。

(3)评估教育活动

观察可以发现教育活动中幼儿对活动内容、活动材料、活动形式、活动方法的不同反应，从而对教育活动进行过程性评价，并借此进行适当改进和调整。

例如：某次游戏活动中，教师通过观察发现几个幼儿在游戏活动中无所事事、漠然旁观，迅速反思分析：这几个孩子没有适当的角色扮演？这些游戏并不适合这些幼儿发展水平的需要？指导方法运用不当未能激发幼儿的兴趣？游戏的材料不够丰富满足不了他们的操作需求？……从而思考、评价游戏活动的目标与方法，进行及时的改进和调节。

3. 要求。

(1)目的明确

观察前，对于观察对象或观察问题预先做出明确的设定，以便教师集中注意去发现

① 任代文译校. 蒙台梭利科学教育方法[M]. 北京：人民教育出版社，1993.

问题。活动中教师感受的来自幼儿方面的刺激是多种多样的，不能要求教师像机器一样把教育活动中所有的信息都接收、储存、过滤和输出。同一个活动中，每个幼儿都有自己的活动内容和方式，每个幼儿都会碰到一些问题。如果教师没有明确的观察目的，那么收集到的可能只是一大堆有用和无用夹杂在一起的信息，给后期分析判断带来困惑。只有明确观察目的，才能提高观察的选择性，捕捉到与观察目标有关的信息。

(2)迅速准确

一个教师的观察能力是否强，并不单纯在于观察了解时间的长短和把握对象特征的多少，而主要在于能否抓住一些具有决定意义的重要成分，特别是善于从隐蔽的、易忽略的细节中，探索出事物的本质。只有这样才能准确地把握对象的特点，得出科学结论。这就要求教师能够迅速地抓住最能反映问题的主要表现，不为假象所迷惑，善于在瞬间捕捉幼儿的表情、行为的细微变化，迅速了解幼儿活动中的个性特点，准确判断，及时处理。

(3)全面客观

观察是对客观存在的、自然发生的现象的知觉过程。因此教师不能带着主观感情色彩去观察幼儿。如果教师不能全面客观地观察、了解幼儿，势必会导致以偏概全或错误判断，影响活动的效果和幼儿的发展。

(4)善于记录

要使观察成为了解幼儿、改进教育的有效手段，就必须对所观察的信息做认真、客观、细致，甚至有时是周密系统的记录。要重视观察记录并讲究纪录方法。

其一，观察记录要系统准确，要善于抓住与观察内容有关的重要信息；

其二，观察是在善于采取简便、易行和省时省力的方法，迅速记载观察内容，尽量做到快、细、全；

其三，记录时要尽可能冷静地记录行为事实，不要轻易下结论，也不要随便把自己的主观感觉写进观察记录，以保持观察资料的可观性和准确性。

(二)观察技能的类型及训练

1. 观察技能的类型。

(1)环视法

环视法又叫扫视法，即教师的视线有目的有节奏地前后左右移动，巡看全体幼儿，把全体幼儿尽收眼底，以便观察全体幼儿在活动中的心理状态和情绪反应，捕捉反馈信息，诸如对活动是否有兴趣、是否专心，对新材料是否反应惊奇、对操作程序是否存在轮乱等，了解活动中幼儿的整体水平，感受活动气氛；也可满足幼儿希望得到教师注意的心理需求。

但是，环视幼儿与目光游离不同，毫无目的的扫视会使目光游离不定，不利于活动的组织。

(2)点视法

活动中，教师不仅要注意幼儿全体，还应该根据具体情况有重点地将视线从幼儿全体转向部分或个体，并对部分幼儿或个体幼儿进行短暂观察或一连串的观察。

如对某个幼儿的某一行为(如游戏中扮演的角色、搭积木，实验活动中的操作能力，语言活动中的表达能力)进行观察；对答问时幼儿显示出的神态表情、思维方法和理解程度的观察；向注意力分散的幼儿，投以严肃而比较持久的目光等。

在实际观察技能运用中，教师往往是将上述两种方法结合起来用的。

例如，在《听数取物》数学认知活动中，教师首先采用环视法观察全体幼儿的取物过程，当发现幼儿的思维水平不一致时，就采取点视法观察个别幼儿操作的区别所在，以发现每个幼儿对数与物对应关系的理解把握程度。所以，及时发现有 12 人能一次拿对，有 6 人用组成法方法取物，有 5 人用一一点数方法取物，有 2 人盲目取物……

这种利用多种观察法有机结合所获得的信息，既为我们个别指导、因材施教提供了依据，又能保障我们真实客观地评价幼儿及其活动。

2. 观察记录的方法。

(1)文字描述式

在一定时间内，一边观察一边将幼儿的行为过程用文字如实地、详细地记录下来。为了省时省力可采用速记法或电报语言当场记录，事后再做详细整理。每天或每周根据所获得的总体印象进行记录的日记或周记也属于这种记录方式。

案例赏析

在主题活动“洞”的探索中，两个孩子对一个打了 4 个洞的纸箱的深浅产生了兴趣，并进行了一连串的探索活动。

一个女孩尝试着将一只手伸进洞内，另一个男孩也学着样伸了一只手进去……他们反复地用手和眼睛感觉、观察着洞的深浅，并交流议论着。由于这 4 个洞是两个不同方向的，而且都是隐藏在盒中的，因此对孩子来说颇具挑战性。这时我觉察到了孩子们的需要，便给了他们各种材料和测量工具以支持他们的探索行为。

两个孩子高兴地开始使用材料进行测量。男孩看见我提供的各种材料并没有进行选择，而是很直接地取了一件又一件摆弄着；女孩则一件件地翻找着她认为合适的测量工具。

最后她找到了一把卷尺，开始了测量……活动结束时，男孩没有得到满意的测量结果，胡乱地做了一通记录，女孩则测出了 4 个洞的深浅，并做了正确的记录。

(2)列表打钩式

根据所要研究的问题，预先设计系统的记录表格，将所要观察的行为的每一类都能精确地、相互区别地列举出来，供观察时的具体情况进行选择。

案　例

<table>
<tr><td colspan="2">幼儿姓名</td><td>桂子涵</td><td>班级</td><td colspan="3">果果三班</td></tr>
<tr><td>年龄层</td><td>观察内容</td><td colspan="2">观察要点</td><td colspan="3">观察情况</td></tr>
<tr><td rowspan="8">大年龄</td><td>兴趣</td><td colspan="2">能积极主动参与混龄游戏，兴趣浓厚，保持愉快的情绪。</td><td>☆☆☆✓</td><td>☆☆</td><td>☆</td></tr>
<tr><td>专注度</td><td colspan="2">游戏持续时间长，能主动思考，发现并解决问题。</td><td>☆☆☆✓</td><td>☆☆</td><td>☆</td></tr>
<tr><td>交往</td><td colspan="2">能积极主动带领小龄幼儿参与游戏，尊重他人，懂得谦让，树立榜样。</td><td>☆☆☆✓</td><td>☆☆</td><td>☆</td></tr>
<tr><td>合作</td><td colspan="2">会与他人沟通、商量，能大胆清楚地表达自己的想法，与异龄幼儿合作愉快。</td><td>☆☆☆✓</td><td>☆☆</td><td>☆</td></tr>
<tr><td>自控</td><td colspan="2">能自觉遵守游戏规则。能在老师的帮助下，自己制定游戏规则并提醒他人遵守。</td><td>☆☆☆</td><td>☆☆✓</td><td>☆</td></tr>
<tr><td>能力</td><td colspan="2">通过游戏，在认知、口语表达、动手能力等方面都有较大进步。增强自信心。</td><td>☆☆☆✓</td><td>☆☆</td><td>☆</td></tr>
<tr><td>整理</td><td colspan="2">能主动整理玩具材料，有帮助、指导小年龄幼儿学会整理的意识与行为。</td><td>☆☆☆</td><td>☆☆✓</td><td>☆</td></tr>
<tr><td>分享</td><td colspan="2">愿意、主动进行经验分享，对下一次游戏有自己的计划或提出创新的建议。</td><td>☆☆☆✓</td><td>☆☆</td><td>☆</td></tr>
<tr><td colspan="7">分析与跟进：
整个游戏中，材料的投放并不是很多，这是一个很简单的民间游戏。当第一次游戏结束之后，由于没有规定游戏场地的范围，导致瞎子很难成功摸到拐子，于是老师指导幼儿，是否可以投放一定的材料，让场地范围缩小，这样就能让游戏开展得很成功，桂子涵小朋友提议可以使用易拉罐来铺一圈使场地缩小，大班的哥哥姐姐带领小班的弟弟妹妹很成功地设置好了场地，多次游戏下来，在规定的范围内，瞎子成功地摸到了好几个拐子，幼儿的情绪很高涨。虽然材料很简单，但是投放得很有效。</td></tr>
</table>

(3)等级评定式

根据一定的标准，由观察者为幼儿的某些行为表现加以程度等级评价。评定的方式可以使用等级(优良中差或 ABCD)、数字(1234)或程度词语(基本达到、不合格、无反应、反应一般、反应极快)等。可当场评定，也可以在观察之后根据综合印象评定。

3. 观察技能训练。

(1)分析下列观察目的或问题是否明确具体，并说出其原因及修改意见。

A. 在自选游戏活动中，男孩是否比女孩更多地选择建筑游戏？

B. 小明今天进步了吗？

C. 在一段时间的游戏中，刚刚共扮演了多少个角色？

D. 分组活动时，男孩是否比女孩更不安宁？

(2)对上述内容进行观察，应主要采用哪种观察类型？

(3)仔细阅读下面这位教师在自由活动中观察个别幼儿活动情况的描述，分析这位教师的观察是否客观。

咪咪安静地走进教室，直接走到放塑粒的桌边，熟练地拼插起来。过了一会儿，塑粒都用完了，她便安静地坐在那儿，用手捏着上衣的纽扣，若有所思。明明走过来，拿起咪咪拼好的圆环看。咪咪羞怯地窥视明明，无言。她似乎是一个不善交往的孩子。

第三节　幼儿园教育活动语言技能

案例导读

在一次小班的教育活动中，教师发现一个小朋友将教师事先准备好的纸棒放到嘴边说话，便对其他幼儿说：“刚才老师看见金一冰小朋友把小嘴巴对准纸棒在说话呢！现在我想请你们每一个人找一个好朋友，一个对着纸棒说话，另一个用小耳朵听，听听你的好朋友说了些什么？”幼儿玩了一会儿后，教师提问：“小朋友听到你的好朋友说的话了吗？”幼儿纷纷抢着回答……教师小结：“这个长长的、圆圆的、空心的纸棒，能把我们说的话传出来，我们给它起一个名字，叫传声筒。”

在幼儿园教育活动中，幼儿是活动的主体，因此经常使用“支架式教学”。教师利用语言和其他指导行为搭建一个必要的“脚手架”，启发儿童的“学习”，支持幼儿不断建构自己的心灵世界。

例如：几个男孩在搭建高速公路。教师开着“车”停下来问：“我的车在哪里交费?”“对不起，还没建好呢，请过一会儿再来!”……教师注意到他们只搭了两条同向通行的车道，于是又问：“回来时我从哪里走?”孩子们一看不对劲儿。“哎呀！对面来的车要是也从这儿过，不是要撞上了吗！赶快在旁边搭条反向的车道吧!”可是，建筑区已经没有地方了。孩子们你看我，我看你，不知如何是好。教师关切地说：“有没有什么资料可以查一查啊?”一句话提醒了他们。一位小朋友从一幅公路图片上受到启发：“我们可以像搭立交桥似的，搭一个立体双层公路收费站!”

幼儿园教师的语言作为一种职业语言，有其特定的要求和规范，必须符合一定的标准。对幼儿教师来说，其语言既要符合对所有教师的一般语言要求，又要有反映幼儿教育特殊规律的特殊语言要求，要具有规范性、逻辑性、启发性、艺术性和童趣性。

一般来说，教师的语言包括有声语言和态势语言两类。幼儿教师的语言技能就是指教师在教育活动中恰当而灵活地运用这两种语言的能力。这里主要训练提问、讲述和评价三种类型的语言技能。

一、提问技能及训练

(一)提问技能的含义、目的和要求

1. 含义。

提问是贯穿于教育活动之中以师生问答的形式相互作用、解答问题、促进思维、检查反馈，从而实现活动目标的一种运作方式。

2. 目的。

爱因斯坦说：“提出一个问题往往比解决一个问题更重要。”具体地说，活动中的提问有以下几个方面的作用：

(1)激发动机

活动中教师围绕活动目标、内容，针对幼儿的思维特点有目的、有计划地提出问题，能迅速刺激幼儿的活动兴趣和求知欲望，激发幼儿活动的动机。

(2)启发思维

思维是从问题开始的。教师的提问可以诱发幼儿产生疑惑，积极思考，努力寻求问题的解决途径和方法，帮助幼儿感知现象、认识事物，获得相关经验。

(3)巩固知识

问题的设计一般是以已有经验为基础的。幼儿在围绕问题利用已有的生活经验和知识经验，经过质疑、思考、想象、迁移进行解答的过程中，及时复习巩固和运用已有知识、经验，找出新旧知识的内在联系。

(4)反馈信息

提问能帮助教师及时了解幼儿获得信息和处理信息的情况，从而获得推动和改进活

动的反馈信息。

2. 要求。

提问是教育活动中师幼互动最基本也最常见的教学策略。

教师必须努力掌握“问”的艺术，才能保证真正发挥提问在活动指导中的作用。提问的具体要求有如下几个方面：

(1)选点准确

活动中的提问应有明确的目的性。它绝不是教师在活动中机灵一动而随意发问的，而是教师在活动设计中紧紧围绕活动目标、抓住活动的重难点有准备、有顺序地精心设计而成。提问，必须选好“点”，要问到点子上落到关键处，以此推进幼儿思路的正确运演。切忌随心所欲或漫无边际。

例如在讲述故事《聪明的乌龟》后，为了突出乌龟的聪明，帮助幼儿理解故事的主题，提问：乌龟为什么要咬住狐狸的尾巴而不开口说话？乌龟听到狐狸要把它扔到天上去和火炉里去时，它是怎样说的？它真的喜欢到这些地方去吗？乌龟听到狐狸要把它扔到水里去时，怎么说？它为什么要这样说呢？最后，它又是怎样战胜狐狸的？在幼儿分析、理解故事内容的基础上，再引导幼儿讨论：为什么说这是一只聪明的乌龟？

(2)角度要小

问题所及的范围是影响其思路价值的因素之一。范围过大或概括性过强的问题，容易使幼儿无从下手，从而在诱导他们思路、启发他们思维方面，难以发挥作用。而范围较小又明确具体问题，因其线索比较明确而不模糊，要求比较简洁而不繁杂，能有效地诱导幼儿的思路运演。

因此，在教育活动中向幼儿提出的问题不宜浮泛，而宜具体；角度不宜太大，而宜小。当发现提问所及的范围过大，概括性过强，幼儿思路难以开启时，就应及时地改变问题的范围，化大题为小题。

例如：科学活动《有趣的声音》，为启发幼儿说出各种有趣的声音，可以设计这样的提问：在大街上会听到什么声音？(各处汽笛声、人们的喧哗声等)在动物园会听到什么声音？(各种动物的叫声)……反之，没有具体场合地问幼儿：你都听过哪些有趣的声音？幼儿便会感到漫无边际，难以回答。

(3)难易适度

设计问题应注意问题的难度，要设法把幼儿带入一个可以理解而又不是太易理解、有障碍而又能逾越的境界，要让幼儿“跳一跳，摘果子”。好比答案是树上的果子，既不能让幼儿唾手可得，也不能让幼儿竭尽全力也无法获取。这就要求教师在设计提问时要避免两种倾向：

一种倾向是问题大而空，或过于深奥难理解，或漫无边际无从下手，结果是“启而不发”。

例如：“为什么说祖国是母亲？”这样类似的问题幼儿便难以回答。给幼儿讲述故事时，还没有讨论故事的具体情节和主要内容，就急于向幼儿提出“珍妮是一个什么样的孩子?”幼儿也很难得出正确答案。

另一种倾向是问题过于简单，结果是“无启亦无发”。

例如：对大班幼儿来提问“1 的后面是几?”“这首曲子好不好听？听了是不是很高兴?”“王小二勇敢不勇敢？我们应不应该向他学习?”以及那种包含答案在内的让幼儿回答“是不是”、“好不好”、“对不对”等问题就过于简单，毫无难度。是没有思路诱导价值和启发性的，它不仅不利于启发幼儿的思维，反而会引起幼儿的思维松弛。

要掌握好提问的适当水平这个“度”，关键是确定幼儿的“现有发展区”，找出“最近发展区”，从“现有发展区”引向“最近发展区”，使提问呈现出水平递进的恰当坡度。提问要考虑到由简到繁，由易到难，层层递进，步步深入，认真设计提问的坡度。这样，不仅能推动活动环节的发展，而且使幼儿始终兴趣浓厚，有利于发展幼儿思维能力。

(4)层层递进

在一个教育活动中，教师往往不是只提一、两个问题就能帮助幼儿观察对象、理解内容，幼儿的思维训练有赖于教师不断地设疑刺激。教师应摒弃提问的零碎性，而注意从活动的实际出发，有计划地设置有内在联系、环环相扣、由简到繁、由易到难、层层递进又步步深入的问题系统，使幼儿的思路在问题的诱导下，在答问的过程中像登阶梯一样，步步升高，思维也跟着“爬坡”。

例如：语言活动《三个和尚》的提问设计：一个和尚是怎样做的？两个和尚是怎样做的？三个和尚是怎样做的？大庙为什么起火？起火后三个和尚想了些什么？

这样通过层层分析，循循诱导，激起了幼儿思维的积极性，使幼儿经过自己的思考，获得了推理的成果。

(5)面向全体

教育活动中的提问对于幼儿的思考和自我表现具有重要影响。如果提问经常只集中于少数几个幼儿，往往会产生这样的影响：即每当教师提出问题时，能积极思考的只是几个孩子，而其他多数幼儿则消极等待，久而久之，不但有害于他们思维能力的发展，而且会令他们丧失学习的积极性和求胜心。正确的做法是，问题的设置具有不同层面、不同难度，为不同层次的幼儿提出不同的问题，根据问题的难易程度提问相应能力水平的幼儿，保证既面向全体又照顾个体差异。

此外，教师的提问还要注意适时和适量。适时就是提出的问题与幼儿的思考、质疑相吻合，要在幼儿有思有疑时提出问题；适量就是要注意一个活动中提问的总量和频率。适时和适量要求教师既不可找不到提问的时机或提不出问题，又不可一个劲地不断提问，使幼儿感到疲劳，产生厌问、拒答和乱答等副效应，影响整个活动的效果。

(二)提问技能的类型及训练

1. 类型。

(1)回忆式

这是低层次的提问，目的主要是让幼儿回忆过去已有的经验和知识。这类提问能帮助幼儿恢复和保持曾经获取的基本知识，它是幼儿完成较高水平的提问的必要基础。

例如：故事活动中的提问：故事的名字是什么？故事里有谁？科学活动中的提问：国旗上有多少颗星？

这类简单的回忆提问，只宜在必要时穿插在其他多种形式提问中配合使用，不宜过多依赖它，以免妨碍幼儿思维能力的发展。

(2)判断式

列举一些容易产生思维混乱的似是而非的问题，让幼儿比较、辨别，确定是与否、优与劣等，或列举多种可能情况、条件、结果供幼儿选择和判断差异、好坏等。

(3)理解式

这类提问可帮助幼儿组织所学的知识并弄清其含义。通常可分为三种形式：

一是要求幼儿用自己的话来叙述所学的知识，常表现为回答"是什么"。如"你能说说乐滋滋是什么意思吗？""你能用自己的话来讲述这个故事吗？"

二是要求幼儿比较、对照事件的异同。如看图后问：两个小宝哪个好？

三是要求幼儿把自己对事物的理解从一种表达形式转换成另一种形式。如"图片上讲了一个什么故事？"通过回答这类问题反映幼儿的理解水平。

(4)应用式

这种类型的提问，主要是帮助、鼓励幼儿用已有知识经验去解决问题。要求幼儿能把所学的规则、理论运用于解决某些问题，对问题进行分析、选择，已确定的正确答案，一般在认识范围内运用。

例如"在这些几何图形中，哪个是三角形？""说说哪些是干果，哪些是水果？""狗是家畜，因为它具有家畜的特征。那么，骆驼和长颈鹿是否也是家畜呢？"通过回答问题及操作活动反映幼儿对知识概念的应用情况。

(5)分析式

回答这类提问用来分析知识的结构、因素、弄清事物的关系或事项的前因后果。要求幼儿能分析资料、信息以进行推论。

例如故事《中中值日》活动中提问：小朋友为什么都不选中中当值日生？让幼儿通过分析故事后作出回答，考察幼儿分析问题的能力，因为仅仅依靠再现所学的知识是不能很好回答这类提问的。

(6)综合式

帮助幼儿将所学的知识用一种新的或创造性的方式组织起来，形成一种新知识的提问方式。

例如环保教育活动中提出："如果地球上没有水会是什么样子的？"此类提问常用于发展幼儿的创造性思维和对某一问题进行整体性的思考。

(7)评价式

帮助幼儿根据一定的评断标准对某一事物或现象进行分析、判断和评论，提出自己的"见解"的提问方式。

例如艺术创意画活动中提问："你认为哪幅作品最好？好在哪里？"回答这类问题，需要幼儿不仅理解评价标准，还要调动主观情感体验，表达个人喜好和见解。这是最高水平的提问。

2. 提问技能训练。

(1) 观摩两个幼儿园的教育活动影像，找出活动中的全部提问，分析其提问类型，评价其提问技能水平。

(2) 为中班看图讲述活动《猴子过河》提问设计并分组模拟试教。

附：《猴子过河图》

图 10-1 《猴子过河图》

二、讲述技能及训练

(一) 讲述技能的含义、目的、要求

1. 含义。

讲述技能是指教师在教育活动中，运用语言向幼儿传授知识、解答疑惑和交待活动方法的运作方式。

讲述技能是幼儿园教师最基本的语言技能。借助讲述可以帮助幼儿了解活动目的，理解活动内容，明确活动步骤、任务和要求。

2. 目的。

(1) 传授知识

语言是信息的重要载体。教师要引导幼儿探究事物，认识世界，就必须借助准确、生动、通俗和富有儿童情趣的讲述来传递信息、解答问题，以促进幼儿对知识的理解和掌握。

(2)激发兴趣

活动中教师运用熟练的语言技巧，对观察进行提示、解说，对问题进行解释说明，对实践活动进行意义分析，对活动进程进行概括总结，能使幼儿产生浓厚的活动兴趣。

(3)启发思维

活动中，教师根据活动内容和幼儿思维特点，运用生动而富有启发性的讲述，可以激发幼儿的联想，启发幼儿积极思维，主动求知。

3. 要求。

(1)科学性

讲述是运用语言传递教学信息的手段。因此，运用时既要把握语言形式的规范，又要注意表达内容的准确，做到语言的内于外、形与质的科学统一。

语言形式的规范包括语音标准、用词恰当，清晰明了，连贯顺畅，并且富有逻辑性和层次感。

表达内容准确是指讲述的内容要正确，无科学性错误或含糊不清的成分。同时讲述的量要适宜，要“少而精”，避免长篇累牍，满堂灌。

(2)艺术性

讲述应体现语言运用艺术，富有童真童趣。通过声调、节奏、语气、语速的变化，增加讲述的艺术感染力，注意表达的生动、形象、活泼、有趣，追求讲述的真实感和直观性。把深奥的道理形象化，把抽象的事物具体化，帮助幼儿在接受知识的同时享受语言艺术的审美愉悦。

(3)启发性

讲述要避免生硬的灌输和干巴巴的说教。既要用饱含知识营养、生动的语言表达传递给幼儿知识和道理，又要灵活穿插提问、评价和其他方式启发、诱导幼儿的思维，同时，给幼儿留下想象、创造的空间，引导幼儿主动、积极地去探索和学习。

(4)针对性

根据不同的活动内容和不同幼儿的年龄特点与理解水平，变化语言表达的形式和要求，做到因材施教。

如：故事、诗歌等文学作品的讲述，语言要求生动、形象，可适当进行艺术的处理和夸张。科学知识和原理的讲述则要求语言通俗、准确和精练。对小班幼儿进行讲述，语言要浅显、生动和有趣，并配合教具、动作演示，使讲述形象直观。大班幼儿理解力增强，语言可适当概括、简洁。

(二)讲述技能类型及训练

1. 讲述技能类型。

(1)解释型讲述

解释型讲述是对词义、概念、原理作出解释以及对活动规则、要求、方法进行说明的一种讲述形式。常被运用于语言活动中教授新词、科学活动中阐释自然现象和科学原理、体育活动和音乐活动中讲解动作要领以及游戏活动中交待玩法、规则和要求等。

运用解释型讲述应做到简练、通俗、形象、直观。首先讲解时间不宜过长、内容不可过深，尤其是对新词解释和科学道理的说明不必作科学、系统的阐述。如：解释词语“乐滋滋”，只需让幼儿懂得它的基本意思是“很高兴”、“很开心”。

为使幼儿易于理解，讲述时可在增加语言直观的同时，适当结合幼儿已有的知识经验和生活实际，配合教具演示和动作示范进行。

如：体育活动中讲解“体前屈”动作要领时，要求幼儿两膝不能弯曲。教师可以边讲边用手拍拍伸直的膝盖，强调这个地方不能弯曲。组织游戏活动时，简明扼要地说明玩法、规则后，教师可以请幼儿示范或者和幼儿一起进行示范，一方面了解幼儿对玩法、规则的掌握情况，另一方面，通过直观动作，更好地帮助幼儿把握要领，提高游戏活动的质量和效率。

(2)叙述型讲述

叙述型讲述是教师运用语言对事物或事件的特征，发生、发展及变化情况进行描述的讲述方式。通过这种讲述，能使幼儿对所叙述的事物或事件有一个完整的印象。讲述时要注意条理清晰，突出重难点，尽量做到口语化，并结合教具演示和动作示范。

例如：在认识青蛙活动中，老师可结合图片或幻灯向幼儿讲述蝌蚪变青蛙的过程；每年的春天，青蛙妈妈在水草上产卵。卵慢慢地变成黑黑的，有着圆圆的身子和一条长尾巴的蝌蚪。小蝌蚪在水里游来游去，一天天长大。它先长出后腿，再长前腿，尾巴渐渐缩短、消失，变成了一只青蛙。

2. 讲述技能训练。

(1)观摩教育活动录像片断，判断教师运用的是哪一种讲述类型，并分析运用是否恰当。

(2)讲述技能情景练习：

①解释词语：“溶解”、“神气”、“平稳”。

②任选一则游戏，讲述规则和玩法。

③把诗歌《小熊过桥》的内容用故事形式讲述出来。

④结合教具讲述蚕的生长过程。

三、评价技能及训练

(一)评价技能的含义、目的、要求

1. 含义。

评价技能是特指在幼儿园教育活动中，教师对幼儿的情感态度、行为表现、能力水平及其发展情况等进行的随机性的评定、启发、激励、引导的一种语言表达方式。它贯穿于教育活动全过程，具有即时性、情景性的特质。精当的评价对教育活动起着重要的

导向和激励作用，使活动过程更趋完善，更能有效地调控幼儿的行为，促进幼儿的发展。

评价是教师运用语言与幼儿沟通的主要技能之一。如果说提问、讲述侧重的是传授知识、启发思维，那么，评价则主要用于反馈信息、调控行为和激发幼儿的学习热情。因此，评价既是教师组织活动的指挥棒，也是师幼之间思想与情感的纽带。它更能体现教师教育幼儿的能力和指导活动的水平，也更能综合地反映教师的素质与能力。

2. 目的。

教师的评价贯穿于活动指导的全过程，对活动的整体教育效果、幼儿的学习与发展起着重要作用。

(1)调控行为

评价是教师对幼儿行为表现作出的反应。教师通过评价肯定成绩，指出不足，评判幼儿行为的对错、好坏；幼儿则从教师的评价中掌握是非判断标准，知道什么是对，什么是错；什么该做，什么不该做，并据此或中止、改变行为，或继续保持行为。因此，评价是对幼儿行为的调控，它使正确的行为得到强化和巩固，错误的行为得到及时制止和纠正。

(2)指引方向

评价也是一种信息传递。教师在指出对错、好坏的同时，又将活动要求、准则、规范进一步强化和提醒。如："撕书是不好的行为，你应该马上把它粘好哦。""你动了脑筋，但还要不怕困难，才能做好这个玩具。"可见，评价通过语言传递着行动的指令，指引着行动的方向，使幼儿的行为更加规范和符合要求。

另外，评价一个孩子或一群幼儿，可以使全体幼儿受到暗示，得到启发，对树立正确榜样，引导集体努力方向也起着重要作用。

(3)促进发展

幼儿对自己和他人的评价是建立在成人评价基础上的。教师的评价可以帮助幼儿正确了解自己、认识自己，从而促进自我意识的形成和发展。幼儿正确的行为习惯和良好心理品质的形成是一个日积月累的过程。通过评价，不断强化幼儿正确的行为和经验，可以帮助幼儿良好行为习惯和道德品质的形成。

同时，通过教师的肯定性评价，使幼儿不断获得成功的体验，得到心理和精神上的满足，有助于幼儿增强自信，形成积极向上的健康人格，从而促进幼儿情感、意志、个性的健康发展。

3. 要求。

(1)客观公正

客观就是要实事求是。教师应依据具体事实，恰如其分地进行评价，同时要善于分析幼儿产生某种行为表现的心理原因，善于依据表面的言语、行为推断其内心的想法，尤其要科学客观地把握幼儿年龄特点和发展规律，不能将幼儿因好奇心强、自制力差、理解力低等原因造成的"违规"行为和奇特表现视为故意"捣乱"。

公正是指对待评价对象应一视同仁。教师要在热爱、尊重幼儿的前提下，公正地对待每一个孩子，每一件事情，不能掺杂个人的主观感情因素，不能以亲疏好恶区别对待幼儿。幼儿是发展着的个体，尽管起点不同，水平各异，但都各有所长。教师在观察评价幼儿活动时，应将目光投注至每一个孩子的具体表现和他的发展上，既要发现缺点，又要看到进步；既要指出不足又要提出希望；特别是对能力发展滞后、习惯养成差一点的孩子更应及时捕捉其"闪光点"，给予积极的肯定、鼓励，促进每一个孩子在原有水平上的发展。

(2)具体明确

评价是为了更好地改进和提高。教师的评价不能只是简单的肯定或否定，而应有具体的说明和有针对性的指导。

例如：评价幼儿一幅作品好，要指出它好在哪里，是形象逼真，还是内容丰富，是构思巧妙，还是布局合理……这样既有利于被评价幼儿继续努力，又有利于其他幼儿相互借鉴学习。在指出幼儿的不足时，也要说明不对在哪，如何改进，提出努力的方向。

(3)正面评价为主

正面评价包括赞许、表扬、奖励等形式，表示教师对幼儿的良好表现、优良成绩和正确行为的肯定态度。因此，易使幼儿获得心理的满足，增加自豪感和成功感，对幼儿具有积极意义。教师要多鼓励少责怪，多表扬少批评，多奖励少惩罚，即使批评也应先找出值得肯定的地方，再指出不足。

例如"小明学得真快，歌词全唱对了。不过要是声音再大一点就好了，请你再大声地唱一遍，相信全班小朋友都会为你点赞哦。"

(4)既重结果评价，又重过程评价

评价的目的应立足于促进幼儿的进步和发展，将近期效果和远期目标结合。所以，有效的评价一定既重结果评价，又强调对活动过程的评价。尤其要对幼儿在活动中的积极态度、探索精神、创造表现以及克服困难的勇气和行为进行及时的肯定和鼓励。

例如某个幼儿回答问题不是很全面，但他的回答与众不同，教师应先就他的想象力给予肯定后再建议他想一想怎么补充得更完整。

在评价的时机上不应只局限于幼儿回答问题、完成任务和活动结束以后，而应在活动中随时随机进行。

例如：游戏活动中，教师就要通过细致的观察，随时发现和捕捉幼儿的一些特殊表现和典型现象，抓住幼儿想象力、创造力萌发的良好契机及时进行评价，以不断丰富游戏的内容，提高游戏的水平，巩固幼儿在游戏中获得的情感体验。

(二)评价的内容、方式及其训练

1. 评价内容。

评价的内容包括很多方面，其素材源于教师对活动目标、活动内容的把握，对幼儿活动过程的仔细观察和对幼儿全面发展情况的了解、分析。

(1)活动中幼儿的兴趣、态度。如幼儿参加活动的积极性、主动性如何，是否认真，能否坚持以及克服困难情况等。

(2)活动的效果。指幼儿对知识、技能的掌握情况。如语言表达是否连贯，词语运用是否恰当，概念、道理是否理解，解决问题的方式是否合适，对音乐的感受和表达是否准确、生动等。

(3)幼儿能力的发展情况。指幼儿想象力、创造力、观察力、表达能力以及动手能力的表现及其进步与发展。如游戏活动中幼儿的创新意识和变迁能力，美术活动中新颖的构思，独特的造型，续编故事活动中与众不同的构想和多种续尾等。

(4)幼儿的行为表现。包括情绪、态度、纪律表现如何，与同伴相处如何，规则是否遵守，玩具、物品是否爱护等情况。

2. 评价方式。

对幼儿的评价方式很多，常用的评价技能有肯定、表扬、奖励、批评、纠正、讨论、总结等，教师在运用时应根据幼儿的具体情况和不同的评价内容灵活掌握，综合运用，并注重把握每种评价方式的特点，处理好评价时教师的态度、语言和运用时机。

(1)肯定

教师对幼儿活动结果、行为表现表示认可的一种评价方式。如“小明答对了。”“小明的想法正确。”一般用简洁的语言、肯定的语气表示。也可伴随眼神、微笑、点头等态势语。

(2)表扬与奖励

表扬与奖励是教师最常用的评价方式，是教师对幼儿良好行为、进步表现以及独创精神的赞许、鼓励。通过表扬与奖励能使幼儿的良好行为得以及时强化，并继续保持和巩固下去。

运用表扬与奖励应注意：

第一，表扬要适度。尽管表扬对幼儿有积极的促进作用。但表扬过度，次数过度，尤其是表扬若与幼儿实际不符，反而会降低表扬效果，或使表扬流于形式，或造成幼儿自我估价过高，盲目自大，经不起挫折和批评。因此，要避免随便说“好”，随时说“好”，随处说“好”的现象，要力求表扬适度、适时、适当。

第二，要配合感情表达。表扬时伴随感情的自然流露，或喜悦、或激动、或兴奋，容易使幼儿受到教师的情绪感染，增进与教师的感情交流和沟通，从而激励幼儿更加积极和努力。比如“你今天搭得比昨天更高些哟，越来越棒了！”“你造的楼房好气派，真了不起！”

第三，适当结合其他形式奖励。如展示幼儿作品、插红旗、画红花、奖励一颗亮星星等。

(3)批评

教师对幼儿的不良行为进行的否定评价。其目的是为了中断幼儿的不良行为，建立良好的行为。

运用时要注意批评的态度、口吻和场合。

第一，态度要诚恳、和蔼。批评中带有理解，严肃中藏着爱，才易于幼儿接受，并收到“润物细无声”的效果。比如“我知道你也想看这本书，但是你抢书是不对的，可以和他商量或等他看完了再看。”绝不能当众羞辱、讽刺或粗暴斥责幼儿，以免伤害幼儿的自尊心，产生负效应。

第二，语言要亲切、幽默。批评时语言更要委婉、温和，避免“严厉训斥”、“古板说教”，应根据儿童特点，适当进行一点艺术加工和处理，稍有夸张，略带幽默，让幼儿在善意而含蓄的批评中心甘情愿地去承认错误，改进不足，不断进步。

例如：游戏活动中，教师发现有个小朋友追赶着要给另一个小朋友“打针”，老师边制止边说：“你是想学打针的本领吧？可是不能在小朋友的身上做试验哪！你看布娃娃生病了，请你给它打一针吧。”

第三，就事论事，“不算总账”。教师在运用批评方式进行评价时，只应指出他这次错在哪，如何改，不要翻陈年老账，更不能以一概全，夸大其词。如“又是你！总喜欢抢别人的东西，还爱打人，真是个坏孩子。”“你画的怎么总是这么糟……”“你又答错了。怎么搞的？”……这样的评价既伤害了幼儿的自尊，又让幼儿无所适从，不能起到批评应有的作用。

(4)纠正

教师在发现问题、指出问题的同时提示幼儿正确的答案和做法，对错误认识和不当之处给予纠正与引导。比如“你画得很整洁呀，如果小动物再画大一点，颜色多一点就更好了。”运用纠正进行评价有时可适当延迟，让幼儿先作思考，说说应该怎么办，提高幼儿的判断能力和解决问题的能力。

(5)讨论

教师不直接对某一现象、某个问题给予肯定或否定，而是引导幼儿分析、判断，使他们在交流中明辨对错、好坏，找到改正方法。比如：针对游戏活动中争夺玩具的现象，老师可以提出问题让幼儿分析讨论：这样做对不对？有什么害处？应该怎么办？续编故事中，幼儿编出各种结尾后，让幼儿说说哪个最合适，为什么？

运用讨论进行评价时要注意：

第一，内容合适。就发生在幼儿身边的能够为幼儿判断的事情进行评价。

第二，注意引导。幼儿讨论时，教师可适当参与，把握方向。防止将评价变成“是非裁判会”或“批评检讨会”，失去评价的意义。

第三，适当小结。幼儿讨论结束后，可引导幼儿将讨论结果进行梳理归纳，帮助幼儿形成正确的认识。

(6)总结

总结是对幼儿集体活动效果、活动情况的评价。一般放在活动告一段落或活动结束时进行。总结性评价并不是要面面俱到。应选择有价值、有代表性的方面进行评价。可以总结活动的收获、幼儿的进步发展情况、存在的问题等。一位教师在数学活动结束时是这样评价的："今天，我们学习了 5 的组成，大家都知道了……最让我高兴的是你们的进步很大。第三组的小朋友摆小棒时又快又准，竞赛游戏中男孩子声音响亮，答题正确，尤其是小明也开动脑筋，积极举手发言。我为你们鼓掌。"

此外，教师还要善于引导幼儿自评、互评、提高幼儿分析、判断问题的能力和自我检查、自我调整、自我约束的能力。

以上评价形式可以单独使用，更多情况下要有机结合，综合运用。教师应视具体情况，先进行正确判断，再依此进行恰当的评价。

3. 评价技能训练。

(1)观看一组教育活动的集锦，分析不同教师的评价技能运用情况。

(2)仔细阅读下列两组事例，设计评价语言，并模拟试教练习。

[事例 1]　小雨是个胆小怯懦的孩子。今天画"小鸟飞"的主题画，他出乎意料地很快画好了，并犹豫地递给老师："老师，我画好了。"老师接过来一看：他画的小鸟没有"飞"起来，两只翅膀一只长，一只短，添画的小蜜蜂、小蝴蝶比花朵还要大……

[事例 2]　折纸比赛前，老师提出要求：在相同时间里，看谁折的"东西"最多，而且是不一样的。讲评时，老师发现：李新桌上堆放着大小不一但完全一样的五只小鸟。李新介绍说："这是鸟外婆，这是鸟妈妈，这是鸟爸爸，这是鸟外公，这是鸟哥哥。"

本章小结

幼儿园教师是履行幼儿园教育工作职责的专业人员，需要经过严格的培养与培训，具有良好的职业道德，掌握系统的专业知识和专业技能①。

幼儿园教育活动指导技能是幼儿园教师专业技能的核心构成要素，也是幼儿园教师专业化的重要标志之一。它直接影响教育活动的质量和幼儿的学习与发展。

"宝剑锋从磨砺出，梅花香自苦寒来。"指导技能的运用水平和艺术化程度，取决于不断磨练和反复实践。作为未来的幼儿教师，有责任、有义务锤炼自己的活动指导技能，为适应和服务学前教育事业发展奠定坚实的基石。

① 《幼儿园教师专业标准(试行)》，教育部[2012]1 号文件。

第十一章　幼儿园教育活动评价

本章学习目标

- 明确幼儿园教育活动评价的含义、功能和理论依据；
- 理解幼儿园教育活动评价的基本原则；
- 熟悉幼儿园教育活动评价的内容及其特点；
- 掌握幼儿园教育活动评价的基本类型和方法；
- 掌握幼儿园观课、议课与说课的基本技能。

本章内容引言

教育评价是幼儿园教育工作的重要组成部分，是了解教育的适宜性、有效性，调整和改进工作，促进每一个幼儿发展，提高教育质量的必要手段。

在幼儿园教育工作中，教育活动的质量是每个教师关心的问题。活动目标达成与否？教育价值体现如何？社会培养和需要满足是否契合？幼儿发展的促进效果怎样？等等。这一系列问题正是幼儿园教育活动评价所要研究和解决的问题。

对幼儿园教育活动进行评价，可以保证幼儿园教育活动目标的实现，充分调动各方面的积极性，全面提高幼儿园教育活动质量，从而更好地促进幼儿教育的发展。

学习本章，你将厘清幼儿园教育活动评价的含义，理解幼儿园教育活动评价的理论依据、基本原则和评价内容，掌握幼儿园教育活动评价的方法策略，并通过实践训练活动获得幼儿园观课、议课与说课的基本技能。

第一节　幼儿园教育活动评价概述

一、幼儿园教育活动评价的含义

幼儿园教育活动评价是在一定教育价值观的指导下，依据确立的教育目标，运用可操作的科学手段，通过使用一定的技术和方法，系统收集信息、资料并进行分析、整理，对所实施的幼儿园的各种教育活动、教育过程和教育结果进行科学判定的过程。

简而言之，幼儿园教育活动评价是对幼儿园教育活动质量所做的测量、分析和评定。

二、幼儿园教育活动评价的功能

幼儿园教育活动评价具有如下功能：

1. 诊断功能。

通过对收集到的信息与资料进行整理分析，了解与发现评价要素，如：教育活动方案、课程计划、教师工作、教学方法、儿童学习活动等的现状及存在问题。

2. 改进和形成功能。

评价对幼儿园活动中的教育计划、课程方案以及教学方法、教具、环境等的设计、改进和形成发挥积极作用。

3. 区分优良和分等鉴定功能。

借助于评价，评价者可以区别、鉴定幼儿园、活动方案或个体(如教师、儿童)等对象的某些方面或各方面所达到的水平，确定其有无价值与价值的大小，衡量其是否达到了应有的标准、是否能实现预期赋予它的目的和任务。

4. 导向功能。

在评价活动中，根据一定的幼儿教育价值标准，或者以国家和社会的价值和需要为准绳，设计制定出一套相关的评价指标和评价标准。通过比照标准，采取相应的措施来促进儿童更好地朝向目标努力，以期达到理想的发展目标。

5. 激励功能。

对于幼儿园教育活动而言，不仅仅儿童从教育评价中获得激励，教师以及其他教育工作者也是属于被激励的对象。通过各种评价有助于激发儿童的成就动机，使他们追求好的评价结果，激励他们全力以赴地做好有关工作；另一方面，通过评价也在激励教师和教职员工为儿童发展创造更好的发展条件和成长环境。

总之，在幼儿园教育活动实践中，教育评价起着非常重要的作用。科学的教育活动评价对提升教育活动质量、促进幼儿学习和幼儿教师的专业化发展都有十分重要的意义和影响。

但是，评价又是一把双刃剑。评价的原则、内容以及评价的方法技术等都影响着评价对教育活动的导向。评价目标不明、评价理念含混、评价分寸不当等都会使评价反倒成为教育活动质量提升和师幼发展的反作用力。

因此，在幼儿园教育活动中开展什么样的教育评价，如何把握评价的原则，怎样科学评价每个儿童的发展，便成为一个十分重要的问题。

三、幼儿园教育活动评价的理论依据

费尔德曼教授和加德纳教授在中文版《多元智力理论和儿童能力评价》一书的序言中再次批评了“对教育成功与否的评价过分地依赖于心理测试和标准化测量。把标准化学业课程和具有同样倾向的标准化测验推向学前教育”的倾向，并指出：“在过去，教育系统成了筛选机器。它持一个标准，并看谁适合这个标准才让谁受教育(在中国也是如此)。而现在我们的目的是让每一个儿童都受教育。这就要倡导一种完全不同的方法，让教育去适应每一个儿童的水平，并让他们得到最大限度的发展。”他们倡导“教育的这一重新定位”，“把评价学习的方法以自然的(也是系统的)方式融入到幼儿园教室里每天的日常活动中去”。

因此，科学的教育评价必须是在科学的、先进的理论指导下进行。影响幼儿园教育活动评价的理论大致有以下两类：

1. 建构主义。

建构主义理论告诉我们：

(1)应创建一种开放的、浸润性的、积极互动的学习文化，以帮助学生克服知识的惰性，增强知识的弹性，促进知识的迁移；

(2)每个学习者都不应该等待知识的传递，而应基于自己与世界相互作用的独特经验去建构自己的知识并赋予经验以意义；

(3)课程与教学的改革应基于学科，超越学科，面向真实的世界，始于课程，走出课堂，融入复杂的社会；

(4)教与学应基于内容的真实性与复杂性。

基于此，建构主义教育评价观主要有：

- 目标自由的评价；

• 以真实任务为标准的评价，努力使教育更加关注真实任务的解决；

• 以知识的建构为标准的评价，鼓励学习者积极参与知识的建构；

• 以经验的建构为标准的评价，更重视对知识建构过程而不是结果的评价，并同时注意有效评价跟教学的整合；

• 情境驱动的评价，评价的标准应源于丰富而复杂的情境。

• 依靠学习背景的评价，设计者和评价者必须考虑学习发生的背景。

• 评价标准多元化，形态多样化等。

2. 多元智能及成功智能。

(1)多元智能学说试图促进以往被忽视的智能的开发，充分地发掘每个人身上隐藏着的巨大潜力。

(2)成功智能学说认为，成功智能包括分析性智能、创造性智能和实践性智能，智能三方面的协调与平衡，是增强人的创造力并促使人在生活中成功的保证。

第二节　幼儿园教育活动评价的原则

教育活动评价的原则就是人们在科学的评价理论指导下对幼儿园教育活动评价规律的认识，是指导我们进行教育活动评价的行动准则。

一、目的性原则

目的性原则指在进行幼儿园教育活动评价时必须要有明确的指导思想和出发点。教育评价的根本目的在于提高幼儿教育活动质量，促进幼儿和谐发展。

幼儿园教育活动是一种有计划、有目的的教育过程。幼儿园教育活动评价是幼儿园教育活动的一个主要组成部分。所以幼儿园教育活动评价一定要有目的、有计划。

促进每个幼儿全面和谐发展是幼儿园教育活动评价的依据和出发点。任何具体的教育活动评价工作必须在这个意义上取得一致。无论是对幼儿园教育活动环境的评价，对幼儿学习活动态度与效果的评价，还是对幼儿教师组织实施教育活动能力的评价都必须有围绕着促进幼儿发展这一中心点。

二、可比性原则

可比性原则是指在一定的范围内，比如一个地区、一个市州、一所幼儿园内，进行幼儿园教育活动评价时，要有统一的评价标准，使本范围的幼儿园教育活动都能根据这个标准进行评价，并将横向比较和纵向比较相结合。

贯彻可比性原则，必须对幼儿园教育活动的各方面提出具体、明确和可以检测的标准，并使指标尽量量化。

在评价过程中，既要进行评价对象之间的横向参照性评价，也要重视对某一对象时间纵轴上的发展趋势评价。从横向比较评价中分析对象的个性特质，有助于识别并培养个体特色，因材施教，促进个性化发展。

从纵向比较评价中，评价者看起点基础、看发展进步、看提高幅度和发展趋势。

三、全面性原则

全面性原则是对教育活动进行评价时，采取全面的评价标准，全面收集评价信息以保证评价工作的科学性、准确性。

一方面要注重评价标准的全面性，全面充分地反映教育活动目标，以免因幼儿教育活动评价时重此轻彼的导向引起教育活动中各目标要素的失衡。

例如：全面评价幼儿的发展水平，即评价的内容应反映幼儿的整体发展水平，而不仅仅是在认知发展层面上的能力水平，还应当包括儿童的自我意识、群体意识、环境意识及基本素质和能力的发展；要防止评价内容只关注于教学或课程的片面化倾向，而要保证评价的视角更全面而多向，同时关注对幼儿的学习兴趣、态度、情感、交往、学习风格、学习习惯、自理能力、适应集体、遵守规则等多方面的考察和评价。

另一方面，要注重评价过程收集信息的全面性，要从信息来源的多渠道、评价者的多层次等方面把握，以免失于片面和武断。

比如：评价的渠道应体现全面和多样，即评价者既可以通过在日常活动中采用观察、记录、交流等多种方式进行对教育活动中教师和幼儿层面上的评价，也应当把来自于家庭、社区等多种渠道的信息作为一种评价的途径。

树立起“管理人员、教师、幼儿及其家长均是幼儿园教育评价工作的参与者。评价过程是各方共同参与、相互支持与合作的过程”的评价理念，而不是以往那种家庭和社会不参与评价，只能接受来自幼儿园教师对幼儿作出的评价。

四、情境性原则

由于教育活动是在特定的环境与背景下由不同的个体参与而发生的活动过程，因此，对教育活动的评价就不可能脱离其特定的情境性。脱离了具体和特定的情境对活动中的各项内容和要素的评价往往是标签式的、等级式的且有失偏颇的简单评价。在教育活动情境中，评价也就是把获得的儿童学习的信息与评价标准进行比较并作出判断和决定的过程。作为评价者，应当跟踪幼儿的真实生活和学习情境，观察与记录他们在实际情境问题中的参与、操作、实验、交流、合作、态度等方面的状况并作出分析和评价。把握和提倡评价中的情境性原则，更关注的是幼儿的学习过程而非学习结果，更强调的是评价的过程性、现场性和即时性。

五、动态性原则

"评价的过程，是教师运用专业知识审视教育实践，发现、分析、研究、解决问题的过程，也是其自我成长的重要途径。"①

动态评价，即关注评价对象所能做到的以及借助他方互动所能实现的潜能成长。

在动态评价中被评价者能够接受评估者给予的暗示，也能获得来自其他的支援，于是，评价过程和学习过程成为一体。

同时，借助于所给的暗示和支援，评估者可以及时发现和分辨被评价对象的反应形态——得到促进还是受到抑制，有所领悟还是消极抵触，这种反馈信息又反过来提供评价反思、修正评价行为。

因此，动态评价原则要求我们把教育活动评价看成一个持续循环的过程，正确认识评价包含的已有发展和潜在可能，在真实情境的社会互动中推进动态评价，相信并提供给评价对象可以接受的支持和援助，让动态评价反映教育活动中评价对象的不同变化和成长历程。

第三节　幼儿园教育活动评价的内容

《纲要》在教育评价部分明确指出幼儿园教育工作评价宜重点考察以下方面：

• 教育计划和教育活动的目标是否建立在了解本班幼儿现状的基础上。

• 教育的内容、方式、策略、环境条件是否能调动幼儿学习的积极性。

• 教育过程是否能为幼儿提供有益的学习经验，并符合其发展需要。

• 教育内容、要求能否兼顾群体需要和个体差异，使每个幼儿都能得到发展，都有成功感。

• 教师的指导是否有利于幼儿主动、有效地学习。

幼儿园教育活动评价理所当然应在《纲要》和《指南》观照下进行。因此，《纲要》特别强调的上述五大方面就是幼儿园教育活动评价的主要内容和考察重点。

---

① 教育部《幼儿园教育指导纲要(试行)》，2001 年。

案例分析

幼儿园教育活动评价表

表 11-1　幼儿园教育活动评价表

对象	内容	标　　准	得分
教师 50 分	活动目标 10 分	1. 活动目标明确，符合幼儿年龄特点、已有经验和发展需要，能体现领域活动的特征。 2. 有机整合认知、能力、情感等方面的发展需求，避免目标空而大。 3. 目标的描述具体、清晰、可操作。	
	活动内容 15 分	1. 教学内容清晰，突出重点，突破难点。 2. 从学科的特点和幼儿的学习特点相结合的思路来选取教学内容，内容价值取向好。 3. 选材贴近幼儿生活，具有一定的挑战性。	
	基本素质 15 分	1. 能以亲和的态度和灵活的形式建构安全、平等、温馨、丰富的学习环境和活动氛围。 2. 教学基本功扎实，教态真实、自然；语言生动活泼、简洁流畅，富有启发性和感染性，有利于激发幼儿主动学习的兴趣和热情。 3. 能恰当运用多元化的教学方法和手段，采用适当的指导策略，形成有效的多元互动。 4. 教具制作精美，运用恰当，适合教学内容的需要。	
	过程指导 10 分	1. 活动内容安排合理得当，突出科学性和可行性。 2. 结构严谨，过渡自然、流畅、张弛有度，时间安排适当。 3. 能有效运用生成目标，灵活把握教育契机。	
幼儿 50 分	活动态度 10 分	对活动感兴趣，乐于参与活动，情绪饱满。	
	活动表现 20 分	1. 会利用老师所提供的环境和资源进行主动学习。 2. 能主动参与探索、操作、讨论、表述等活动流程，愿意与同伴分享和合作。	
	活动成效 20 分	1. 活动中有自信的表现和成功感。 2. 获得与活动内容相关的新经验和新体验，在经验、能力和智慧等方面有所发展，有属于个体的新收获。	
总评			

从上表可以看出，幼儿园教育活动评价不外乎从幼儿和教师两方面进行。

从幼儿角度出发，主要评价幼儿的学习与发展；

从教师的角度出发，主要评价其基本素养和教育指导能力水平。

一、幼儿学习与发展评价①

1. 对幼儿学习的评价。

幼儿园教育活动的最终目的是促进幼儿的全面和谐发展。幼儿作为教育活动中带有自主意识和个体愿望的鲜活的学习主体，理所当然应成为教育活动评价最需要关注的对象。

(1)幼儿对于教育活动的参与度

主要评价教育活动过程中幼儿注意力的集中程度，在学习、体验、探索、分享以及表达活动中的积极性、主动性和能动性程度等。

(2)幼儿在活动中的情感态度

主要评价幼儿在教育活动中的情绪状态，包括在活动中表现出来的学习态度、情绪面貌、情感语言、动作等。

(3)幼儿的学习方式

主要评价幼儿在教育活动中所表现出来的学习风格以及采用的倾向性的学习方式和学习策略，包括其学习方式的个别性、多样性和独特性程度和表现。

(4)幼儿在活动中的互动状态

主要评价幼儿在教育活动过程中与环境材料、与同伴、与教师互动的频率、方式、效果。

(5)幼儿的能力发展水平

主要评价在活动中幼儿能力发展水平上的表现和反映，包括活动中幼儿的语言表达能力、思维反应能力、动手操作能力、经验迁移拓展能力和创造性表现能力等。

(6)幼儿的学习习惯

主要评价教育活动中幼儿对学习、探索活动的坚持性；对待活动中的挑战和困难的勇气和毅力；对待他人的友善接纳和乐于互助；对待团队的协作等。

---

① 主要参考：华东师范大学出版社黄瑾主编《幼儿园教育活动设计与指导》，深圳市教学研究室刘华等撰写的《幼儿园教育评价的探讨》。

案 例

幼儿园教育活动定量评价记录表

表 11-2 幼儿园教育活动定量评价记录表

评价对象	评价指标	等级评定(优良中差)	备注说明
幼儿	活动参与度		
	情感态度		
	能力水平与表现		
	学习方式		
	行为习惯		
教师	活动目标预设与达成		
	环境、材料准备		
	内容预设与把握		
	活动组织与指导		

从幼儿的角度出发对教育活动进行评价，重点在于对幼儿学习有效性的评价，即突出对幼儿参与活动的有效性的评价。

但是，作为评价者应当认识到，教育活动中显现出的某些现象往往带有一定的表面性。比如在有些活动中，表面看来幼儿有讨论、游戏、操作、表演等学习方式，但究其实质幼儿还是被动地按照教师的要求、指令进行着看似热闹的操作或合作，实际上有些幼儿并不知道做什么、为什么做、如何做。儿童的“动”仍然是由教师牵着鼻子的“动”，是一种没有价值的“盲动”，是一种无效的参与。

因此，要注重和体现教育活动的实际效果，强调面向全体儿童，使每一个儿童在原有基础上获得最大限度的提高和发展，评价就不能仅仅通过表面的、定量的形式来进行，而应当结合深入的、全面的、实录式的、描述性的观察和记录来展开。下面这份“幼儿园教育活动综合评价记录表”就可以用来记录这种评价。它以描述性的、实录式的语言，通过对教育活动目标、内容、材料环境创设、活动过程中的教师与幼儿等方面情况的原始记录，以统计与分析参与活动的幼儿人数、时间、参与广度、师生互动的频率、环境材料的适宜性等问题，来找出影响幼儿参与程度的主要因素，寻找有效的教育教学方法，以促进幼儿真正有机会能够按“自己喜欢的方式”进行学习。

案　例

幼儿园教育活动综合评价记录表

表 11-3　幼儿园教育活动综合评价记录表

<table>
<tr><td colspan="2">活动名称</td><td></td><td>班级</td><td></td></tr>
<tr><td colspan="2">活动时间</td><td></td><td>执教者</td><td></td></tr>
<tr><td colspan="2">评价项目</td><td>实况记录</td><td colspan="2">分析与评价</td></tr>
<tr><td colspan="2">活动基础</td><td></td><td colspan="2"></td></tr>
<tr><td colspan="2">活动目标</td><td></td><td colspan="2"></td></tr>
<tr><td colspan="2">活动内容安排</td><td></td><td colspan="2"></td></tr>
<tr><td colspan="2">环境创设与利用</td><td></td><td colspan="2"></td></tr>
<tr><td colspan="2">材料准备与利用</td><td></td><td colspan="2"></td></tr>
<tr><td rowspan="3">活动过程</td><td>幼儿参与态度与学习方式</td><td></td><td colspan="2"></td></tr>
<tr><td>教师的组织与指导</td><td></td><td colspan="2"></td></tr>
<tr><td>师幼互动</td><td></td><td colspan="2"></td></tr>
<tr><td>活动效果</td><td>幼儿的能力水平</td><td></td><td colspan="2"></td></tr>
</table>

2. 对幼儿发展的评价。

对幼儿发展的评价是在教育活动评价的实际操作中，在《指南》等的相关理念观照下，从不同的智能发展领域出发，将幼儿的发展性指标加以整理，制定的有完整评价体系和可操作性的幼儿发展评估表。这种评估表既适用于评价每一个幼儿的发展，又可以用来对一日活动或若干具体教育活动进行记录、分析、形成总结性评价。

案　例

幼儿能力发展水平评估表（节选）①

表 11-4　幼儿能力发展水平评估表

智能项目	评估项目	内　容	达成情况	记录时间	备注
肢体运动智能	运动能力	走、爬动作协调			
		能重复自己和模仿他人的一些动作			
		有运动意识，能充分活动自己的身体			
		能根据节奏的变化进行各项运动			
		动作灵敏，有一定的平衡能力及耐力			
语言智能	倾听阅读	能听懂普通话，安静地听简短的故事			
		能听懂教师说话的意思，乐意接触幼儿艺术作品			
		能倾听别人讲话，喜欢阅读			
		有良好的阅读习惯			
	语言表达	关心常见的符号、标志和文字			
		乐意开口说话，表达自己的需要			
		能用普通话表达自己的意思			
		能清楚表达自己的意思并回答问题			
		能围绕一个话题与人交流，进行讨论和对话			
		能在集体或公众场合大胆地表达意见			
空间智能	技能展示	喜欢拼图、迷宫、棋艺等游戏			
		理解生活中的距离、时间、空间等概念			
		喜欢画画，对色彩敏感			
		能对玩具、材料、声音等产生联想			
		会大胆地画图、制作、构造			
		乐意模仿声音、音乐动作			
		大胆和同伴一起表演唱歌、舞蹈等			
		能在音乐活动中自然地表达自己的情感			
		初步具有音乐表现能力			

① 《学前教育信息与研究》，2005 年第 3 期。

二、教师发展评价

教师是幼儿园课程的开发者和研究者，也是幼儿园教育活动的组织者、促进者。

幼儿园教育活动是由教师、幼儿、活动目标、活动内容、活动环境、活动途径、活动手段等诸多因素共同构成的。因此，从辩证的角度来看，对教育活动的评价自然离不开对教师的评价。

教师发展的评价应包括对教师教学的评价和对教师素质的评价两个方面。

1. 对教师教学的评价。

对教师教学的评价主要考察：

(1)教育计划和教育活动的目标是否建立在了解本班幼儿现状的基础上。

教师要了解幼儿，就要对幼儿进行观察，而观察幼儿也是教师进行教学实践、自我反思的前提。教师通过观察了解幼儿的内心世界，了解幼儿是怎么认识问题、怎样解决问题的，在了解幼儿的基础上分析、估计幼儿的最近发展区，确定幼儿现有的发展水平或幼儿独立解决问题的能力，以及潜在的发展水平或幼儿在他人帮助下解决问题的能力，找出这两种发展水平或两种能力的区别，以此为基础来制定教育计划和教育活动目标。

(2)教育的内容、方式、策略、环境条件是否能调动幼儿学习的积极性。

教师要为幼儿创设一个能确保幼儿健康、安全并富有挑战性的环境，一个井然有序的环境。教育的内容应来自对幼儿的观察，了解他们的现实生活和长远发展需要什么，根据教育内容来确定方式和策略，教师要清楚各种各样的教育方法和形式，并在具体情境中选择合适、适宜的教育方法和形式。

(3)教育内容、要求能否兼顾群体需要和个体差异，使每个幼儿都能得到发展，都有成功感。

每个幼儿都有其独特的发展优势和个性特点，教师要给予充分的尊重，要为每个幼儿提供广泛而全面的发展机会，为每个幼儿提供表现自己长处和获得成功的条件，同时主动、及时地进行反馈，帮助幼儿充分认识自己，增强他们的信心，并使他们的优势向弱势迁移，最终能够获得全面发展。

(4)教师的指导是否有利于幼儿主动、有效地学习。

教师与幼儿的互动应是动态的，要紧密跟随幼儿在学习活动时的思考，把握时机提供适宜的“支架”，然后不断地减少“支架”，最终撤消“支架”，使幼儿能够独立解决挑战性的问题，提高教师教学和幼儿学习的价值和意义。

2. 对教师素质的评价。

对教师素质的评价可从职业道德、专业知识、教学能力、文化素养、参与和共事能力、反省与计划性等方面进行。

教师在与幼儿互动、与同事互动、与领导互动、与家长互动的过程中会显现出自己的职业道德倾向、文化素养程度、待人处世的特性以及自己的工作风格，对教师进行评价不能仅限于教学上的评价。因为教师的职业道德、文化素养、专业知识、教育观念、共事能力、反省与计划性等都影响到教师的教学工作。况且教育是一种集体行为，对幼儿发展的影响是一种整体效应。这就需要教师之间的合作、支持，共同分享，共同成长。在相互沟通中了解自己、了解他人，在一起分享各自的体会与经验，思辨教育上的困惑，斟酌更好的教与学的方式，探讨共同追求的价值等，通过对教师素质的评价来促进幼儿园教师队伍的整体素质提升，推动教学工作的优化。

第四节　幼儿园教育活动评价的类型和方法

一、幼儿园教育活动评价的类型

根据评价的功能和用途来划分，幼儿园教育活动评价大致有三类：

诊断性评价、形成性评价和终结性评价。

1. 诊断性评价。

诊断性评价是指在幼儿园教育活动开始之前，为使其计划更有效地实施而进行的预测性评价，其目的在于了解评价对象的基本情况，为制定教育计划或解决问题搜集资料做好准备。比如，在幼儿刚入园时，教师会有目的地通过创设情境对幼儿的兴趣爱好、发展水平进行摸底，以便了解每个幼儿的发展情况，发现其个性特征和发展中的一些特点，因材施教。

2. 形成性评价。

形成性评价是一种在事物发展进程中所做的评价，具有反馈的功能，它的目的是监督事物的发展，并调整、修正发展进程，这类评价将原来预定的发展目标作为评价依据，它关注教育活动过程，关键作用是形成教育活动的信息反馈。

幼儿园教育活动的形成性评价是通过对幼儿学习进展情况的评价，进而影响幼儿学习过程的一种评价模式。这种评价主要反映在教育活动的持续进行过程中，通过了解、鉴定教育活动的进展及时地获取调节或改进活动的依据，以提高教育活动的实效。它是伴随着教育活动的进程而自始至终的一种动态性评价，能够获取的评价信息大、范围广。

幼儿园教育活动是发生在特定的情景和背景之中的，是由不同的教师、幼儿和环境之间的互动构成的。教育活动本身是一个动态的、变化的、带有不确定性的过程，因此，伴随着活动的进程，对构成活动的诸多要素之间的关系而进行的评价也是一种动态的过程。对于教育活动的实施来说，形成性评价对于及时获取有效信息，把握活动状况、调整教学指导策略、促进幼儿的有效学习具有重要的作用。

一般说来，伴随着教育活动过程的形成性评价可以通过观察、谈话、作品分析等非正式的评价方法来进行。通过观察幼儿具有典型意义的行为表现或积累一定的幼儿作品，了解和获取幼儿在活动中的发展状况和信息，以促进教师及时地调整教育活动环境、策略，并为进一步满足幼儿的学习需要和支持其深入学习与探究提供依据。

3. 总结性评价。

总结性评价是一种在事物发展某一阶段之后所进行的评价。

幼儿园教育活动的总结性评价是在完成某一具体教育活动或某一单元、某一阶段教育活动之后进行的总结和评定。它与教育活动目标的达成程度紧密关联。目的是了解教育活动整体的效果即活动目标达成程度。

诊断性评价为教育活动的规划、实施提供科学的预测性依据，形成性评价关注活动过程，总结性评价关注活动阶段性结果，同时具有对后继新阶段的诊断性评价的作用。

随着幼儿园教育改革和科学研究的不断深入，诊断性评价、形成性评价和终结性评价也广泛地应用到幼儿园教育活动评价之中，为教育活动的设计与实施提供科学分析和反馈，有效促进幼儿的学习与发展和教师的专业成长。

二、幼儿园教育活动评价的方法

1. 观察法。

(1)观察法的含义、目的和类型

观察法是指在自然条件下有目的、有计划地对观察对象及其行为表现进行考察、记录、分析的一种评价方法。它的作用在于收集信息，为做出决策提供建议，制定和调整决策，促进教师的反思以及评价幼儿的发展成长与学习打下基础。

观察法适用于对幼儿或对教师进行评价。

当观察对象为幼儿时，可以通过观察幼儿的表现评价幼儿的情感态度、性格特征、兴趣爱好、认知特点、发展水平和习惯养成，同时也可以通过对幼儿反应的观察进而对教师进行评价。如观察幼儿对活动是否投入，在活动中是高兴还是烦躁等表现可以判断幼儿教师在内容选择、设计等方面的水平；观察幼儿的折纸过程可以判定教师的教法是否正确、难点是否突破。

当观察对象为教师时，可以观察教师的各种表现，如语言是否形象、生动、流畅、儿童化，环境创设是否满足幼儿探索需求，对偶发事件的处理是否妥当等，为对教师的评价提供真实、具象的第一手资料，同时在活动中观察教师也离不开对幼儿活动状态和活动效果的观察。由此可见，观察法在幼儿园教育活动评价中往往是将对幼儿的观察和对教师的观察紧密结合的。

为了提高观察的可靠性与精确度，一方面应使观察常态化，并及时将观察行为转化为观察记录，如师幼活动行为日志或轶事报告等观察笔记，为教育活动评价提供具体、全面和有说服力的资料；另一方面在有目的有计划的仔细观察基础上应加强对观察印象的不断整理、分析，采用等级量表、汇总统计等方式，促成形成性评价和总结性评价。

在幼儿园教育活动评价的实际运用中可采取自然观察和情境观察两类观察方式。观察方式的使用应根据时空条件、观察目的、观察角度等进行具体选择。详见下图。

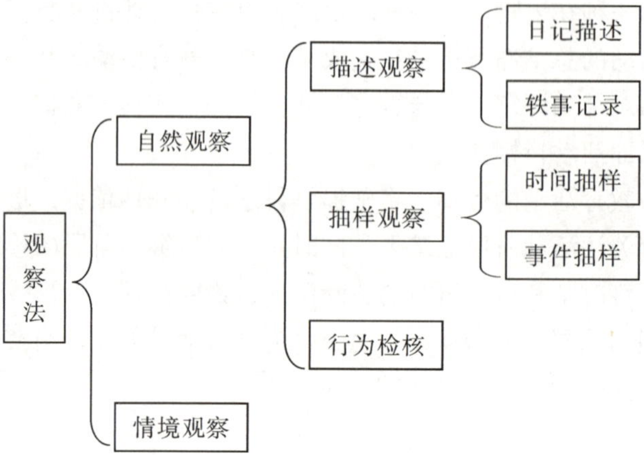

图 11-1 观察法的表现形式

(2) 观察的步骤

一般而言，观察可分为以下步骤：

A. 制定观察计划

明确设定观察目标、观察对象、观察时间、观察地点、观察途径和相关活动等。

B. 实施观察

依据观察计划方案，采取一定的工具和手段来实施观察计划，尽可能地收集客观、全面、有效的信息。并以适当方式做好观察记录。要努力使观察"记录"改变以往的静态化而动态呈现为一种"纪录"，采取录像、录音、照片、作品收集、文字描述记载等表现形式，尽量保留、再现观察对象的活动过程。保证关注评价对象活动结果的同时，更加关注活动过程及其与周围事物的关系。

C. 解释观察

将实施观察过程中获取的观察信息分析转换为主观观点和视角的解释。对观察情况的解释可以帮助观察者对观察对象作出准确客观的分析与把握，并能由此预测其下一阶段或下一步的进展可能性和发展方向，为教育活动方案的实施过程中的灵活调整提供可靠依据。

D. 应用观察结果

应用观察结果是指观察者根据观察结果而采取、执行一定的衍生行动。比如根据观察结果对活动环境、操作材料、活动方式、活动任务等的及时调整。

（3）观察的记录

从观察对象的角度，观察记录分为教育活动整体式观察记录、教育活动片段式观察记录和教育活动个案式观察记录；从观察记录的表现方式的角度，观察记录分为文字图示记录法、表格记录法、轶事日记记录法、工具运用记录法等。

下面提供观察记录的样表供学习借鉴：

表 11-5　观察轶事日记样表

观察对象________　　观察时间________　　观察地点________ 活动过程描述：   备注说明： 观察者：

表 11-6　教育活动整体式观察记录样表

<table>
<tr><td colspan="3">活动名称：
活动对象：</td><td colspan="3">活动时间：
执教教师：</td></tr>
<tr><td>观察对象</td><td>学习环境的创设</td><td>学习内容的设定</td><td>学习兴趣的激发</td><td>与幼儿的互动、回应</td><td>教学方法和策略的运用</td></tr>
<tr><td>教师</td><td></td><td></td><td></td><td></td><td></td></tr>
<tr><td>观察对象</td><td>活动兴趣及参与态度</td><td>认知能力与思维水平</td><td>社会性合作与交往</td><td>自主表现与表达</td><td>学习习惯</td></tr>
<tr><td>幼儿</td><td></td><td></td><td></td><td></td><td></td></tr>
</table>

表 11-7 抽样表格样表

幼儿姓名	性别	发生背景或环境	指向对象	动作	语言	出现问题

表 11-8 教育活动片段式观察记录表样表

活动名称			活动时间	
年龄班			执教教师	
教育活动	发生背景和环境	事件/行为/语言（幼儿或教师）	评价与思考	
记录				

表 11-9 教育活动个案式观察记录表样表

活动名称		活动时间	
幼儿姓名		所在班级	
性别		年龄	
	观察与记录		
发生背景和环境			
指向或互动对象			
行为表现			
语言			
教师反思			

2. 谈话法。

谈话法是通过与被访谈者面对面的交谈来获得评价信息的方法。谈话对象可以是幼儿、教师、家长等。

谈话法可分为直接问答的谈话（即一问一答）、选择答案的谈话、自由回答的谈话、自然谈话等。教师在运用谈话法时可采用录音记录的方式保存资料，也可用图夹文的方式将谈话的内容记录、展示出来，供幼儿和教师、家长共同分享。

案　例

大班幼儿参观鲜花公司后的谈话记录

师：我们去鲜花公司看到了什么？

金穗：我看到许多许多花，我看到一些跳舞兰。

师：跳舞兰是什么样子的？

继欣：黄黄的、高高的。

金穗：它是一串串开上去的。

静：看上去它好像穿着黄色的衣服在跳舞一样。

金穗：我觉得跳舞兰好像有点弯弯的。

……

谈话要有一定的准备，访谈目的是什么？访谈对象是谁？访谈话题有哪些？都要做到心中有数。

教师在日常生活中要花时间和幼儿交谈，倾听他们的想法，多提一些开放性的问题，这是诱导幼儿说出想法的一种方法。

3. 作品分析法。

教师和幼儿合作收集幼儿学年中不同时期具有代表性的阅读、描述、数学、美工和音乐作品，如绘画、泥塑、各种记录单、参观访谈的记录报告、幼儿自创的书写符号、叙述自编故事时的录音带、创编舞蹈时的录像带、一张反映几个幼儿正在合作探究某一实物时的摄影作品、集体创作或积木建构的照片、成人记录幼儿描述的故事或事件等，把作品和教师的文字记录放在一起，可以帮助教师看出幼儿的发展形式，确认幼儿进步的情形。

例如，大二班进行测量活动时，要求幼儿将自己的测量情况用图画、数字记录下来，教师发现一个幼儿的记录单上画了一把尺子，尺子上还标明了许多数字，但数字的排列是无序的。于是，教师进行分析，幼儿记录单上出现的情况反映出两种可能：一是幼儿对尺子这种工具不够熟悉，尤其是对尺子上的刻度不清楚；二是幼儿本身对自然数列掌握不清楚。基于这种分析，教师可在下面的活动中安排适宜的材料或活动内容，来帮助幼儿解决出现的问题。

在对小班幼儿进行观察记录时，由于幼儿的想法和内心活动都是通过动作来反映的，所以对幼儿的作品或拍摄幼儿行为的相片进行分析，就更能形象地说明幼儿发展的情况。

4. 问卷调查法。

问卷调查法是一种书面调查方法。它是评价者根据评价目的，向被调查对象发放事先设计好的问卷调查表，待回答完毕后及时回收，集中进行阅读、统计与分析的一种评价方法。

案 例

蓝天幼儿园家园互动问卷调查表

尊敬的家长朋友：

您好！感谢您对我园工作的支持。为了进一步做好家园共育工作，更有效地开展各项活动，不断提高我园的教学能力和办园水平，我们真诚希望您能认真地填写此表，以便我园今后更好地开展各项工作，谢谢合作！

1. 您的年龄是(　　)

A. 21~25 岁　B. 26~30 岁　C. 31~35 岁　D. 36~40 岁

2. 您的文化程度是(　　)

A. 初中及初中以下　B. 高中

C. 大学专科　D. 大学本科及以上

3. 您孩子的性别是(　　)

A. 男孩　B. 女孩

4. 家园沟通中家长应当充当的角色？(　　)

A. 朋友　B. 家长

C. 幼儿教育的合作伙伴　D. 心理医生

5. 在家庭与幼儿园的合作问题上，您的态度？(　　)

A. 非常迫切　B. 迫切　C. 一般　D. 无所谓

6. 对幼儿园开展的各项家园合作活动，您是怎样的态度？(　　)

A. 非常积极　B. 积极　C. 一般　D. 无所谓

7. 您以各种形式与教师沟通的频率是(　　)

A. 每天交流　B. 一周 3~4 次

C. 每月 2~3 次　D. 几乎没有

8. 您希望教师一个月大约和您交谈几次？(　　)

A. 1~2 次　B. 3~4 次　C. 5~6 次　D. 6 次以上

9. 孩子有事的时候，老师会经常并及时与家长联系吗？(　　)
A. 会　　B. 有时会　　C. 不会
10. 您希望教师经常介绍幼儿在园的情况吗？(　　)
A. 非常希望　　B. 希望　　C. 一般　　D. 无所谓
11. 您对孩子在幼儿园的表现怎么看？(　　)
A. 幼儿园时期的智力开发，能力培养，良好行为习惯培养、性格培养等方面很重要。
B. 幼儿园不应该是注重成绩的地方，希望幼儿园的环境宽松一点，安全，吃得好，玩得开心就好。
C. 幼儿园孩子的主要学习形式是游戏，保教结合，以幼儿为主体，让孩子在顺其自然的环境下自由成长比较好。
12. 您经常主动向教师介绍幼儿在家的情况吗？(　　)
A. 经常　　B. 偶尔　　C. 从不
13. 您对目前家园合作(　　)
A. 非常满意　　B. 满意　　C. 不满意　　D. 非常不满意
14. 您与教师沟通中遇到的主要问题是(　　)？
A. 工作太忙，没有时间和教师沟通
B. 不知如何与教师沟通
C. 主观上不愿意与教师沟通
D. 有沟通的想法，但没有能及时与教师进行沟通
15. 教育孩子您觉得最大的困惑是(　　)？
A. 缺乏教育方面的专业知识　　B. 家庭成员意见不统一
C. 道理讲不清　　D. 孩子不愿接受　　E. 其他
16. 教育孩子您最希望得到幼儿园哪方面的帮助？(　　)
A. 如何培养孩子的良好习惯
B. 如何培养孩子良好的性格、品格
C. 如何建立和谐的亲子关系
D. 如何掌握科学的育儿方法
17. 您希望教师通过(　　)方式与您进行教育方面的沟通？
A. 家园联系手册　　B. 电话
C. 面谈　　D. QQ，微信　　E. 家访
18. 您最关注孩子在幼儿园的哪些方面？
19. 当幼儿有时不愿来园时，您认为最主要的原因是什么？
20. 作为家长，您如何理解家园共育？

5. 档案评估法。

档案评估法是一种综合性的评价方法，它融过程与结果为一体，兼容了多种具体评价方法，如观察记录法、谈话法、作品分析法等。档案评估法同样适用于幼儿和教师。下面以幼儿成长档案为例详细了解。

幼儿成长档案是幼儿成长过程的记录，其目的在于通过幼儿作品及相关资料的有意收集，反映幼儿的兴趣、态度以及在特定领域中的努力、进步与成就。

(1)创建幼儿成长档案的重要性

①描述幼儿成长与发展的过程。

幼儿成长档案中收集了幼儿不同时期的作品、教师的观察记录、照片、影像资料等，这些可以为教师和家长提供关于幼儿成长与发展的丰富的信息。

②动态评估幼儿的发展水平。

幼儿在各个领域的发展水平有没有进步，是否达到了预期的发展目标，存在的优势和不足到底有哪些，这些都需要用科学、合理的方式来予以评估。传统的评估多使用测验、核查表、问卷等方式，尽管使用起来比较方便，但它们只重结果而忽视过程，而幼儿成长档案的使用，可以将幼儿的各种作品和相关资料收集和积累起来，为幼儿发展水平的评估提供全面、丰富、生动的信息。

教师通过幼儿成长档案袋在一段时间里积累的各种作品特点及记录来评估幼儿，使总结性评价与形成性评价结合起来，也保证了评估的准确性。但必须指出的是，幼儿发展水平的评估不是为了评比和贴标签，而是为了更好地促进幼儿的成长，它不是给幼儿好与不好的结论，而是发现幼儿成长与发展中有意义的事件(如技能、兴趣等)。因此成长档案中收集的应该是幼儿自发的真实的作品。

③支持以“幼儿为主”的学习。

通过收集幼儿的作品，与幼儿一对一的交谈及观察，教师可以发现了解每个幼儿的身心发展特点，了解幼儿如何学习，以及他们的独特的兴趣、能力和需求。根据这些发现，教师可以思考重新塑造教育活动文化与课程，使他们符合幼儿的发展需求，这种思考与改变可以提高教师的专业素质。档案也可以让幼儿思考检视自己的作品和思考自己进步的情况，幼儿会逐渐学会自我评价并为自己制定学习目标。这种能力对幼儿的成长与发展是很重要的，当然，如果没有教师的指导和练习，大部分幼儿无法获得这一重要的能力。

(2)幼儿成长档案的内容

一般来说，幼儿成长档案收集的内容可以覆盖幼儿的身体、动作、认知、言语、情感及社会能力等多个发展领域，而其具体形式更是丰富多样，主要有：

①幼儿的作品。

幼儿的作品主要是指幼儿的美工作品和口述记录。

口述记录呈现了幼儿的语言表达能力，记录了幼儿的想法、感情和反思。成人应该长时间持续地收集幼儿的口述记录，并记录背景资料。幼儿的口述可以用书面形式加以保存，或用录音记录的方式。

②文字记录。

文字记录包括与幼儿的面谈记录及教师的观察记录。

面谈主要是与一位幼儿深入探讨一个主题。如可以讨论幼儿最近读过的一本书或玩过的一个游戏，所提出的非正式问题可以引导幼儿口述对于阅读和游戏的感想和评论，并有助于了解幼儿在阅读或游戏中的困难与需求等。

面谈记录则记下幼儿的想法和需求等信息，能够让教师或家长了解幼儿的个别需求，并且在时间允许的情况下，给予幼儿反馈。

教师的观察记录可以包括幼儿的系统化记录和轶事趣闻记录。前者主要记录的是幼儿在预定目标上的进步情况，后者则是幼儿自发性行为的记录，它与系统化记录不同的是，并没有经过事先设计，而是捕捉一些有趣的事件，教师可以配上照片。

③影像资料。

影像资料主要是指照片、录音带和摄像带。它们能提供幼儿成长与发展的丰富信息，并且对促进家庭的参与有很大帮助，能让家长在没有实际经历的情况下，看到或听到幼儿的各项活动。如一份有幼儿复述故事、大声朗读自己的故事、练习唱歌的录音带，对幼儿、老师和家长来说，都是非常有力的语言发展证据。教师应该经常为幼儿和他们的活动照相或摄像。拍摄的时候，要简短记录所拍的内容或物体，包括日期场所、幼儿的姓名以及每一个场景、情节的特殊性。

④各种测验和调查结果。

主要是一些正式的或非正式的调查表、检核表。如幼儿在家情况调查表、幼儿健康状况调查表、幼儿学习情况调查表等。这些调查表能让我们迅速了解幼儿的情况。

(3)目前幼儿园使用档案袋评价存在的问题

问题一：档案袋评价形式化。为了收集而搜集，档案袋成了幼儿作品的收纳袋；

幼儿档案袋中的内容应该是有目的地组织起来的幼儿作品、相关评价记录及幼儿后续活动计划等，系统地展示幼儿在某一个或某一些领域中所付出的努力、取得的进步和进一步发展的规划，以促进幼儿可持续发展。

可是，明确幼儿园在使用档案袋评价中却错误地仅重形式而无视其功能性。

一方面，档案袋成为无所不包的搜集袋，并且档案袋内常常仅限于一些彼此孤立的幼儿作品。完成这些作品的过程以及教师选择该作品放入栏案袋的理由等都看不到。

另一方面，档案袋成了装饰物，仅仅为装饰效果而制作档案袋。有些幼儿园为了让幼儿能够“生产”出适合于档案袋存放的作品，组织专门的教育活动，使幼儿园的教育教学围绕着档案袋转。有些幼儿园甚至将档案袋评价作为幼儿园教育教学活动之外的附加之物，在学期末或学期的某一段时间，让幼儿集中精力专门制作放入档案袋中的作品。

问题二：档案袋评价片面化。为了展示优势和成就而设置。

在一些幼儿园孩子的档案袋中，看到的全都是幼儿最出色的作品，教师对幼儿作品的评价也全是些言之无物的赞扬。发展为本的评价取向要求教师以发展的眼光来看待幼儿，但是这并不意味着教师要用幼儿的优点与优势来掩盖他们的缺点和不足。只有正视幼儿成长中的弱势和不足，我们才能真正落实发展本位取向的评价观，在幼儿的优势和弱势领域之间架起桥梁，让幼儿在原有的基础上不断发展。

档案袋评价是促进幼儿发展的有效手段，我们必须利用它不断观察和研究，提出能够帮助幼儿在原有基础上进步的建议，促进幼儿发展。

6. 自我评价法。

自我评价法是评价者对自己进行评价的方法。通常包括自我鉴定、填写考核表、智能化考核记录等途径。

教师的自我鉴定评价可以在一次一单元、一阶段教育活动之后进行反思总结时使用。

运用考核表进行自我评价，通常是将自我评价的内容以表格的形式进行量化或分级，由于采用相对客观、规范、统一的制表，所以自我评价的内容与评价指标清晰、全面和直观，是一种常用的自我评价方法。

随着智能化时代的发展，自我评价也随之而网络化、智能化。录音、录像、网络测评等现代技术的运用都使自我评价更便利、直观和便于统计。

总之，幼儿园教育活动的评价方法是多样的。我们在实际运用中应根据评价目标和意图精心选择，合理使用。

案　例

对幼儿在不同领域方面发展情况的评价方法

表 11-10　幼儿园教育活动评价方法的选择与运用

领域分类	轶事记录	时间抽样	事件抽样	检核表	作品分析	问卷	谈话
健康	*	*		*		*	*
语言	*		*	*	*		*
科学	*		*	*	*	*	*
社会	*	*	*	*	*	*	*
艺术	*			*	*		*

注：*号表示评价方法的选择项。

第五节　幼儿园教育活动观课、议课与说课技能训练

观课、议课和说课，是幼儿教师必备的教育评价和教育研究的基本技能和专业核心能力之一。

作为学前教育专业的学生，无论是在学校课堂的模拟实践训练活动，还是到幼儿园进行的教育见习、实习活动，都常常采用幼儿园教育活动评价技能之观课、议课和说课的活动形式。

一、观课技能及其训练

(一)观课的含义

观课是课堂参与者(执教者、观课者)相互提供教学信息，共同收集和感受课堂信息，在充分拥有信息的基础上，围绕共同关心的问题进行对话和反思，以改进教学的教师研修活动。它是教师课堂教学研究和教育活动评价的重要手段和常用方法。

观课作为一种教育评价与教育研究的范畴，包括以作为教师教育方式的观课、作为理论研究方法的观课和作为考评手段的观课。

这里，我们主要学习作为教师教育方式的观课技能。它是以教师专业发展为目的的，又称同事互助观课，这是一种横向的同事互助指导活动，不含自上而下的考核成分和权威指导成分，而是教师同事之间的互助指导式的听课。其目的主要是通过观课过程中观课双方——观课者和授课者在某些事先预设的都关心的课题方面的研讨、分析和相互交流，用以改进教学行为、提高教学水平。

在学前教育领域，幼儿园课程是以教育活动的形式组织实施和呈现的。对幼儿园而言，“课”是幼儿园课程，是幼儿园教育活动。包括幼儿园游戏活动、一日生活常规活动、集体教学活动、区角活动等。所以，幼儿园的观课应包括对幼儿园各类教育活动的观摩学习与交流，是对幼儿园教育活动进行现场观摩的教研活动和教育评价活动，被广泛运用于幼儿园教师研修与教育活动评价。

而作为学前教育专业的学生，往往会根据专业人才培养方案和课程计划以课堂实践活动、见习、实习等方式进行幼儿园教育活动观摩学习。因此，明确要求，掌握方法，才能保证观课效果。

(二)观课的要求

1. 树立观课的五种意识。

(1)对话意识

对话关系是一种主体间的关系。

对话者首先必须充分意识到自身的独特性，正如巴赫金所言：“我以唯一而不可重复的方式参与存在，我在唯一的存在中占据着唯一的、不可重复的、不可替代的、他人无法进入的位置。”

其次，对话强调对他者的尊重，在对话中要看到他人，在交往中使他人成为对话者。将独立而平等的对话关系运用于观课，既可克服消极接受评判和批判的唯唯诺诺“小媳妇心态”，又可防止高傲的、拒人于千里之外的非合作态度，实现真实的倾听和切磋。

作为学前教育专业在校学生，参加幼儿园教育活动现场观摩，尤其应建立对话意识。围绕着教育活动过程中的所有情境和现象，自觉运用所学的专业知识，积极主动地进行观察、倾听、感受、认知、质疑、求教和大胆交流。

(2)欣赏意识

学前教育的观课不同于中小学，它观摩的往往是幼儿园教育活动。

在观摩学习过程中，必须是以对活动组织实施者这个主体的尊重为基础的。教育活动实施是一种有目的、有计划、艺术性、创造性的运作过程。在这个过程中，活动实施的执教者最大程度地发挥着其教育艺术和聪明才智。带着尊重、欣赏的意识，能充分地感受到执教主体的优点，体会到执教者成功的喜悦，同时能以积极的态度感觉到其中存在的价值或问题。如果观课者以不以为然或挑剔的态度观课，其结果往往是负面的。尤其对于学前教育专业在校学生而言，更应该以虚心学习的心态，以欣赏的眼光参加幼儿园教育活动的现场观摩。

(3)交流意识

幼儿园教育活动观摩前应了解活动的相关情况，如活动主题、教师情况、教学预设、学情程度等，也可以预测活动中可能存在的问题、带着对某一问题的思考、探索进行观摩学习。有了这些交流的基础，观课时可以有较好的切入角度、层面。观课前后都应该有交流，随着观课者专业化程度的提升，观课前交流的作用会逐渐超过观课后交流的作用。不过，目前我们对于观摩活动前的交流作用没能足够重视。

(4)分享意识

幼儿园教育活动观摩中，观课者要积极地参与到执教者的工作之中，才能分享执教者的成功。这样的意识有利于发挥观课者的主观能动作用，避免观课者处于被动听课的境地。比如，活动前，根据活动方案主动参与活动场地布置、活动材料发放；活动中根据活动进程找准可以介入活动的角色巧妙参与互动；活动后，带着疑惑或赞赏主动交流谈论。

2. 把握观课的三个环节。

观课活动往往分三步推进：即观课前的准备、观课中的表现和观课后的交流探讨。

(1)观课前的准备

幼儿园教育活动观摩前的准备可分为三个层次：

第一个层次是一般性的准备。观摩前了解基本情况，如熟悉活动内容、活动计划、设想一下如何实施活动方案。甚至可以了解一下活动班级幼儿的情况，包括已有经验、兴趣爱好、学习习惯等。

第二个层次是提前尝试模拟试教。尝试根据活动方案模拟试教，揣摩活动中幼儿对各活动环节的可能反应，总体把握活动流程和思路。能将第一、二两个层次的工作综合起来，观课准备是较充分的。

第三个层次是与执教者进行观摩学习前的积极互动准备。在完成前两个层次准备的基础上，观摩活动前主动征求执教教师的意见后，形成探讨的问题或主题，带着问题或主题去观课。

(2)观课中的表现

观课者在观课的过程中应具备三种角色：授课者角色、学习者角色和观课者角色，而且要根据情况随时实现这三种角色的转换。

——体验授课者角色

观课者观课时，对授课者课堂的出色表现或是不足之处要客观分析，不能不顾现实情况无限设想授课者的能力而做出不恰当的判断。要设想自己就是授课者，面临课堂的某种情况时可能的处理办法，或能达到的程度，才能使判断准确，充分肯定授课者的优点，使观课有收获。

——牢记学习者角色

牢记自己是学生，活动观摩现场是一线课堂，时刻提醒自己要怎样学习才能有较高的课堂效率。

——观课者角色

既然是观课，观课者角度还要贯穿于观课过程。“旁观者清”，“观课者”角度有利于冷静地对待课堂上的一切。一是认真观察，注意搜集活动中所能捕捉到的信息，特别是可视线索，如面部表情、手势、身体语言，因为这些现实没有“重来”的机会；二是记录，最简单的记录方式是笔录，有条件可以利用手机或录音、录像机进行音频、视频记录；三是要注重深入的分析思考，形成自己独立的见解。

(3)观后的交流反思

活动观摩后交流的焦点是活动目标、活动内容、活动环境创设与利用、活动过程组织、教师的“教”和幼儿的“学”，但观课者、被观课者都不要急于找结论，应对原先计划的内容展开探讨。在观课的交流反思互动中追求教育活动的“重构”和“重建”，才是幼儿园教育活动观摩实践活动最基本的目的。通过交流反思，要使某个问题有质的突破。交流反思要处在“观课”的具体情境下，观授双方都“审视”自己的经验，“解决”自己的问题，获得一种突破问题的贯通感，才能提升自己的理念，实现双赢。

观课活动通常采用五字法进行：即听、看、想、记、谈。

听——听幼儿教师在教育活动中的语言表达与交流；

看——看幼儿和教师教育活动过程中的一切活动及其表现；

想——想教育活动的目标、内容、过程、效果，想教师的组织指导和幼儿的学习与发展；

记——记教育活动的主要过程及细节；记执教者的活动组织与指导情况，记幼儿活动过程的具体表现情况。

可以采用下面这类观课日志样表的方式进行操作。

表 11-11　观课日志样表

执教者		活动班级		观课时间	
活动名称				活动类别	
活动过程纪实					评点

案例分析

幼儿园教育活动纪实

观摩地点：虹口友谊幼儿园大二班　执教者：吴佳瑛

活动名称：屋顶上的秘密

活动目标：1. 感受屋顶的不同以及与我们生活的关系。

2. 尝试在问题情景中表述自己的想法，提高观察分析问题的能力。

活动准备：照片、录像、幼儿对屋顶上的秘密有一定的前期探索经验。

活动过程记录：

1. 回忆、交流屋顶上的不同设施

①出示图片引出话题

秘密，什么是秘密啊？（不让别人知道的事）对啊，悄悄地，不让别人知道的事对吧！

那么最近我们讲谁的秘密？(打开——屋顶上的秘密的纸)

哎哟，你们知道的很多，最近我们一直在找屋顶上的秘密。

屋顶上的有很多秘密，是吗？谁先来告诉老师，你们发现自己家的屋顶上都有什么呀？

(水箱)我们把话说完整了，你说(我们家屋顶上有太阳能热水器)。

观察得真仔细，你连太阳能热水器这个名字也知道。(水箱)跟他一样，对吗？有没有不同？

(我们家屋顶上有水管)上次你告诉我，有什么的？(鸽子)噢，他家屋顶上有鸽子棚的。

(我们家屋顶上有避雷针)噢，每一幢屋顶上都有避雷针的，你说(我们家屋顶上有卫星接收器的)。噢，他们家屋顶上还有这个东西。好，那这些东西在一般小区的屋顶上都能看见，对吗？

②呈现前期孩子们探索的内容(一组照片)，幼儿互相提问，交流与丰富彼此的经验，并解决几个问题。

前两天我们看了这些照片，我们小朋友还有一些问题没有解决对吗？那今天看看能不能把这些问题全部解决光，好！接下来谁来提问？(我问中间左边一张)

你是提问，还是知道答案？(我是知道答案)有没有人对左边中间一张有问题的，有吗？

噢，有人有问题的，你来听听，他知道答案的，好吗？

杂草下面一张，谁对这一张有问题的？有吗？(这两个灯)

谁对两个灯有问题的，有吗？没有问题。

这旁边正好有一张，谁对这一张有问题？先把这个问题说光。(为什么这个灯朝上)喔，屋顶上这两个灯为什么朝上？这两个都是讲灯的问题的，谁来解决一下？周洁顺，你想解决哪一张，左边一张，还是右边一张？(左边一盏灯为什么要朝上，晚上照在房子上很漂亮！)

这是什么？(航空警示灯)

他讲得很清楚，这盏灯装在高楼上的，而且有个好听的名字叫什么？(航空警示灯)哎，对了。专门给飞机看的，晚上飞行员在飞行时看不清，这个时候如果高楼上小红灯——航空警示灯一亮啊，他就知道底下有高楼，那飞的时候就可以飞得高一点，避开危险了，对吗？

这张照片刚刚周顺洁已经解释过了，晚上这个灯朝上一照可以让房子变得更加漂亮。

我们来看一看上海美丽的夜景，(出示照片)这张认识吗？(东方明珠)

这张，这张难倒啦？这张是什么建筑？（上海大剧院）聪明，来，我这个手是专门和聪明人握手的。

哎，叫什么？（上海大剧院）这个灯晚上反过来往上一打，很漂亮哎。原来屋顶上的灯用处是不一样的，有些灯是起装饰作用的，有些灯是起提示作用的，告诉飞行员底下有大高楼。

好，还有什么问题吗？（我是问左边的上面一张，像烟囱一样的东西是干吗的？）

谁知道这张答案的？（是排毒用的）喔，有这个可能，这是你的答案。还有吗？你说，（排煤气的）。

他和你的答案不一样？还有吗？还有谁知道照片答案的？

这个像烟囱一样的东西是干什么的？有三种答案，到底哪一个正确？我等一会告诉你们。

说起这张照片的话，同时说要这两张，有谁对这两张有问题的？（这个像电风扇的东西是干什么用的？）

你问的是这张，这张谁有问题？（这个圆球是干什么用的）

好，丁许知道那个答案。最左边一张，你说（空调冷却塔）。

你知道我为什么会这么惊奇吗？你竟然知道工程师知道的名字哎！

空调冷却塔，你好厉害哎！这个空调冷却塔，它的用处的确是和我家里的空调外机一样，那么这个像电风扇一样的东西和他的用处差不多。有人知道？（中央空调散热器）

哎，想一想，电风扇转起来的时候，是不是帮你散热呀？所以这八个电风扇也是散热的，那么它叫什么名字？你知道吗？不知道，那么我给你来看一张照片（餐厅），有好多人。

这是什么地方？（超市）

有点像超市，但不是超市，这是一个大商场，好大喔，好，再看一张（第一百货商店）。

OK，正确，第一百货商店，你们看这三张照片的地方。

人很多，地方大，这个时候要让里面的人舒舒服服的话，就需要比你们家空调大得多，大得多的空调在里面帮忙，所以他们屋顶上都有散热器、冷却塔，还有空气流通管帮忙，这样人在里面很舒服，夏天进去很凉爽，冬天进去很温暖。这些名字很拗口，我们小朋友不用记得很牢，只要记住这个东西和家里的空调外机一样就行了！好吗？

还有什么问题没解决吗？（这么多卫星接收器为什么方向不同？）

好，谁能来回答这个问题？为什么不一样？（因为有15个方向）你已经数过了，你好厉害！

那你回答他的问题，为什么方向不一样？（因为这边房子上卫星接收器）谁能说得清楚一点？

（因为这里有很多卫星，每个卫星接收器接收到一个卫星电波）回答非常棒！我再帮你补充一句话好吗？因为在宇宙里有许多卫星，每个卫星怎么样？（不同）有的在左边，有的在右边，有的在上面，有的在下面，卫星接收器的接收方向也就不一样。（长杂草）还有问题，谁来回答这个问题？是用来挡什么的？

（雨水）喔，还有这个用处？这倒有的，有的屋顶上是有装饰花花草草的，可是这个花花草草有些乱，刚刚他用了一个好听的词，杂草，想一想它怎么会长在屋顶上去的？因为风把它——完全有这个可能，除了风还有谁，原来屋顶……

梳理小结屋顶上一些设施的不同用处。

2. 发现、感受一些有趣的屋顶

①出示一组照片猜猜我去了哪里，结合已有经验说出理由

前两天我出去玩了，我用照相机把我玩的东西全部拍下来了，现在我请你们来看一看，猜猜我到哪里去玩，我的屏幕比较高，看谁看仔细，谁第一个猜？我到哪里去玩了？你说，（你到空中百鸟园去玩了）。

哎，怎么一猜就猜中了！（你去了南京路步行街）你怎么知道的？你去过了？

你猜我到哪里去了？（你去公园玩了）

你从哪里看出的？（是中间那张）

你看见什么啦？（中间那张有小鸟）

哎，所以你猜我去公园玩了。你猜中了地方。

（去逛街）（空中鸟园）

你觉得我去空中鸟园玩了！还有吗？（你去过了餐厅）你从哪里看出来去了餐厅？

左边最上面一张，是的，这个地方我去过了，还喝了一点饮料，

（你去了美术馆）你连美术馆也知道，你从哪里看出来的？

（右边下面一张，你去美术馆看美术了）你从哪里看出来我去美术馆了？

已经三个地方了，公园，美术馆，步行街。

（你去海洋馆了）海洋馆你也知道，在哪里呀？（左下角）你看见什么了？（乌龟）

喔，看见水里的动物了！你们已经说了很多，我们来数一数，有的说公园、美术馆、步行街、鸟园、海洋馆。一共几个地方？(5个)

其实吴老师只去了一个地方，的确被小朋友猜中了。

②了解空中百鸟园在何处，猜猜为何屋顶上有百鸟园？

我的确去了一个屋顶，一个很好玩的屋顶。

屋顶上我可以玩，可以品尝、休息，可以和这么多鸟来个亲密接触。

我还可以看这么多图片展，还可以在这里逛风景，好舒服，

其实已经有小朋友说对了，可能这个小朋友没去过，是听大人说的，那么你知道它在哪里呀？

(南京路步行街)为什么是南京路步行街？

你说(人很多)人们都在哪里步行，人可以走在马路当中只有南京路步行街了？

对不对，还看见什么了？(商店)

好热闹，有这么多人、商店，我们一起看一看是不是南京路步行街？

是的话，给自己鼓鼓掌，那南京路步行街很长很长，在哪一幢房子的屋顶上？

知道吗？我们来看一看，这是什么地方？(上海市第一百货商店)

前面两个字我听清楚了，后面两字我没听清楚。(百货、食品)

到底是百货还是食品商店，(食品商店)正确，这两个字是食品。

看着老师点的地方，这两个字是食品，不是百货。

食品商店，好，请问，什么叫食品商店？(吃的)

食品就食品了，干吗还是第一食品商店？

干吗叫第一？(第一开)第一家开的，有这个可能(人多的)地方最大的，嗯。

还有原因吗？(里面吃的很好)

对，里面食品很丰富，非常非常丰富，地方又大，食品又多，而且很可能是第一家开的，所以叫第一食品商店，

那么空中百鸟园在第一食品商店哪里呢？第一食品商店对面一幢楼，这幢楼叫什么名字？(永安)

叫永安，现在你能把这个好地方告诉爸爸妈妈应该怎么找？

好多的人，好多的路，先找到什么路？

再找到第一食品商店，在第一食品商店对面一幢楼，想想，总经理会给它取什么名字？(空中百鸟园)为什么叫空中？(许多鸟在空中)

你说！(屋顶公园)哎，很别致，屋顶公园不错！

因为有吃，有玩，有看，很不错。

你说(屋顶花园)也可以，你说。

(永安花园)那么我们看看永安公司总经理给它取了什么名字?

(空中百鸟园)漏了两个字。(永安空中百鸟园)

哎，永安公司的百鸟园它就叫永安空中百鸟园，对吗?

奇怪啊奇怪，总经理为什么在屋顶上放空中百鸟园?

干吗要这样做?(想让世界上的人开心一点)

你真是一个善良的孩子!

还有呢?(保护小鸟)

可能人和动物是好朋友关系!

(想让人舒服一点)走累了可以去休息一下。

(多赚点钱)为什么楼顶上这个东西可以赚钱?

(因为它收的钱很多，钱就多了)

你觉得到这个地方去要付费的吗?

我告诉你，去这个地方是免费的，不要钱的。有空的时候去玩一玩！可是到底为什么会赚钱?

我们大家来听一听，这个总经理是怎么说的!

③请幼儿观看永安公司经理介绍百鸟园的录像

听明白了吗?有没有你刚才说到的是为了做生意，把钱赚了，(没有)有的，我们其他小朋友还听到什么?你说，(要让顾客和动物亲密接触)我发现你们的耳朵比大一班棒哎!

还听到什么?(娱乐、休闲)这个经理普通话没老师说得好，但说话很有条理。我们一起再来听一听!

可能他的话你听不明白，带动客流量，提高经济效益，这是一句大人说的话，带动客流量是什么意思?你说。(赚钱)顾客多了，提高经济效益，经济懂吗?(带动经济效益)

有人说小朋友的想象力是很厉害的！没错！好多东西都让你们猜中了，你们很棒哎!

④再猜一张照片，这是什么地方?上面会有什么?

你们那么棒，再来考考你们，(好)再看一张照片，这张照片是什么，谁看出来了?(高楼)

看出高楼来接着往下猜！这幢高楼是干什么的?(上班用的)是商务楼上班用的，你看出来了。(医院)

你怎么知道是医院的?(上面是医院)是猜的，接着往下猜!

你们眼睛不得了，藏在角落里的也知道？是什么标志？（红十字）所以叫它红十字，看看是不是红十字。屋顶上有什么？（飞机）

你都知道，你也是博士了！——惊讶式鼓励

这是一家什么医院？（上海长征医院）

对了，请注意观察上海长征医院屋顶是什么形状的？（圆形）

猜一猜这个圆形屋顶上会有什么？干吗的？（餐厅）

我们上去看看！屋顶到了看到什么？（圆圈）

还有什么？有餐厅吗？到底干什么的？（有飞机的）

喔！飞机停在那里？这里可能有飞机吗？再往下看，上面有很多人干什么呢？（直升机）

哎，很棒，给他鼓掌，真的有飞机，什么飞机？（直升机）

哎，奇怪了，上海长征医院屋顶干吗要有飞机，你说！（万一这个地方没有医院，这个直升机开过去救人）

哎，很有可能！你说，（如果家很远，没有医院，就可以救你）对，因为直升机速度很快，就可以救你了。还有吗，除了路远，还可以干什么？

（当病人病重的时候）非常好，我就喜欢跟别人不一样的答案。——同一问题的求异追问的有效激励

有的小朋友说路远，这个小朋友告诉我当病人病重的时候，也可以用直升机帮帮忙，我们来看一看，这是吴老师在报纸上找到的新闻，是用直升机救人的。吴老师把它放在电脑里，并且打印了出来，

我来念给你们听听直升机救人的事。

我的新闻读完了，原来屋顶上的东西不是随便造的，屋顶上的东西和这个房子的人和事有关。

医院的平台可以用来救人，而高楼上的屋顶可以让人休闲、娱乐。

——提升幼儿已有经验，屋顶的设计和这幢房子里的人和事是有关系的

交流其他的屋顶。你们还知道其他屋顶吗？（旋转）你知道有旋转餐厅。

还知道屋顶上有什么有趣的事？（有的屋顶是这样子的）交错的。你觉得屋顶的形状有趣？

（造游泳池）对，我也看见过，有的屋顶上有游泳池，很好玩。

你又想到了？（有的屋顶上有保龄球）屋顶不是随便造的，它都和房子有关系，而且有些屋顶造出来特别有趣，特别好玩。

3. 讨论、设计幼儿园屋顶平台——运用经验

小朋友们，最后考你们一个屋顶的问题，你们要猜得快，因为这个屋顶你们很熟悉。（幼儿园）

哪里看出来的？说了那么多屋顶，现在也来说说我们幼儿园的屋顶，我们幼儿园的屋顶上有什么？

（小房子）（操场）（栏杆）

我想起来了，刚刚我们在讲长征医院我们也看见了栏杆。

我来问问你们，为什么屋顶上要装栏杆？（爬上去，抓住这个）

小朋友们记住我的话，爬屋顶是很危险的。

有些屋顶很好玩，当你们上屋顶的时候要有爸爸妈妈在身边陪着，所以我们幼儿园的屋顶都有一圈栏杆。

那么我们幼儿园的屋顶除了有栏杆保护你们，有操场，小房子还有什么？（煤气管）

和我们看到的屋顶相比，我们的屋顶怎么样，我同意，一点不好玩。

所以想办法改进，有没有想过怎么样让我们幼儿园的屋顶变得好玩？（放一些好玩的东西）

你们好好想想放些什么好玩的东西？（圣诞节到了，放一些过节的东西）好主意，我们可以在上面开一个圣诞舞会！你说，（游泳池）（玩沙的地方）这个工程比较巨大！

幼儿在讨论之后开始设计屋顶。

（三）技能实训

组织一次幼儿园教育活动现场观摩，完成如下任务：

1. 观摩前根据活动方案完成观摩活动准备，明确观察目标，拟定活动观察点；
2. 参加观摩活动并运用合适的工具和恰当的方式做好观摩记录；
3. 组织观摩现场与执教者的交流反思活动。

二、议课技能及其训练

（一）议课的含义

观课、议课是幼儿园教育活动中经常性的、彼此关联的、不可缺少的教研活动和教育评价活动。

“观”是运用多种感觉器官以及必要的观察记录工具有效地收集和整理教育活动信息，“察”是通过对教育活动理性的思考，对教育活动的感悟、体验和分析，以获得对教育活动的认识和理解。在观课活动中，借助“观”和“察”，我们不仅关注教师如何

“教”，更关注幼儿如何学。

议课则是在观课基础上开展的对教育活动的评价，是参与者相互提供教学信息，共同收集和感受课堂信息，在充分拥有信息的基础上，围绕共同关心的问题进行对话交流和扬长避短，以改进课堂教学效果、提升教学质量、促进教师专业能力提高的一种教育评价活动。

“议”不是下结论，不是做评判，而是在“观”、“察”获得信息的基础上，参与观摩活动的双方——即观课者和执教者之间，围绕教育活动展开的一种平等的对话交流、讨论和反思的过程。

议课不等同于评课。如果说“评”是写句号的过程，那么“议”则是运用问号进行质疑、探询问题和解决问题的过程。

由此可见，观课议课致力于发现和建立教育假设—教学方案—教的行为—学的行为—学的效果之间的关系和联系。它以外显的、可以观察的教学行为为抓手，既把“行”与“效”结合起来，通过以学论教的策略促进有效教学实践；又通过反思和对话，把“行”和“知”结合起来，抵达教学行为背后的观念和假设。就像担担子，抓住的扁担是教的行为，但两边系着绳子，挂着筐，一边是教学设计，另一边是学的行为，系着的筐一头是教师的教育假设，另一头是学生的学习效果(如下图)。

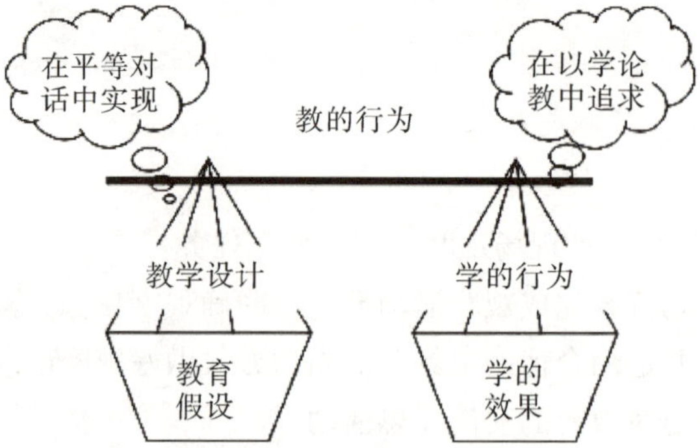

图 11-2

(二)议课的原则

1. 导向性原则。

导向性原则是指进行幼儿园议课活动时要有一定的理想性和方向性，以指导议课活动向正确的方向发展。

2. 客观性原则。

客观性原则是指进行幼儿园议课活动时要实事求是，不以个人好恶和个人感情色彩影响对教育活动及其相关因素的分析和讨论。

3. 策略性原则。

策略性原则是指在幼儿园议课活动中讲求方式方法，善于营造友善、和谐和宽松的议课氛围，关注议课双方的心理活动，注意语言表达的艺术性，既能让观课者积极思考、大胆表达，又能让执教者主动诠释、深刻反思、乐意接受，在轻松愉快中完成学术专业上的探讨和交流，促进双方的共同成长。

(三)议课的内容

议课的内容包括“教”与“学”两方面：

1. 幼儿的学。

(1)幼儿对教育活动的参与度

主要分析幼儿在教育活动中的情绪状态、注意力状态、思维状态、生成状态和交往状态等。

(2)幼儿的学习方式

主要分析幼儿学习方式的多样性、个别性和独特性。

(3)幼儿在教育活动中的互动程度

主要分析幼儿在活动中与他人的合作交流与互动的次数、形式以及有效性等方面。

(4)幼儿在教育活动中的能力

主要分析幼儿在活动中的语言表达能力；提问、经验迁移、分析判断等思维发展能力；动手操作能力以及创造性、表达能力等。

(5)幼儿的学习习惯

主要分析幼儿对学习与探索活动的坚持性；克服困难的勇气和毅力；善于倾听他人、接纳他人意见以及与他人友好合作、交流协商等方面。

(6)幼儿的发展

主要分析幼儿在活动中在身体的、认知的、语言的、情感的、社会性的等方面获得的经验和进步。

2. 教师的教。

(1)主要分析活动目标是否具体、明确，重难点突出。

(2)主要分析活动经验准备是否建立在了解本班幼儿现状的基础上，物质准备是否丰富、充分，体现可操作性。

(3)主要分析教育活动的内容、方式、策略、环境条件是否符合幼儿年龄水平，能否充分调动幼儿学习的积极性。

(4)主要分析教育过程是否能为幼儿提供有益的学习经验，并符合其发展需要。

(5)主要分析教育内容、要求能否兼顾群体需要和个体差异，使每个幼儿都能得到发展，都有成功感。

(6)主要分析教师的指导是否有利于幼儿进一步探索与思考，教师的指导是否有利于扩展、整理和提升幼儿的经验。

资料卡片

表 11-12 幼儿园观课议课样表

	评价指标	指标要素	评价等级			
			A	B	C	D
定量评价	活动目标 10 分	目标定位准确、全面，符合幼儿年龄特点、已有经验和发展需要，能体现领域活动的特征。活动中坚持目标导向，目标达成效果好。				
	活动内容 10 分	选材贴近幼儿生活，满足幼儿学习需求，价值取向好。内容安排清晰，逻辑性强，突出重点，突破难点。				
	教学基本功 10 分	教学基本功扎实，教态亲切自然；语言简洁生动有感染力，教学方法和手段灵活。				
	环境创设与利用 10 分	活动环境服务于活动目标和内容，满足幼儿经验建构和探索需求，利用价值高。				
	活动过程 40 分	幼儿情绪饱满地积极参与活动，会利用老师所提供的环境和资源进行主动学习，能主动参与探索、操作、讨论、表述等活动环节，愿意与同伴分享和合作。活动中能获得相应的经验和应有的发展。				
		教师的组织与指导策略运用适宜，活动结构安排严谨，环环相扣，过渡自然，有效运用生成目标，灵活把握教育契机。活动中有效推进幼儿与环境材料之间、与同伴之间、与教师之间的多元互动。				
	活动效果 20 分	活动目标完成度高，幼儿获得与活动内容相关的新经验和新体验，在经验、能力和智慧等方面有所发展，有属于个体的新收获和成就感。				
总评等级（分数）						
定性评价						

案　例

幼儿园教育活动议课记录

议课专题：大班主题活动“我们的城市”之《屋顶上的秘密》

议课成员：奥体艺术幼儿园全体观课教师

议课流程：

一、吴佳瑛老师进行活动反思

二、观课教师议课活动

三、主持人总结

议课内容整理：

虹口区友谊幼儿园吴佳瑛老师在大班主题活动“我们的城市”中的一个集体教学活动——《屋顶上的秘密》是难得的一堂优质的预设活动。那么，究竟精彩在哪儿，亮点在何处呢？

精彩之一：教学设计的独具匠心

今天，我们仍然可以理直气壮地说，教学活动是需要、而且是应该精心设计的！因为，一方面，课程和教材发生了很大的变革，原先以知识点为主体的分科式教材，现在让位于以活动为主体的整合式教材；原先较多地关注幼儿对知识技能的掌握，现在不仅要关注幼儿的认知发展，而且更要关注幼儿的方法、能力、情感、态度等问题。这些，都对教师的教学提出了更新、更高的要求，需要我们转变视角，建构新的教学设计观，以顺应新课程理念的价值取向，来精心预设每一个教育活动。另一方面，在新课程背景下，教学活动的组织形式也发生了巨大的变革，个别学习与集体学习的结合，低结构活动与高结构活动的融合，使原先集体教学活动“一统天下”的格局被打破。集体教学活动，变少了；集体教学活动，有了主题活动的背景，赋予了新的内涵。在这种情况下，更需要我们仔细研究每一节值得成立的集体教学活动，使之更具有共同建构的价值，更有利于幼儿互动发展的意义。

吴佳瑛老师《屋顶上的秘密》这节集体教学活动，让我们充分领略了设计的智慧、预设的精彩。

首先，选材好。对大班幼儿来说，如何选择既符合他们的生活经验，又富有挑战性的教学内容，是左右他们探索兴趣的关键，也是影响教学活动质量的重要元素。屋顶这个话题，正如吴老师所介绍的，在进行主题活动“我们的城市”中老房子、新建筑这一教学内容时，孩子们参观了山阴路上的老房子，对屋顶的形状、屋顶上的瓦片和老虎窗进行了观察，并展开了积极的讨论，从而引出了一个探索的兴趣点——屋顶。在幼儿大量前期探索的基础上，教师选中一个切入点，适时地预设了本次集体活动，使这一“教材”既有效唤起了幼儿的经验储备，又充分激活了幼儿在教学现场的思维。

其次，选点妙。屋顶上有许多“宝贝”，诸如水箱、障碍灯、冷却塔等。吴老师在梳理、归纳了这些孩子们已经探索、发现了的生活经验的基础上，独辟蹊径，选择了“空中百鸟园”和“屋顶停机坪”这两个符合幼儿“最近发展区”经验水平的教学点，引发了孩子们极大的学习热情和探索愿望，使教学过程不断碰撞出精彩的思维火花。

再者，选角度巧。有了好的教材，如何呈现？以怎样的角度切入？这也反映了教师的设计智慧。吴老师在呈现“空中百鸟园”和“屋顶停机坪”这两个有趣的屋顶时，采用了层层推进，引人入胜的方法，让孩子们在观察、推理、判断中，来“猜一猜吴老师最近去过的一个有趣的地方(空中百鸟园)”“再猜一猜这是在哪儿(屋顶停机坪)”。在孩子们饶有兴趣的“猜一猜”过程中，调动了所有的认知经验，激活了思维能力，使课堂真正成为幼儿学习的乐园，发展的摇篮。

精彩之二：师幼互动的游刃有余

一次成功的教学活动，除了精心设计外，在教学现场，师幼互动的水平、处理预设与生成活动的能力，是影响教学活动质量的一个重要因素，也是反映教师教育能力和专业素养的一个重要方面。在《屋顶上的秘密》这节课中，吴老师与幼儿现场的互动能力，以及对整个教学过程的驾驭能力，令所有观摩者折服。吴老师在教学过程中，能充分利用每一次对话、每一个细节，让幼儿在与教师互动中，进行有意义的学习。我想，真正优质的集体教学活动，就应该是这样的，既要有目标的意识，有对教学活动期望效果的追求，更要关注过程的价值，让幼儿在活动中获得成长有意义的经验；既要有精心的预设，使教学活动在研究孩子、研究教材的基础上，尽可能地建立在幼儿“最近发展区”上，更要给幼儿以生成的空间，并有效地回应幼儿大量不确定的生成问题。

精彩之三：发展价值的充分体现

真正优质的集体教学活动，绝不仅仅停留在设计的技巧上，评量其价值的一个最核心的要素，是看它对幼儿的发展与成长是否有作用、有意义。

在《屋顶上的秘密》这节课中，且不说在教学现场，孩子们表现出来的积极参与、自主学习、大胆思维与表达的水平，就说在课后，现场的老师们与吴老师的对话中，就充分反映了执教者对这一预设活动价值的深刻思考，对幼儿发展意义的足够理解。例如，有老师问，这节课共有三个环节，每个环节重点要解决什么问题，对幼儿的发展意义有哪些？吴佳瑛老师胸有成竹地侃侃说道：

第一环节"回忆、交流屋顶上的不同设施"，重点是交流，在幼儿之间的交流、互动中，发展孩子们的语言，丰富彼此探索发现的经验。

第二环节"发现、感受一些有趣的屋顶"，重点是理解屋顶与人们生活的关系，并借此发展幼儿的观察、分析、判断能力以及解决问题的思维能力。

第三环节"讨论、设计幼儿园屋顶平台"，重点是设计，在设计中刺激幼儿的想象、创造能力以及激发孩子们的自主意识。

从这段对话中，让我们感受到一个青年教师对优质的集体教学活动价值的诠释，对二期课改新课程、新教材的思考，以及对学前教育所追求的理想与目标的理解。

(四)议课技能训练

结合观课活动，分小组完成议课，并全班集中交流。

三、幼儿园说课技能

(一)说课的含义

说课就是教师针对某一观点、问题或具体课题，口头表述其教学设想及其理论依据。也就是授课教师在备课的基础上，面对同行或教研人员，讲述自己的教学设计，然后由听者评说，达到互相交流、共同提高的目的的一种教学研究和师资培训的活动。

(二)说课的内容

幼儿园教师说课的内容大致包括如下内容：

一说设计思路。介绍活动主题生成背景、选材特点、幼儿学情、活动的出发点。

二说活动目标。把握幼儿最近发展区，分析活动内容，从认知、情感态度、能力技能等维度阐述活动目标，目标表述应全面、具体、可操作。

三说活动内容分析。活动内容的核心价值、重点、难点、整合点。

四说活动准备。应从教育活动的物质准备和经验准备两方面进行阐述，物质准备包括环境创设、资料收集、教具学具、玩具材料等，经验准备指教师和幼儿应具备的与活动内容关联的前期经验预知。

五说活动过程。这是说课的重点。详细介绍活动过程的具体操作方法和价值追求。比如：怎样安排教育活动的过程，为什么要这样安排。一般来说，应介绍活动共分几个环节，每个环节达到什么目的，分别采用了什么活动形式，使用了什么教学方法，教师的教法和幼儿的学法分别有哪些，如何帮助幼儿获得有益的学习经验，如何实现活动目标。

六说活动反思——简要归纳活动的亮点和特色，以及从本次活动中获得的感悟与教训。

案 例

幼儿园教师说课稿《神奇的筷子》

一说设计思路

此活动的选材来源于生活，筷子是幼儿比较熟悉的一种餐具，他们基本上每天都能看到，用筷子进食是我国的一大特点。常言道，心灵手巧。使用筷子是手的精细协调动作。用筷子夹食物时，不仅是5个手指的活动，腕、肩及肘关节也要同时参与。从大脑各区分工情况来看，控制手和面部肌肉活动的区域要比其他肌肉运动区域大得多，肌肉活动时刺激了脑细胞，有助于大脑的发育。可见，及早进行手的活动功能训练一方面可以让幼儿享受用筷子进餐的乐趣，另一方面对幼儿的智力发育也有好处。中班幼儿的小肌肉不断发展，可以掌握多种动作技能，而且会比较协调。但班里大部分幼儿不会使用筷子吃饭。因此，我选择此教材让幼儿在游戏练习中学会使用筷子，并体验其中的乐趣。

二说活动目标

活动的目标是教育活动的起点和归宿，对活动起着导向作用。根据中班幼儿的年龄特点及实际情况为依据，确立了认知、能力、情感方面的目标，其中既有独立表达的成分，又有相互融合的一面，目标为：

1. 了解筷子的用途，知道筷子是中国人的发明创造。

2. 锻炼手部肌肉的灵活性和手指配合的协调性。

3. 尝试用筷子进行各种活动，体验活动带来的乐趣。

根据活动目标，我把活动的重点和难点定位为：使用筷子进行各种活动。

为此，我作了以下的准备：幼儿人手一双筷子、一只碟子；每组一只托盘，内放煮熟的五香豆粒、花生粒和豌豆粒；《卖汤圆》音乐磁带和录音机。

三说活动方法

《纲要》指出："教师应成为学习活动的支持者、合作者、引导者。"在本次活动中，我还采用了适宜的方法组织教学。

1. 示范法：使用筷子需要掌握动作要领，通过教师准确的示范动作让幼儿掌握学习内容和基本动作技能。

2. 操作探究法：它是幼儿建构活动的基本方法。所谓操作法是指幼儿动手操作，在与材料的相互作用过程中进行探索学习。本次活动安排了三次操作活动。第一次是引起兴趣后第一次操作，主要是练习筷子的正确使用方法。此时不必强求孩子一定要按照自己用筷子的姿势，幼儿拿筷子的姿势有个逐渐改进的过程，学会主要动作要领就可以。随着年龄的增长，幼儿拿筷子的姿势会越来越准确。第二次操作是实践活动，通过品尝食物进一步练习和巩固筷子的使用方法。第三次操作，主要是尝试使用筷子进行各种活动，培养幼儿的创造能力，并体验其中的乐趣。

3. 游戏法：中班幼儿处于游戏的高峰时期，好动是他们这一年龄段的突出特点。因此，我设计了“筷子舞”、“搭建筷子”等一些游戏，让幼儿充分体验筷子带来的乐趣。

四说幼儿学法

操作尝试法：陶行知先生说过在“做中教，做中学，做中求进步”。在第一次操作活动中我就引导幼儿练习筷子的使用方法，在这一过程中幼儿通过对教师示范的观察进行练习，他们不一定会使用得很正确，那也不要紧，在第二次的实践活动中，幼儿通过品尝，强化了筷子的使用方法，教师适时地个别指导，就巩固了练习方法。在尝试筷子进行各种活动时，孩子们在使用筷子打击节奏、搭建游戏等活动中，他们的创造性思维得到了发展。

五说活动过程

我采用了环环相扣的4个活动流程：导入活动——学习筷子使用方法——练习筷子的实践活动——筷子游戏。

1. 导入活动。“兴趣是最好的教师”。活动一开始我就采用谜语引起幼儿对筷子的兴趣，“姐妹双双一样长，一起工作一起忙，冷冷热热都经过，酸甜苦辣一起尝。”这个谜语形象地讲述了筷子的外形特点和用途。在孩子们兴致勃勃地猜出谜语后，教师出示筷子，简单介绍它的来源和用途，激发幼儿操作筷子的欲望，为下一环节打下基础，并落实了第一个目标。

2. 学习活动。筷子的使用方法有一定的标准，因此，我在幼儿第一次练习前，先示范讲解使用筷子的动作要领，再让幼儿练习自由练习。第二次学习，我配上了音乐，让孩子在轻松快乐的氛围里练习并拢筷子拨饭、张开筷子夹菜等动作。

3. 实践活动。学习筷子的目的在于在实践活动中的运用，在这个环节里我为幼儿提供了豆类食品，让他们通过品尝锻炼手部肌肉的灵活性和手指配合的协调性，落实了第二个目标，在音乐中，孩子无拘无束地使用筷子，边吃边和同伴交流，教师巡回指导，帮助有困难的幼儿，最后小结使用筷子的好处。

4. 游戏活动。《纲要》指出“教育活动内容的组织应充分考虑幼儿的学习特点和认识规律，各领域的内容要有机联系，相互渗透，注重综合性、趣味性、活动性。”因此，在幼儿使用筷子品尝活动即将结束时，教师随音乐用筷子敲出欢快的节奏，吸引幼儿一起来打击节奏乐。这个游戏活动渗透了艺术活动，在幼儿跳完节奏舞后，教师提问：“筷子还可以怎么玩?”这个问题的设计为幼儿提供了创造发挥的空间，在这个环节中幼儿可以充分发挥自己的创造力，用自己喜欢的方式进行游戏活动。

六说活动反思

纵观整个活动，各环节紧密相连，相互渗透，所有环节都是围绕“筷子”来进行。本次活动，在活动内容的组织上体现了“整合”的设计思想，有效贯彻了《纲要》的理念，真正做到了师生互动，生生互动。我相信，通过这个活动，能让幼儿真正体验在活动中享受使用筷子的乐趣。但是，在幼儿创造性思维的培养方面有所局限，这是下次活动的努力方向。

（二）说课技能训练

1. 自选活动主题内容，完成一个幼儿园教育活动的说课稿；
2. 分组进行说课演讲互动互助；
3. 各组推荐一名代表参加全班集中说课展示。

本章小结

教育评价是幼儿园教育工作的重要组成部分，是了解教育的适宜性、有效性，调整和改进工作，促进每一个幼儿发展，提高教育质量的必要手段。评价的过程，是教师运用专业知识审视教育实践，发现、分析、研究、解决问题的过程，也是其自我成长的重要途径。

在教育活动评价活动中应把握目的性、可比性、全面性、情境性和动态性五大原则对幼儿园教育活动质量进行测量、分析和评定，且把关注点更多地聚焦在幼儿的学习与发展上。

根据评价对象和评价内容的需要合理选择和使用评价方式和方法。

教育工作评价宜重点考察以下方面：教育计划和教育活动的目标是否建立在了解本班幼儿现状的基础上；教育的内容、方式、策略、环境条件是否能调动幼儿学习的积极性；教育过程是否能为幼儿提供有益的学习经验，并符合其发展需要；教育内容、要求能否兼顾群体需要和个体差异，使每个幼儿都能得到发展，都有成功感；教师的指导是否有利于幼儿主动、有效地学习。

对幼儿发展状况的评估，要注意：明确评价的目的是了解幼儿的发展需要，以便提供更加适宜的帮助和指导；全面了解幼儿的发展状况，防止片面性，尤其要避免只重知识和技能，忽略情感、社会性和实际能力的倾向；在日常活动与教育教学过程中采用自然的方法进行。平时观察所获的具有典型意义的幼儿行为表现和所积累的各种作品等，是评价的重要依据；承认和关注幼儿的个体差异，避免用划一的标准评价不同的幼儿，在幼儿面前慎用横向的比较；以发展的眼光看待幼儿，既要了解现有水平，更要关注其发展的速度、特点和倾向等。

主要参考文献

1. [美]奥恩斯坦等. 课程：基础、原理和问题(第3版)[M]. 柯森译. 南京：江苏教育出版社，2002.
2. 袁爱玲，何秀英. 幼儿园教育活动指导策略[M]. 北京：北京师范大学出版社. 2007.
3. 朱家雄. 幼儿园课程[M]. 上海：华东师范大学出版社，2011.
4. 虞永平，张辉娟，钱雨，蔡红梅. 幼儿园课程评价[M]. 南京：江苏教育出版社，2005.
5. 黄瑾. 幼儿园教育活动设计与指导[M]. 上海：华东师范大学出版社，2007.
6. 国家教育部. 幼儿园教育指导纲要(试行)[M]. 北京：北京师范大学出版社，2001.
7. 李季湄，冯晓霞.《3—6岁儿童学习与发展指南》解读[M]. 北京：人民教育出版社，2013.
8. [美]安·S. 爱泼斯坦. 学前教育中的主动学习精要——认识高宽课程模式[M]. 北京：教育科学出版社，2012.
9. [美]安·S. 爱泼斯坦. 有准备的教师——为幼儿学习选择最佳策略[M]. 北京：教育科学出版社，2012.
10. 董旭花等. 小区域 大学问——幼儿园区域环境创设与活动指导[M]. 北京：中国轻工业出版社，2013.
11. 许卓娅. 幼儿园科学教育与活动设计[M]. 长春：长春出版社，2013.
12. [美]盖伊·格郎兰德. 发展适宜性游戏：引导幼儿向更高水平发展[M]. 严冷译. 北京：北京师范大学出版社，2014.
13. 朱家雄，张婕，邵乃济，何敬红. 纪录，让儿童的学习看得见[M]. 福州：福建人民出版社，2018.
14. 朱家雄. 幼儿园教育活动设计与实施(第2版)[M]. 北京：高等教育出版社，2015.
15. 廖莉，吴疏影，袁爱玲. 幼儿园生活活动指导[M]. 福州：福建教育出版社，2012.
16. 何艳萍. 幼儿园区域活动的实践与探索[M]. 北京：北京师范大学出版社，2010.